Guano y burguesía en el Perú

Contrastes y paralelos en el marco de la región andina

Heraclio
BONILLA

Guano y burguesía en el Perú

Contrastes y paralelos en el marco de la región andina

Cuarta edición aumentada

IEP
INSTITUTO DE
ESTUDIOS
PERUANOS

Serie: Perú Problema, 11
Colección Clásicos, 9

Horacio Urteaga 694, Lima 15072
Telf.: (51-1) 200-8500
www.iep.org.pe

ISBN: 978-9972-51-977-2
ISSN: 0079-1075
Impreso en Perú

Primera edición: Instituto de Estudios Peruanos, 1974
Segunda edición: Instituto de Estudios Peruanos, 1984
Tercera edición: Flacso-Sede Ecuador, 1994
Cuarta edición: Instituto de Estudios Peruanos, enero 2020

Tiraje: 600 ejemplares

Hecho el depósito legal en la Biblioteca Nacional del Perú: 2020-01245
Registro del proyecto editorial en la Biblioteca Nacional: 31501132000073

Asistente editorial: Yisleny López
Corrección de Textos: María Delgado
Diagramación: Silvana Lizarbe
Carátula: Gino Becerra
Cuidado de edición y revisión de texto: Odín del Pozo

Bonilla, Heraclio

Guano y burguesía en el Perú: contrastes y paralelos en el marco de la Región Andina. 4a. ed. Lima, IEP, 2020. (Perú Problema, 11) (Colección Clásicos, 9)

1. HISTORIA; 2. GUANO; 3. MONOPOLIOS; 4. ABONOS Y FERTILIZANTES; 5. BURGUESÍA; 6. CONDICIONES ECONÓMICAS; 7. REGIÓN ANDINA; 8. PERÚ

W/ 02.04.01/P/11/2020

Para Amparo Menéndez-Carrión,
colega y amiga, por todo lo compartido
en esta larga travesía.

¿Qué puede pensar el extranjero que lea, allá en los solaces de su hogar, su diario de debates, su periódico oficial, su crónica de tribunales y su movimiento de aduanas? Dirá que el Perú es un país culto, que marcha a sus destinos en armonía con la humanidad. ¿Y qué dirá el mismo extranjero, si venido a estas playas, pregunta, averigua y palpa que el Presidente de la República es hijo de la intriga y no del sufragio; que no hay tal separación de poderes; ni tal Ley del Presupuesto; ni Universidades, ni cosa que lo valga, sino que todo es una farsa? Apartará de él los ojos y dirá: esto no es sociedad, ni gobierno, sino guano. Repugnante, vergonzoso, desesperante y doloroso es decirlo; pero es la verdad.

Carlos Lisson (1865)

Contenido

Prólogo a la cuarta edición

Hace algunas semanas el Sr. Odín del Pozo, del Fondo Editorial del Instituto de Estudios Peruanos (IEP), me informó que la institución había tomado la decisión de elaborar una nueva edición de mi libro *Guano y burguesía en el Perú*, texto cuyas dos primeras ediciones publicadas por el IEP datan de 1974 y 1984, respectivamente. La tercera, en cambio, se hizo en 1994, cuando me desempeñaba como coordinador de la maestría de Historia Andina de la Sede Ecuador de la Facultad Latinoamericana de Ciencias Sociales (Flacso); asimismo contó con seis capítulos adicionales con relación a las ediciones anteriores. Me conmueve escribir un nuevo prólogo, ahora desde Bogotá, donde ejerzo la docencia en el departamento de Historia de la Universidad Nacional de Colombia, pues la distancia física, al igual que en el caso de Quito, no ha sido un obstáculo para seguir los avatares de la investigación histórica en el Perú, sino, más bien, me ha permitido adquirir una perspectiva más amplia por el acceso a nuevos recursos bibliográficos y por el diálogo con colegas y estudiantes de esta casa de estudios. Por tal motivo, en esta nueva edición se incluye un texto de carácter comparativo sobre "Las economías de exportación: los Andes, 1880-1930" (véase adenda III).

En los últimos ocho años se han publicado dos importantes libros acerca del guano de las islas, y cuyo contenido merece destacarse en este prólogo, aunque sea de forma breve. El primero es de

Gregory T. Cushman *Guano and the Opening of the Pacific World: a Global Ecological History* (Cambridge: Cambridge University Press, 2014), traducido y editado por el IEP a fines de 2018 con el título *Los señores del guano. Una historia ecológica global del Pacífico.* Se trata de una extensa y minuciosa investigación sobre el guano y las aves guaneras del Pacífico, con su epicentro en el litoral peruano pero desde una perspectiva de la historia ambiental; enfoque sugerido desde 1991 por el economista catalán Juan Martínez Alier. Mi libro analiza las coordenadas económicas, sociales y políticas de la explotación del guano en el Perú. Por ello, creo oportuno aclarar que, aunque soy consciente de las implicancias ambientales de la explotación guanera por las conversaciones sostenidas con Martínez Alier, no tenía ni tengo las competencias ni los recursos para emprender una tarea similar a la de Cushman. En tal sentido, su libro es de una lectura imprescindible porque muestra otra dimensión de la experiencia del guano: la cruda explotación de los trabajadores del guano, del salitre y de sus derivados, la extinción de las aves, la anchoveta y otros recursos marinos en beneficio de unos cuantos magnates del imperio y de la periferia, en detrimento de multitudes condenadas al desempleo, al hambre y a la miseria, por no mencionar un horizonte apocalíptico como consecuencia del daño irreversible al medio ambiente por la codicia y la irracionalidad del proceso. A través de todo el libro, el autor argumenta que la lógica subyacente de este proceso fue enfrentar la maldición malthusiana de una escasez de recursos frente al crecimiento desmedido de la población, pero el lector se pregunta si no se trata de una conveniente coartada por parte de los responsables para no buscar por pereza y por interés alternativas menos catastróficas.

El otro libro, *La gobernabilidad y el leviatán guanero. Desarrollo, crisis y guerra con Chile*, publicado póstumamente también por el IEP en 2011, es de Javier Tantaleán Arbulú, colega y amigo muy querido, autor de varios libros, como su *Política económico-financiera del Estado: siglo XIX* (1983), que contribuyeron al conocimiento de la historia económica del Perú. Este texto profundiza y expande el tratamiento de problemas que no fueron analizados en las ediciones anteriores de mi libro porque iban más allá de los parámetros que me había fijado. El libro de Tantaleán analiza detalladamente los mecanismos de la comercialización del guano, el papel de instituciones como la banca y la moneda, el dilema de la explotación del salitre, pero también los correlatos políticos y sociales expresados en las razones de la inestabilidad política, la peculiaridad de las constituciones y de la práctica electoral; así como el desempeño ambivalente del primer civilismo y de su líder Manuel Pardo, la singularidad de esa "burguesía" a la peruana. Además de las fuentes indispensables en este tipo de análisis, el autor utilizó de manera completa los 24 tomos de los *Anales de la hacienda pública del Perú*, editados entre 1902 y 1926 por Emilio Dancuart y J. M. Rodríguez, demostrando un dominio completo de la bibliografía especializada. El libro se cierra con un recuento de la guerra con Chile, identificando a los responsables del conflicto bélico por su imprevisión, las equívocas alianzas diplomáticas y la negligencia en el fortalecimiento de las Fuerzas Armadas. Testimonio apasionado y conmovedor de un hombre ejemplar, comprometido con su país, y para quien, en su tragedia, la historia es una imprescindible fuente de enseñanzas.

Gracias, una vez más, al IEP por su interés renovado en este libro, cuya edición peruana original fue pensada al calor de la amistad de José Matos Mar, Julio Cotler y Aníbal Quijano.

Heraclio Bonilla
Universidad Nacional de Colombia
Bogotá, julio de 2019

Presentación
[a la edición ecuatoriana]

Esta es la tercera edición del libro de Heraclio Bonilla *Guano y burguesía en el Perú*, originalmente presentado como tesis de doctorado ante la Universidad de París y cuya primera edición fue publicada por el Instituto de Estudios Peruanos (IEP) en 1974. Su aparición, en aquel año, fue uno de los anuncios de una profunda renovación en la investigación histórica del Perú, acometida por un pequeño grupo de profesionales entrenados en los mejores centros de formación y portadores de un claro compromiso con los destinos de su país. Que ese anuncio encerraba también una promesa, lo dicen la fecundidad y el nivel que ahora tiene la historiografía peruana.

El libro *Guano y burguesía en el Perú* es igualmente testimonio de la preocupación de una época: aquella que indagaba por las raíces históricas del atraso. Frente a las tesis dominantes del momento que explican la pobreza y la distorsión como resultantes del papel de las fuerzas económicas internacionales, el texto proponía como factores explicativos complementarios la naturaleza del mercado interno y el de la interrelación de sus clases sociales. Desde hace casi dos décadas, estas propuestas han estado en el centro del debate académico y político, inspirando muchas investigaciones que han corregido, matizado, o confirmado las conclusiones de su autor.

Para la Sede Ecuador de la Facultad Latinoamericana de Ciencias Sociales es un privilegio incorporar este libro a su serie Clásicos, no solo porque muestra una inflexión importante en el desarrollo del pensamiento social, sino porque sus tesis, juntamente con las de los dos trabajos inéditos que se incluyen comparando las experiencias de las economías de exportación de Bolivia y del Ecuador, son aún vigentes en todo esfuerzo para entender el porqué de las oportunidades perdidas.

Amparo Menéndez Carrión
Directora, FLACSO-Sede Ecuador

Prólogo a la tercera edición

El libro que el lector tiene en sus manos se edita por tercera vez, ahora en el marco de la serie Clásicos de la Facultad Latinoamericana de Ciencias Sociales (Flacso), Sede Ecuador. Las investigaciones que sustentan sus argumentos principales se desarrollaron en París y en Londres en la segunda mitad de la década de 1960, y sus conclusiones fueron presentadas en 1970 en una tesis doctoral ante la VI sección de la Escuela Práctica de Altos Estudios de la Universidad de París. Los consejos, y la insistencia, de Julio Cotler, Shane Hunt y José Matos Mar motivaron su publicación como libro en 1974, y una segunda edición diez años después; en ambas ocasiones con el sello del Instituto de Estudios Peruanos.

Por consiguiente, por más de dos décadas el libro y sus ideas han circulado dentro y fuera del Perú, entre académicos y estudiantes universitarios y de colegios secundarios. Como resultado de esa difusión, este libro ha propiciado diversas investigaciones sobre la base de las cuales sus autores han señalado su discrepancia o acuerdo con mis conclusiones. La considerable distancia cronológica entre la concepción original del manuscrito y la fecha en que estas líneas se escriben, así como la creatividad y la vitalidad de la historiografía contemporánea, debieran ser razones más que suficientes para declinar toda tentación de autorizar una nueva edición sin dar cuenta, aunque sea en el umbral del libro, de los avances realizados, de las discrepancias y de los vacíos en el conocimiento que aún quedan por cubrir; práctica que ya fuera ejercida en octubre de 1984 con ocasión de la segunda edición, y cuya lectura de ese prólogo se recomienda al lector antes de abordar estas páginas.

Esta vez, sin embargo, no solo se da cuenta de los avances y de los vacíos, sino que la composición original del libro está alterada porque se incluyen seis trabajos que fueron escritos desde la publicación de la segunda edición. Las investigaciones que sustentaron tales escritos fueron emprendidas con la convicción de que el libro original dejaba, o bien en suspenso el tratamiento de problemas complementarios cuyo conocimiento permitiría al lector tener una visión más coherente de la así llamada "edad del guano", o concluía prematuramente, sin abordar el análisis de la guerra de 1879, que había sido pensada desde el principio como el desenlace natural y necesario del proceso en curso durante las décadas en las cuales el Estado peruano, a través de sus intermediarios, se dedicaba alegremente a la exportación del guano. Más adelante se detallan esos añadidos, así como las fechas y lugares de su publicación original.

La publicación en 1989 del libro de Paul Gootenberg, *Between Silver and Guano, Commercial Policy and the State in Postindependence*, constituye sin duda una importante contribución al avance del conocimiento sobre la primera mitad del siglo XIX tanto por los hallazgos que revela como por las reformulaciones que propone. Su libro, que continúa otros importantes trabajos sobre la historia económica del Perú realizados desde 1978, si bien no se refiere efectivamente al periodo tratado aquí, contiene sin embargo importantes implicancias que no pueden dejar de ser tomadas en cuenta.

El trabajo de Gootenberg constituye una *revisión*, en el sentido de cuestionamiento y replanteamiento, de varias ideas dominantes sobre el curso del Perú y, por extensión, de la América Latina independiente. Basado en un amplio escrutinio de la documentación existente en archivos de Lima, Londres y Washington, Gootenberg convincentemente reconstruye las bases sociales del proteccionismo del Estado peruano antes de la era del guano, así como las razones del triunfo subsiguiente de un liberalismo a ultranza. El proteccionismo habría sido resultado de las luchas que se generaron en torno a las finanzas del Estado caudillista, en la cual mercaderes limeños y terratenientes de la costa norte jugaron los papeles protagónicos, cuya posición traducía una propensión histórica hacia soluciones de carácter monopólico y una aversión al riesgo planteado por el nuevo entorno internacional; mientras que la transición hacia el liberalismo sería el resultado de las tensiones y luchas fiscales procesadas por el Estado entre 1839 y 1852, las cuales terminaron convirtiendo a ese nuevo credo tanto a los comerciantes como a quienes ejercieron el control político del Estado.

Si bien las tesis centrales del libro de Gootenberg representan un aporte indudable al conocimiento de un periodo todavía poco conocido de la historia del Perú, otras de sus propuestas, que atañen al desempeño de la economía peruana durante la época del guano, demandan precisiones y una discusión más amplia. Pocos dudarán, para comenzar, en la consistencia de su argumentación sobre las razones por las cuales la penuria fiscal del Estado peruano posindependiente fue compatible con el proteccionismo, en lugar de que se promoviera el libre cambio como la solución para estos desajustes. Pero si bien importa reconocer en ese proteccionismo la arena de retaliación de un Estado débil frente a presiones mucho más fuertes que se ejercían en sentido contrario desde el exterior y desde el sur peruano, no lo es menos constatar que *esa* política no impidió que en una sola década puertos y mercados del Perú fueran invadidos y copados por las importaciones. Cabe preguntarse aquí lo que hubiera pasado si el liberalismo hubiera triunfado desde el comienzo, puesto que incluso un proteccionismo agresivo no había logrado contener el control externo de los mercados existentes.

Gootenberg reitera, en este contexto, que la "noción de que el Perú simplemente carecía de mercados adecuados es equivocada",[1] juicio que sustenta en sus trabajos desde 1982 y sobre el cual muy pocos estarían en desacuerdo. Después de todo, mercados efectivamente existieron desde el siglo XVI, solo que, en una paradoja muy

1. Gootenberg 1989: 47.

significativa, ya que en el siglo XIX eran más segmentados y menos extensos y profundos por razones innecesarias de reiterar aquí. Lo que aguarda una demostración más convincente es la significación de quiénes accedían a esos mercados y qué tipos de bienes eran intercambiados.

El estudio de Gootenberg permite también encontrar algunas de las razones de aquella peculiaridad expresada en la coexistencia simultánea de la propiedad estatal del fertilizante peruano con el liberalismo más recalcitrante. Propone que esa opción liberal habría sido el resultado de la reacción de la élite peruana ante los fracasos del proteccionismo de la década de 1830, y de su temor frente a la posibilidad de que se repitieran conflictos políticos y de clase en torno a los aranceles. Pero la reticencia de esta élite con respecto a la diversificación y al crecimiento de un nuevo tipo, y más bien su clara apuesta por el mercado externo y por seguir siendo, *hijos del Estado,* no estuvo inspirada solo por los fantasmas del pasado, sino por las muchas más elocuentes ventajas del presente y del porvenir.

En la importante conclusión de su libro, Gootenberg continúa su polémica contra la *dependencia,* como interpretación del proceso del Perú y de la América Latina, añadiendo nuevos reparos frente a quienes al enfatizar los obstáculos externos al crecimiento terminaron soslayando los internos. Y si bien subrayar la existencia de grupos dominantes antes de 1840 en el Perú, así como de una congruente política nacionalista, son nuevamente hallazgos y propuestas importantes, el balance implica no solo dar cuenta de los procesos, sino también de su truncamiento y de su desenlace. Porque escribir, como lo hace Gootenberg "los experimentos nacionalistas del Perú parecen ser un fracaso irrelevante y absoluto",[2] y que sus fracasos y defectos eran "efímeros, gobernados por ciclos externos, elitistas, ciegos frente a los grandes problemas de integración de la nación, defensivos en su alcance, retrógrados, postulados en el marco de un estatismo tonto, y cualquier cosa menos los actos de una burguesía revolucionaria",[3] es simplemente reiterar razones bien conocidas en

2. Ibíd., p. 145.
3. Ibíd., p. 156.

el retraso del desarrollo capitalista de la región. Y ante ese resultado contundente, es de muy poco consuelo constatar que trataron, pero no pudieron, crear un nacionalismo estable.

En 1988, Enrique Amayo publicó su libro *La política británica en la Guerra del Pacífico*, el cual había sido presentado como tesis doctoral, en 1985, ante el departamento de Historia de la Universidad de Pittsburgh. El libro busca describir el contexto internacional del siglo XIX bajo el predominio inglés y, de manera particular, el papel que Inglaterra tuvo en la génesis y en el desenlace de la guerra de 1879. Si bien se trata de un trabajo serio, sus hallazgos son bastante conocidos para todo lector familiarizado con la historia del siglo XIX. No obstante, sorprende en cambio su afirmación de que la guerra de 1879 "cortó violentamente"[4] un proceso de acumulación que tenía oportunidades de realizarse, y en el cual nadie menos que el Partido Civil habría desempeñado ese papel central.[5] Este extraño juicio se basa en la profecía de Amayo sobre la renovada capacidad económica que hubiera adquirido la élite limeña, vía el control del salitre, de no haber mediado la guerra de 1879, pasando por alto enteramente la racionalidad de las políticas adoptadas desde 1852. Y en relación con el problema que preocupa a algunos sobre el papel del gobierno inglés en ese conflicto, cuestiona las tesis de Víctor G. Kiernan al culparlo de cometer un error metodológico y de creer que en sus fuentes está *toda* (sic) la verdad.[6]

En la segunda edición del libro *Guano y burguesía en el Perú*, señalaba que era necesario profundizar el conocimiento del proceso de extracción y exportación del fertilizante.[7] El artículo publicado en 1987 por Cecilia Méndez "La otra historia del guano: Perú 1840-1879"[8], así como los comentarios que suscitó, reiteran la necesidad de este conocimiento. Porque si bien es útil su clasificación de los trabajadores en las islas guaneras, así como su argumentación del

4. Amayo 1988: 158.
5. Ibíd., p. 161.
6. Ibíd., p. 220.
7. Bonilla 1984: 10-11.
8. Méndez 1987.

porqué de la escasez de la fuerza de trabajo nativa, es indispensable ir aún mucho más lejos. El reciente trabajo de Tom Brass sobre la racionalidad del enganche, "The Latin American *Enganche* System: Some Revisionist Reinterpretations Revisited",[9] podría, por ejemplo, permitir una discusión más amplia de las razones por las cuales este tipo de estrategia no pudo ser aplicada a la extracción y al transporte del guano, como sí lo sería poco más tarde en el caso de los yacimientos mineros de la sierra central y de las plantaciones azucareras. Ello, como Gootenberg lo señala en el comentario al artículo de Méndez, es no solo importante en sí mismo, sino en relación con el impacto potencial que la organización de la mano de obra tuvo en las políticas del Estado. Y ya que se trata de señalar las *externalidades* de la extracción del fertilizante, es igualmente relevante la información proporcionada por Alfonso Quiroz de que W. R. Grace inició su fortuna como empleado-socio de una tienda de artículos navales instalada en una embarcación anclada por años en una de las islas de Chincha.[10]

Juan Martínez-Alier en "La interpretación ecologista de la historia socio-económica: algunos ejemplos andinos"[11] sostiene que la experiencia del Perú con el fertilizante es otro campo propicio para examinar la asimetría de las relaciones internacionales, puesto que la masiva exportación del guano de las islas, al igual que la harina de pescado más tarde, tuvo un claro impacto en la elevación de la productividad agrícola inglesa cuyo reverso fue la exclusión de esos beneficios para la agricultura peruana. La sugerencia resulta importante porque se basa en una experiencia observable, pero su dificultad radica en el ensamble de esta perspectiva energética con la dimensión económica y social de la historia.

Si bien es cierto que al guano de las islas le correspondió un papel central en el restablecimiento y la expansión del sector externo de la economía peruana, y que su explotación generó efectos inducidos en la formación del capital para la agricultura de exportación de la

---

9. Brass 1990.
10. Quiroz 1980.
11. Martínez-Alier 1991.

costa peruana y, vía el gasto público, en una sustantiva expansión de la demanda interna, es igualmente indispensable profundizar el conocimiento de la historia económica y social de aquellas vastas regiones del interior peruano que no estuvieron directamente vinculadas con el mercado internacional. Y en este sentido trabajos como los de Florence Mallon, *The defense of community in Peru's central highlands: peasant struggle and capitalist transition, 1860-1940* (1983); Nils Jacobsen, "Landtenure and society in the Peruvian altiplano: Azangaro province, 1770-1920" (1982); Carmen Diana Deere, *Familia y relaciones de clase. El campesinado y los terratenientes en la sierra norte del Perú 1900-1980* (1992); Rory Miller y W.S. Bell, *Region and class in modern Peruvian history* (1986); Carlos Contreras, *Mineros y campesinos en los Andes. Mercado laboral y economía campesina en la sierra central, siglo XIX* (1988); José Deustua, *La minería peruana y la iniciación de la República* (1986); Nelson Manrique, *Mercado interno y región. La sierra central, 1820-1930* (1987); Luis M. Glave y María I. Remy, *Estructura agraria y vida rural en una región andina: Ollantaytambo entre los siglos XVI y XIX* (1983), me parecen particularmente relevantes para una primera sustentación de la articulación y la peculiaridad regional del Perú en el siglo XIX (como la que he propuesto en la ponencia presentada a las XIII Jornadas de Historia Económica Argentina, Mendoza, 2-3 de septiembre de 1992). Pero, sin duda, se requieren aún más investigaciones sobre los otros contextos regionales del interior del Perú.

Finalmente, esta nueva edición del libro *Guano y burguesía en el Perú* incluye, en relación con las dos ediciones anteriores, los textos siguientes:

"La Crisis de 1872", publicado inicialmente en la primera y segunda edición del libro que editara en 1986 con el título de *Las crisis económicas en la historia del Perú* (pp. 167-182).

"La dimensión internacional de la Guerra del Pacífico" publicado en *Reflexiones en torno a la guerra de 1879* (pp. 415-435); *Desarrollo Económico* (Buenos Aires, vol. 19, n.° 73, pp. 79-93); y *Un siglo a la deriva* (pp. 153-175).

"El problema nacional y colonial del Perú en el contexto de la Guerra del Pacífico", cuya versión original fue publicada en *Past and*

Present (Oxford, n.° 81, pp. 92-118); luego reeditada en *Desarrollo Económico* (Buenos Aires, vol. 20, n.° 77, pp. 49-70); *Histórica.* (Lima, vol. 3, n.° 2, pp. 1-34); y *Un siglo a la deriva* (pp. 177-225).

"El campesino indígena y el Perú durante la guerra con Chile", publicado en *Resistance, rebellion and consciousness in the Andean peasant world, 18th to XXth centuries* (219-231) y en *HISLA* (Lima, n.° 4, pp. 134-144).

El libro finaliza con una adenda que incluye los capítulos "Las economías de exportación en el contexto de los Andes" y "Lecciones del endeudamiento externo en los países andinos antes de la Primera Guerra Mundial", los cuales eran hasta ahora trabajos inéditos y que fueron inicialmente ponencias presentadas al VII Congreso de Historia de Colombia, realizado en la Universidad de Cauca entre el 19 y el 23 de noviembre de 1990, y al International Colloqium of Foreign Loans, Debt and Economic Development In the 19th. Centuries celebrado en la Universidad Estadual de Campinas (UNICAMP) entre el 17 y 21 de julio de 1989, respectivamente. Tales textos fueron escritos en el marco de la Sede Ecuador de la Facultad Latinoamericana de Ciencias Sociales (FLACSO), como un esfuerzo por sentar las bases de una historia integrada de la región andina.

El Comité de Publicaciones de esta sede ha querido honrar este libro incorporando su tercera edición a su serie Clásicos. Ese gesto ratifica el espíritu de amistad y colaboración de todo el personal, sin el cual mi trabajo en Quito durante estos últimos cinco años no hubiera sido posible, y cuya meta, hoy como antes, es seguir avanzando en la comprensión de la región y en la reflexión sobre las alternativas para su cambio. Que el umbral de este libro sea el lugar adecuado para expresarles mi gratitud por todo lo que recibí.

HERACLIO BONILLA
Quito, enero de 1994

Prólogo a la segunda edición

El libro que el lector tiene en su mano fue editado por vez primera en 1974 y esa edición, a su vez, recogió las conclusiones fundamentales de una tesis doctoral sustentada en París en 1970. El único añadido importante eran las estimaciones elaboradas por el profesor Shane Hunt sobre las tasas de retorno generadas por la explotación guanera, y cuya reproducción me fue autorizada con la generosidad que lo caracteriza y que ahora me complace otra vez agradecer.

Este es un libro que ha sido considerado por colegas generosos como un exponente del *turning point* que alcanzara la historiografía peruana desde los inicios de la década de 1970 en su lucha por una historia distinta a la que existía antes. Y tal vez por eso ha sido y es utilizado como libro de texto en las universidades del país y del exterior. En cualquier caso es el único de mis trabajos cuyo contenido no despierta en mí la tentación de cambiarlo pese a la década y media que lo separa de su versión inicial. No por vanidad, ciertamente. Ni mucho menos porque considere que no haya nada nuevo que decir. Más bien, porque todo libro de historia encierra también las inquietudes de su tiempo y porque escribir un libro sobre el guano, en 1984, implicaría conducir la investigación y escribir sus resultados a partir de parámetros completamente distintos. Dicho en otros términos, resolver la paradoja que contiene la edición de 1974.

En efecto, el sustento empírico de *Guano y burguesía en el Perú* proviene de los repositorios documentales de Londres y París, mientras que el andamiaje conceptual reconoce el significativo papel del mercado y del capital internacionales en la explicación del fracaso de la experiencia peruana con el guano. Es en ese único sentido que tal vez el libro podría hacer parte de una "interpretación dependentista".[1] Pero al mismo tiempo, al asumir las evidencias propuestas por Hunt, postula la necesidad de enlazar el impacto de esas fuerzas internacionales con aquellas dimensiones de la estructura económica interna como una etapa indispensable en la reconstrucción precisa del mecanismo que impidió el crecimiento de la economía peruana con el guano. Y es esta, justamente, la agenda de trabajo que aún queda pendiente.

Por ello, es en tal perspectiva que quisiera señalar aquellos aspectos del libro en los cuales los resultados de la investigación de estos últimos diez años exigen una mayor precisión.

1. Cuando Ronald Robinson y John Gallagher publicaron en 1953 su bien conocido trabajo "The imperialism of free trade", probablemente no previeron el vivo debate que iban a generar las implicancias de su tesis para el caso de la América Latina, en general, y del Perú en particular. Tanto los profesores Desmond C.M. Platt, para el conjunto regional, como William M. Mathew, en el caso del Perú, han rechazado en diversos trabajos la relevancia de las propuestas de Robinson y Gallagher. Mathew, al analizar las relaciones de la casa Gibbs con el Gobierno peruano en uno de sus últimos trabajos,[2] sostiene que, si bien fue responsable por reclamar comisiones no ganadas, realizar exportaciones muy fuertes en 1860-1861 y centralizar excesivamente las importaciones británicas y europeas de guano, no puede ser, sin embargo, culpada de ejercer un control directo sobre la política del Gobierno peruano, como tampoco de elevar los costos de explotación ni de fomentar una política de venta de guano a precios bajos. Pero el problema no se limita solamente a saber si

1. Este es el curioso rótulo que Paul Gootenberg me otorga en su "The Social Origins of Protectionism and Free Trade in Nineteenth-Century Lima" (1982).

2. Mathew 1977a.

mercaderes y prestamistas ingleses fueron todopoderosos o incompetentes en sus tratos con el Gobierno peruano, sino el significado para una economía como la peruana de la presencia de las mercancías y del capital británico, así como de sus agentes.

Esta cuestión también estuvo en el centro del debate que sostuvo en 1980 Desmond C.M. Platt con Stanley y Barbara Stein.[3] En dicho debate, de manera muy significativa, el profesor Platt excluyó al Perú de la época del guano de aquella Hispanoamérica que, según él, se mantuvo fuera del mercado mundial cincuenta años después de su independencia política. Importa reconocer, sin duda, el margen de autonomía económica y política con que contó el Estado peruano, pero igualmente hay que subrayar el hecho obvio de la profunda asimetría de las relaciones entre Inglaterra y el Perú, con todas las consecuencias que se derivaron de esta simple situación. Por tal motivo, para el Perú puede suscribirse el juicio formulado por el profesor Graham sobre el significado de las relaciones entre Gran Bretaña y América Latina:

> [...] para los latinoamericanos negarse a exportar a Gran Bretaña o a aceptar las inversiones británicas hubiera acarreado boicots mientras que los británicos podrían fácilmente, sin incomodarse, cambiar el área de su comercio o el foco de inversión de sus intereses[...] (y que) ese sistema económico británico encontró pocos obstáculos para su crecimiento y hegemonía [...] si el sistema prospera como un todo, los ejemplos del revés ocasional no son convincentes.[4]

2. Una de las mayores limitaciones de las fuentes documentales foráneas radica en que brindan poca información sobre el proceso y los costos involucrados en la extracción y en la exportación del guano. Este es un aspecto completamente ignorado en los estudios sobre el guano, ignorancia en parte corregida por la fragmentaria pero útil información incorporada en el trabajo de William M. Mathew.[5]

---

3. Platt 1980, Stein y Stein 1980.
4. Graham 1980: 306-307.
5. Mathew 1977b.

Según Mathew, a mediados del siglo XIX en las islas de Chincha hubo cerca de 800 trabajadores: de ellos 70% eran chinos, 6% esclavos y el resto estuvo integrado por reclutas, convictos y trabajadores libres. Los principales gastos estaban vinculados a la remoción y el embarque del guano cuyo monto ascendía a 7 chelines y 6 peniques por tonelada, mientras que el ingreso neto percibido por el Estado peruano por la venta de la misma tonelada era de 8 libras esterlinas. Por otro lado, cada trabajador, al parecer, tenía que entregar un promedio de tres toneladas diarias a cambio de un ingreso mensual que en 1854 llegaba a 32 chelines, además de la comida. Los trabajadores libres recibían una remuneración mucho más alta, la cual fue estimada en 1857 en 37 chelines, 6 peniques por semana de seis días laborables.[6] Picos y palas, además de 30 botes para el embarque constituían lo esencial del capital fijo en 1853. En tales términos pudo haber sido el sector guanero, como Mathew lo afirma, bastante primitivo. Pero si también se tiene en cuenta que en 1869, justo cuando las islas eran cada vez más pobres en guano, había en los alrededores cerca de 160 barcos anclados con 4000 tripulantes, ciertamente no carece de relevancia preguntarse por los eslabonamientos que este sector pese a todo generó.

3. Uno de los efectos relevantes generados por la bonanza guanera fue el pago a los acreedores nativos del Estado peruano, proceso que fue mencionado como el inicio de la reconstitución económica y política de la clase dominante peruana. La tesis de Alfonso Quiroz[7] sostiene que el 60% de los *consolidados* eran comerciantes y el 36% funcionarios, entre civiles y militares; es decir, el proceso de consolidación de la deuda interna en lugar de comenzar más bien fortaleció un proceso de enriquecimiento cuyos orígenes tienen que ser buscados en otra parte.

4. Una de las explicaciones centrales presentadas en *Guano y burguesía en el Perú* sobre el fracaso de la experiencia guanera consistió en la estrechez y en la fragmentación del mercado interno y en las razones que provocaron esa situación. Este es un argumento

6. Ibíd., pp. 41-51.

7. Quiroz 1980.

cuestionado por Gootenberg quien sostiene, por el contrario, que el mercado existente era muy grande para la capacidad instalada y que en el caso de las fábricas su producción apenas cubría el 20% del potencial mercado interno.[8] Sus estimaciones, sin embargo, no se ajustan con un cuadro de grandes mayorías rurales encerradas en unidades domésticas con escaso o nulo contacto con el mercado y con grupos económicos que optaron resueltamente por invertir su dinero en préstamos sucesivos al Estado peruano o en la producción del algodón y del azúcar para satisfacer la demanda del mercado internacional.

5. La economía peruana antes de 1879 descansó no solo en la exportación del guano, sino también del salitre. Y sobre este producto nuestra ignorancia es completa. Estudios como los que Monteón[9] y O'Brien[10] dedicaran al salitre chileno hacen falta para el Perú. Es esa ausencia la que hace particularmente importante el trabajo pionero que escribieran Greenhill y Miller,[11] pese a que los autores se limitan al examen de la política del Estado en torno a la explotación del salitre.

En resumen, en 1984 la experiencia peruana con el guano sigue despertando la misma curiosidad intelectual que hace dos décadas y media cuando apareciera el primer estudio moderno escrito por Jonathan Levin. Son las preguntas las que han cambiado, a la vez que el análisis histórico cuenta ahora con un instrumental y con fuentes más adecuadas para profundizar el análisis. Y si este libro se reedita es porque sus propuestas hacen parte de la historia de esa búsqueda, y porque dentro de los parámetros en que fue escrito sus conclusiones siguen siendo fundamentalmente válidas.

Heraclio Bonilla
Lima, octubre de 1984

---

8. Gootenberg 1982: 346.
9. Monteón 1982.
10. O'Brien 1982.
11. Greenhill y Miller 1973.

Introducción

¿Por qué un libro más sobre el guano, después de los notables y sucesivos estudios de Levin, Mathew, Maiguashca y Hunt? Por dos razones. Con la excepción de la tesis inédita de Maiguashca, los otros tres estudios básicamente están orientados a examinar los efectos de la explotación del guano en la economía del Perú del siglo XIX y en la política de la Gran Bretaña hacia el Perú. Por otra parte, ninguno de ellos examina la red de intereses tejida en torno al monopolio de la venta del guano impuesto por el comerciante francés Auguste Dreyfus. Los tres estudios que aquí se presentan, en cambio, tratan de analizar el impacto de la explotación guanera en la estructura social y política del Perú de la segunda mitad del siglo XIX, insistiendo, de manera particular, en la estructura y en la génesis de aquella clase cuya expresión política fue el civilismo. Además, se busca desmontar el mecanismo del comercio y de las finanzas externas del siglo XIX, a fin de mostrar la naturaleza de la articulación de la economía peruana dentro de la economía internacional de aquel momento. A través de ambos análisis se intenta dar respuesta a una cuestión capital: el problema de la burguesía; pero no de su nacimiento, su desarrollo y su consolidación. El examen de este problema, el de la burguesía, ha sido abordado respondiendo a una pregunta negativa y con una demostración al contrario: ¿por qué en el Perú del siglo XIX no pudo constituirse una clase burguesa y por qué su clase dirigente no pudo desarrollar un programa nacional burgués?

Estos estudios están basados fundamentalmente en los archivos de Francia y de Inglaterra. Citando a Labrousse puedo decir que toda afirmación está sustentada por un documento. Espero que esto contente a quienes todavía creen que el oficio de historiador solo se limita a desempolvar viejos papeles y no a manejar ideas. Pese a su sustento empírico, no se trata de estudios completos y definitivos. Desconozco, por otra parte, la existencia de trabajos con tal carácter dentro del campo de la historia. Los estudios que presento no son completos ni definitivos porque, como se señala reiteradamente en el texto, existen varios problemas que requieren una investigación más profunda antes de elaborar una síntesis. Pero la correcta posición del problema ya significa el comienzo de su comprensión. No son completos, además, porque no me ha sido posible estudiar, con todo el detenimiento que hubiese querido, la documentación peruana. Pareciera que en el Perú el escribir la historia de ciertos problemas estuviera reservado —para utilizar una deliciosa palabra campesina— a los *allegados* de quienes hasta hoy se encargaron de registrarla.

Las ideas expuestas en este libro, por consiguiente, exigen discusión y crítica. Crítica, es necesario recordarlo, no significa anatema ni aceptación vacía. Ella implica reflexión, construcción y superación. Este es un libro pleno de interrogantes y su publicación obedece al solo deseo de ir forjando, a través de la discusión, las bases de una historia del Perú que responda a las mínimas exigencias científicas y a los dramas del presente. Por tal motivo, este libro provocará tal vez una decepción en el lector que abra sus páginas con la intención de encontrar la verdadera o la auténtica historia del Perú de la época del guano. Pido disculpas por ello. La veracidad y la autenticidad, en el sentido que usualmente se otorga a estos términos, pertenecen al dominio de la moral y no de la historia.

Las páginas de este libro, por lo mismo, están destinadas a los oscuros protagonistas de nuestra historia y a los estudiantes que siguieron con entusiasmo y con interés mi enseñanza en la Pontificia Universidad Católica del Perú (PUCP) y en la Universidad Nacional Mayor de San Marcos (UNMSM). A los primeros, porque sus combates y sus esperanzas fortalecieron una solitaria y dolorosa tarea centrada en la decisión de restituir, por lo menos en la palabra, una historia que les fue brutalmente arrebatada. A los últimos, porque frente a la renuncia de gran parte de los historiadores peruanos de hoy, corresponde a los estudiantes la tarea de expandir las fronteras del conocimiento histórico de esta sociedad.

Era necesario que formulara estas consideraciones en el umbral de este libro porque no creo que el oficio de historiador consista en dialogar con los muertos. Al contrario, es un oficio profunda y genuinamente comprometido con los dramas y las crisis de su sociedad. Sus páginas habrán cumplido ampliamente su propósito si logran provocar nuevas investigaciones que precisen o superen las conclusiones que aquí se adelantan. Solo así será posible ir construyendo en el Perú una conciencia histórica que sintetice las vicisitudes previas de su sociedad y que inspire y aliente a sus hombres en el combate cotidiano por una historia distinta. Esta es una tarea totalmente ajena a aquella que consiste en utilizar la historia para sublimar las derrotas pasadas de su clase dirigente, y para adormecer a los hombres de hoy. Esta tarea, igualmente, no tiene nada que ver con aquellos intentos de empobrecerla, reduciéndola a una suerte de inquisición del pasado. La historia es conocimiento e inteligencia, por lo mismo el ejercicio y la aventura de hombres libres.

Las enseñanzas y el aliento de Fernand Braudel, Pierre Chaunu, François Chevalier, Ruggiero Romano y Pierre Vilar, en París, inspiraron mi vocación y están en el origen de este trabajo. Desde 1970, en Lima, las discusiones con Karen Spalding, Julio Cotler, Shane Hunt y Aníbal Quijano me ayudaron a precisar mi pensamiento y a tomar conciencia de la complejidad de la historia de este país. A todos ellos mi sincera gratitud, con la esperanza de que este libro no defraude ni la confianza ni la amistad que me brindaron.

Lima, verano de 1974

I / Los consignatarios del guano y el problema de la "burguesía nacional" en el Perú

Entre 1862 y 1868 se cristaliza y desarrolla un proceso de vital importancia para la historia social del Perú. Hasta 1862, la explotación y venta del guano estuvieron confiadas a varias casas comerciales extranjeras, como la de Anthony Gibbs. Esta firma inglesa era la dominante, dado el monopolio de venta que ejercía sobre el mercado británico. Al expirar, en 1862, su contrato firmado una década antes, la casa Gibbs no pudo obtener la renovación del mismo. El gobierno del mariscal Castilla prefirió, no sin reticencias, entregar esta consignación a un grupo de comerciantes peruanos, asociados con el nombre de Compañía de Consignatarios Nacionales. Así, estos comerciantes pasaron a tener el control de la venta del guano en el mercado inglés hasta que Piérola, en 1869, les arrebató esta concesión para entregarla al francés Auguste Dreyfus.

Hasta aquí los hechos. Pero su enunciado tan escueto no trasluce la importancia que tuvieron en el desarrollo histórico y en la configuración del Perú contemporáneo. Porque la descripción anterior esboza un doble problema cuyo análisis es capital. El primero se refiere a las bases históricas del poder de la clase dirigente en la segunda mitad del siglo XIX. El segundo, mucho más relevante, alude a la naturaleza de esta clase y a las razones por las cuales no pudo convertirse en una genuina clase burguesa, capaz, por consiguiente, de erradicar las bases coloniales de la economía peruana. Al entregar Castilla a este grupo de comerciantes peruanos la consignación del guano, puso virtualmente en sus manos el instrumento más adecuado para multiplicar sus fortunas. Este grupo, seriamente sacudido por las crisis de fines del siglo XVIII, había recibido duros golpes como consecuencia de los conflictos armados durante la etapa de la emancipación; sin embargo, desde comienzos de la década de 1850 había comenzado a reconstruirse material y políticamente. En 1862, con la posesión casi exclusiva de la consignación del guano pudo fortalecer, aún más, como en efecto lo hizo, este proceso de recuperación. Pero el problema, como ya mencioné, es justamente por qué esta masa monetaria no pudo convertirse en capital y por qué este grupo en lugar de utilizar estos recursos en la transformación de la economía peruana optó por su conversión en una clase rentista. En otras palabras, lo que trato de explicar en este ensayo son las razones que impidieron la constitución de una clase burguesa en el Perú de la segunda mitad del siglo XIX.

Problema ocioso, dirán algunos. Ciertamente, tal vez resulte más importante el estudio de los orígenes de la burguesía y no el porqué esta clase no pudo nacer en un determinado momento de la historia. Pero una aproximación como la que sugiero tiene por lo menos una doble justificación. Primero, porque el examen de las condiciones negativas para la emergencia de un proceso permite, alternativamente, un mejor conocimiento del *porqué* y del *cómo,* cuando este, el hecho o el proceso, efectivamente se da. Segundo, y aquí la historia de este problema se confunde con el problema de la historia, porque he deseado, con mis medios y mis limitaciones, examinar más de cerca aquellas tesis que postulan la matriz capitalista de América Latina y del Perú desde el inicio de la conquista. Si bien la imagen de un Francisco Pizarro capitalista y un Manco Inca proletario es poco convincente, la exploración del carácter de la economía peruana del siglo XIX requiere mucho más cuidado. El rigor en el análisis, la responsabilidad en la caracterización no son solo exigencias en todo trabajo académico. En el caso del Perú, además, comprometen el destino del combate de sus clases populares.

Pero volvamos al caso de los consignatarios nacionales. ¿Quiénes eran estos comerciantes nacionales y cuál fue el proceso de su enriquecimiento? Para solicitar la consignación del guano, en efecto, era indispensable contar con la suficiente masa de capital para hacer frente a los gastos de explotación y de transporte. Recordemos a este respecto, que la debilidad de la élite económica peruana facilitó que las primeras consignaciones de ventas fuesen entregadas a casas comerciales británicas y francesas que disponían de los capitales para afrontar los gastos que la explotación del guano exigía. Este problema, es decir la precariedad económica, subsistía todavía en 1850, cuando el Gobierno peruano firmó un contrato por diez años con un conjunto de comerciantes nacionales, para la venta del guano en España, Francia, China, las Antillas y Estados Unidos.[1] Estos comerciantes crearon la Sociedad Consignataria del Guano y trataron de obtener los capitales para la explotación a través de la emisión de acciones. El resultado fue sin embargo negativo. Un año más tarde, se vieron obligados a restringir su acción al solo mercado de los Estados Unidos y a limitar la duración de sus contratos a solo cinco años.[2]

La imposibilidad de reunir los capitales necesarios para financiar la explotación del guano constituye un indicio de la débil situación en que aún se encontraba el grupo nativo de terratenientes y comerciantes. Esta debilidad era el resultado de la persistente postración de la agricultura y de la minería, así como del despojo del control del comercio exterior por parte de los comerciantes extranjeros. Los ingresos producidos por la venta del guano hasta 1850, por otra parte, no fluían significativamente a las arcas fiscales y sirvieron, fundamentalmente, para fortalecimiento del aparato burocrático y para el mantenimiento de las Fuerzas Armadas.

Pero desde 1850 un cambio sustancial empieza a anunciarse. Durante el primer gobierno de Castilla, el 16 de marzo de 1850,[3]

1. Dancuart s. f., t. V: 23-25. En adelante esta fuente será mencionada como *Anales*.
2. Ibíd., pp. 27-28.
3. *Anales*, t. V: 45. Constituyen inmediatos precedentes a esta ley las disposiciones del 15 de septiembre de 1847, 20 de diciembre de 1847 y 10 de marzo de 1848, todos ellos igualmente votados durante el gobierno de Castilla.

se aprobó la ley llamada de consolidación de la deuda interna. Básicamente esta norma implicaba el arreglo y la conversión de la deuda interna; es decir, una vasta operación financiera consistente en el pago de las deudas acumuladas contra el Estado peruano desde los inicios de la República y a favor de los prestatarios nacionales. La decisión de llegar a un arreglo de la deuda interna, tomada exactamente un año después de los acuerdos de Londres con los tenedores de bonos de la deuda externa, representaba, sin duda, una concesión importante a los acreedores nacionales. Para estos últimos, en efecto, era inadmisible que la mitad de las rentas del guano sirviese solamente para amortizar los dividendos y los intereses de la deuda externa mientras que se relegaba a los acreedores de la deuda interna.

Ahora bien, de acuerdo con la ley aludida, se reconocían como créditos contra el Estado todos los préstamos, voluntarios o forzados, en dinero o en especies, levantados desde 1820 por cualquier autoridad del Gobierno. En virtud de esta decisión, por ejemplo, fueron declarados con derecho a indemnización los dueños de esclavos enrolados en el ejército, los propietarios de ganado y sementeras que sirvieron para sostener a las tropas, los plantadores de azúcar, productores de chancaca y aquellos productos destruidos o confiscados en beneficio de la causa de la independencia, así como los propietarios de fundos rústicos y bienes urbanos a los que se infligió daños.[4] Esta ley comprendió también

> [...] todo lo gastado en el sostenimiento de las tropas patriotas: sueldos, descuentos, pensiones, asignaciones, créditos líquidos, arrendamientos, alcances de cuentas, gratificaciones, billetes, cédulas, reconocimientos, parte de presas, acciones pendientes, cargos por contrata, libramientos no cubiertos por la Tesorería y capitales que gravaban tanto el Ramo de Arbitrios como las Aduanas y la Casa de Moneda.[5]

4. Basadre 1961, vol. III: 1011.

5. Ibíd., p. 1012.

Como se observa, la ley otorgaba una interpretación muy generosa de lo que constituía la deuda interna. En la práctica, como lo veremos luego, esta situación se agravó aún más.

Al terminar Castilla su primer gobierno, en 1851, la deuda interna consolidada ascendía ya a 4.879.607,7 pesos.[6] El monto total de la deuda, según el propio Castilla, no podría sobrepasar los seis o siete millones de pesos. Pero en 1858, durante el gobierno de Echenique, la deuda reconocida llegaba a 23.211.400 pesos.[7] El informe de 1856 de la Caja de Consolidación, en efecto, señalaba que los créditos reconocidos durante el gobierno de Echenique ascendían a 19.154.200 pesos.[8]

La multiplicación por seis del monto inicial de la deuda reconocida fue posible por la venalidad y la corrupción de los funcionarios peruanos. Todos los testimonios contemporáneos concuerdan en señalar la profunda crisis moral del régimen y la gran imaginación desplegada por los acreedores para adulterar el monto de la deuda inicial a través de la falsificación de firmas y documentos. Fueron precisamente tales abusos los que suministraron uno de los pretextos para el estallido de la rebelión de Castilla en 1854. La comisión investigadora, instalada el año siguiente declaró que más de 12.000.000 de pesos en bonos de la deuda consolidada eran fraudulentos.[9] No

---

6. *Anales*, vol. VI: 5. la composición de este monto total era la siguiente:

Billetes	78.300	pesos
Cédulas	2.120.500	"
Cédulas de Reforma	248.200	"
Letras de Áncash	59.000	"
Expedientes	16.648.200	"
	19.154.200	"

7. Echenique 1952, vol. II: 199.

8. *Anales*, vol. VI: 6. Esta suma comprendía los rubros siguientes:

Billetes	78.300	pesos
Cédulas	2.120.500	"
Cédulas de Reforma	248.200	"
Letras de Áncash	59.000	"
Expedientes	16.648.200	"
	19.154.200	"

9. *Anales,* vol. V: 46. El plazo final para el reconocimiento de los créditos de la deuda interna se vencía en octubre de 1852, oponiéndose Echenique a su reapertura pues, según sus palabras: "un grave mal era, no por los reconocimientos que pudieran hacerse a causa de pocos reclamos que en justicia aún podían interponerse

voy a detenerme demasiado en la descripción de este proceso que pertenece más bien a los anales judiciales de la República; basta señalar el rol de la corrupción y la estafa durante la primera centralización del capital. Interesa, más bien, discutir el significado económico de esta consolidación de la deuda interna.

Este proceso puso, pues, en manos de los acreedores nacionales bonos reconocidos por un valor de más de 23.000.000 de pesos, es decir, cerca de 5.000.000 de libras esterlinas. Pero estos bonos, pese al alto interés que ganaban (6% anual), en realidad se cotizaban a precios muy bajos en el mercado peruano. Sus precios oscilaban entre el 25%, 30% y 32%, de manera que los 23.000.000 reconocidos venían a representar solamente 7.370.000 pesos efectivos.[10] En consecuencia, para los tenedores era indispensable levantar los valores de estos bonos y ponerlos al abrigo de un repudio eventual de cualquier gobierno posterior. Ambos objetivos se consiguieron por la conversión de títulos de la deuda interna por un valor total de 13.000.000 en bonos de la deuda exterior. Esta operación financiera se efectuó a través de un doble contrato: con la casa Uribarren de Londres por 9.000.000 de pesos, por un lado, y con la casa consignataria francesa Montané por 4.000.000 de pesos, por el otro. Ambas firmas recogieron y cancelaron los bonos de la deuda interna a través de la Caja de Consolidación y recibieron en cambio nuevos títulos de la deuda externa. El servicio de estos últimos debía realizarse en Europa con los productos del guano.[11]

El contrato con la casa Uribarren fue celebrado por el ministro de Hacienda Manuel de Mendiburu, el mismo que había firmado con la casa Murrieta y Hambro, en febrero de 1853, un contrato de empréstito y redención de la deuda inglesa de 1849. Como se verá más adelante, el fondo de amortización del contrato de 1853 fue fijado en un 2%; un año más tarde este fondo subió a 4%, para alcanzar

---

que no se hicieron por incuria, desatendiendo la prescripción de la ley; sino por los abusos que se preparaban, hasta el grado de juzgarse expedientes con la falsificación de la firma de San Martín y otras autoridades" (1952, vol. II: 203).

10. Basadre 1961, vol. III: 1027.

11. *Anales*, vol. VI: 59-62.

en 1858 el 8% anual. La asignación de una tasa de amortización tan alta fue el resultado del incremento de los ingresos obtenidos por la venta del guano y, probablemente, de la presión ejercida por el comité de tenedores de bonos británicos. Esta presión guarda estrecha relación con la conversión de la deuda interna. Veamos cómo.

La primera reacción de los tenedores británicos de bonos peruanos ante la negociación secreta llevada a cabo por Mendiburu con la casa Uribarren fue desfavorable. En el informe de 1855, en efecto, puede leerse:

> Dos tercios de la deuda interna del Perú fueron creados en una forma irregular, y a través de medios fraudulentos, por los favoritos del presidente actual; estos hechos, siendo conocidos, como también la causa principal de la actual Guerra Civil, será (la deuda) sin duda rechazada por cualquier administración.[12]

Los tenedores objetaban la irregularidad del proceso, el peligroso precedente y temían una posterior anulación. Pero, al mismo tiempo, estos tenedores —*bondholders*— temían la eventualidad de una pronta extinción de los depósitos de guano. Este temor los llevó a exigir al Estado peruano una rápida cancelación de la deuda exterior, a través de un incremento sensible de la tasa de amortización. El Gobierno peruano al ceder frente a esta exigencia aumentando a un 8% el fondo de amortización, pudo superar la oposición de los tenedores a la conversión de la deuda interna.[13]

Sinteticemos los resultados de esta operación financiera. Por una parte, 13.000.000 de pesos fueron entregados a los acreedores nacionales. No existe, hasta ahora, un estudio preciso sobre la identidad de los favorecidos; pero, considerando el origen de sus créditos contra el fisco, se puede inferir, sin mucho riesgo a equivocarse, que en sus filas se encontraban terratenientes, comerciantes, militares de la revolución, y personajes con el suficiente poder e influencia como para haber intervenido en los turbios negocios de falsificación de

---

12. *Second Report of the Committee of Anglo-Peruvian Bondholders* 1855.
13. Ibíd.

documentos. Por otra parte, 10.000.000 de pesos consolidados, pero no convertidos, permitieron que sus tenedores obtuvieran fuertes ganancias por concepto de amortización e intereses, dados los altos ingresos que percibía el fisco por la venta del guano en la década de 1850. Estos bonos, antes de su redención, al ingresar al circuito monetario como papel moneda desataron un proceso inflacionario de los precios, afectando, por consiguiente, el poder adquisitivo de las clases populares.[14] Empobrecimiento y enriquecimiento, como procesos sociales opuestos, acentuaron así la polarización de la sociedad peruana.

Esta masa de capital-dinero puesta en manos de la capa de terratenientes y comerciantes debía permitirles, en la opinión del presidente Echenique, llevar a cabo el renacimiento económico del Perú. Como lo señala un estudioso de la economía peruana del siglo pasado,[15] la consolidación de la deuda interna responde a la peculiar concepción de este dirigente acerca del rol del Estado en la sociedad peruana y de las causas del atraso económico. Para el viejo caudillo militar, la iniciativa del desarrollo económico del Perú en la segunda mitad del siglo XIX no podía venir de los grupos privados sino del Estado; y esto, no porque el Estado peruano hubiera probado su capacidad en la gestión económica, sino por el simple hecho de ser propietario del guano. Así como Castilla durante su gobierno (1845-1851) utilizó los recursos del guano en el fortalecimiento del orden interno del Perú, a través del incremento de las Fuerzas Armadas y la creación de una numerosa clientela personal; Echenique, inmediatamente después, trató de utilizar estos recursos para conseguir el "progreso material" del país. A este "progreso" se oponía, según Echenique, principalmente la escasez de capitales, la debilidad demográfica del Perú y la ausencia de vías de comunicación. La consolidación permitiría, pues, superar al menos el primer obstáculo.

Pero la concepción de Echenique, como el desarrollo histórico posterior del Perú ha de probarlo, era demasiado optimista e

---

14. *Datos e informes sobre las causas que han producido el alza de los precios de los artículos de primera necesidad, que se consumen en la Capital* 1870.

15. Maiguashca 1967: 53-54.

idealista. No basta, en efecto, la presencia de una masa monetaria para dar nacimiento al capitalismo o para desarrollar una economía. La formación de un sólido mercado interno, condición esencial, y la emergencia de un grupo social completamente nuevo, no son el resultado de una mera inyección monetaria. Echenique, sin embargo, al justificar la operación de la consolidación, dirá más tarde:

> [...] fue entonces que empezaron a impulsarse y a rehacerse los fundos rústicos y a entrar en reparación las propiedades urbanas; fue entonces que se vio engrandecer el comercio y dar vida a la industria; fue entonces que salieron de la miseria mil familias empobrecidas con las exacciones de la guerra; fue entonces que, por consecuencia de esa consolidación, tan maldecida por los envidiosos y por los que la tomaron por pretexto para llenar sus fines de ambición y de codicia, y merced a las providencias que realicé en Hacienda, se vio de un lado, el desahogo en el Tesoro como no lo ha habido antes ni después, con sobrantes en sus rentas y hecha la riqueza pública, con vida barata para todos y facilidades para todo negocio; fue entonces que se extinguió la usura en el país poniéndose el dinero al 6% al año pudiéndose acudir a aquel mucho para procurarse fondos; fue entonces, en fin, que impulsado el comercio y estando en nuestro favor la balanza de él, por el gran producto que nos daba el guano y otras aportaciones que se hacían, el numerario no salía del país y se vio por el contrario, venir de Inglaterra pastas de oro para ser acuñadas en nuestra Casa de Moneda, contribuyendo mucho a lo primero la economía con que se hacían los gastos no solo con estricta sujeción al Presupuesto, haciéndose más bien ahorros de los decretados.[16]

La situación real, sin embargo, no correspondía a esta imagen. Pero, ciertamente, sin la consolidación, comerciantes y terratenientes no hubiesen contado con los recursos necesarios para poder asumir de manera directa la explotación del guano. El problema es que esta forma de utilización de los capitales provenientes de la consolidación, en el negocio del guano, no tuvo ningún impacto verdaderamente

---

16. Echenique 1952, vol. II: 200-201. Asimismo, Echenique justificaba la conversión de la deuda interna en externa por la rebaja del interés de los bonos del 6% al 4,12%, disminución que ahorraba al fisco unos 150.000 pesos al año.

significativo dentro de la economía peruana; más bien, permitió la conversión de los beneficiarios, al alentar la especulación, en una clase rentista y parasitaria. Cabe resaltar que el enriquecimiento de este grupo fue un proceso simultáneo al empobrecimiento de las clases populares.

Como señaló anteriormente, los bonos no convertibles a la deuda externa, que sumaban un total de 10.000.000 de pesos, fueron aceptados en calidad de papel moneda. La inyección de este circulante monetario desencadenó una brusca y prolongada inflación de los precios. Esta situación se agravó en 1854 como consecuencia de dos medidas, socialmente avanzadas, dictadas por Castilla: la abolición de la esclavitud y la supresión del tributo indígena. La primera produjo una mayor punción monetaria a través, según el mismo Castilla, de generosas indemnizaciones otorgadas a los propietarios de esclavos.[17] Los esclavistas recibieron trescientos pesos por cada esclavo liberto. La abolición del tributo, por otra parte, contribuyó a una contracción de la producción para el mercado, con la consiguiente subida de precios, pues en un gran número de provincias el tributo representaba una especie de mediación entre la economía de subsistencia y la economía de cambio.[18] Esta fluctuación desfavorable de los precios afectó de manera más aguda a las clases populares urbanas, a los rentistas y a los burócratas. El deterioro material de las condiciones de vida generó, hacia fines de la década de 1850, movilizaciones de protesta de los artesanos de Lima,[19] así como el incremento de la criminalidad urbana. Este incremento fue de tal naturaleza que obligó al Parlamento a discutir la restitución de la pena de muerte, abolida desde 1856.[20] Además, y de manera paralela, renació el odio social de las masas populares a los comerciantes extranjeros, quienes prácticamente tenían en sus manos todo el control de la actividad

17. *Mensajes de los Presidentes del Perú* 1944-1945, vol. I: 315.

18. *American Consular Reports* 1857: 222, citado en Maiguashca 1967: 73-74.

19. F.O. 61/181, Jerningham to Malesbury, Lima, 26 de diciembre de 1858.

20. F.O. 61/180, Jerningham to MaJesbury, Lima, 12 de agosto de 1858 y F.O. 61/195, Jerningham to Malesbury, Lima, 29 de agosto de 1861.

económica de las ciudades.[21] En el quinquenio 1860-1865 se llega a una situación mucho más crítica, como resultado de tres hechos a los que brevemente haremos referencia. Primero, la Guerra de Secesión, al causar un descenso en la producción del algodón, provocó un alza en los precios de los textiles británicos, los cuales constituían el primer artículo de importación y de consumo de las masas populares.[22] Segundo, el bloqueo impuesto a las costas chilenas por la armada española, durante la guerra con España, detuvo la exportación de bienes de consumo al Perú, otro de los grandes rubros de las importaciones.[23] Finalmente, la conversión de la moneda boliviana de baja ley, decretada por el ministro Novoa en 1864, significó para las clases populares un nuevo deterioro de su condición al amputarse al antiguo peso boliviano, en el proceso de cambio, un quinto de su valor.[24] Los comerciantes pudieron recuperar esta pérdida del 20% aumentando el precio de venta de las mercancías,[25] lo cual elevó aún más el nivel de los precios.

---

21. F.O. 61/186, Jerningham to Malesbury, Lima, 12 de enero de 1859 y F.O. 61/193, Jerningham to Russell Lima, 10 de diciembre de 1860.
22. F. O. 61/244, Wilthew to Foreign Office, Londres, 3 de mayo de 1844.
23. Ministero degli Affari Esteri, *Italian Diplomatic Correspondence*, Castelli to Minister of Foreign Office, Lima, 13 de octubre de 1865, citado por Maiguashca 1967: 154.
24. F. O. 61/217, Jerningham to Russell, Lima, 27 de enero de 1864.
25. "[...] la depreciación del dólar boliviano de su valor nominal colocado por varios decretos del Estado, ha sido prevista por el cuerpo comercial y ellos, con los ojos abiertos han lentamente subido el precio de sus mercancías, para no ser los perdedores en esta depreciación de la moneda boliviana; sienten así que no han sido perdedores. Solo los que se consideran con derecho a una indemnización son personas que han importado capital al país cuando el dólar boliviano valía mucho más que ahora (42, 43, 44 peniques), pero si estas personas estuvieron trabajando este capital en negocios británicos y extranjeros y han vendido artículos de importación extranjera según la gradual subida de precios que ha sido impuesta para cubrir la depreciación monetaria, no pueden ser considerados perdedores, a no ser que su capital seguía igual cuando fue imputado y no tocado. Los que parecen tener más derecho a alguna indemnización serían los empleados del Estado, cuyos sueldos no están establecidos a un cambio fijo de tantos dólares 'pesos' que han estado recibiendo del Tesoro en moneda boliviana" (F.O. 61/217, Jerningham to Russell, Lima, 12 de febrero de 1864).

Los efectos de este proceso inflacionario fueron aún más negativos por la reducción del valor nominal de los salarios. Por ejemplo, la revuelta encabezada por el coronel Prado contra Pezet, durante la guerra con España, fue principalmente sufragada por los sectores populares y medios de las provincias del sur peruano.[26] Más tarde, para afrontar los gastos de la guerra, el mismo coronel Prado solicitó que los empleados del sector público, los de las Fuerzas Armadas y los titulares de pensiones cediesen un porcentaje de sus haberes.[27] Todas estas medidas afectaron seriamente la condición material de las clases populares y de los grupos medios. Una descripción elocuente de esta situación la encontramos en casi todos los testimonios de los observadores extranjeros. Cedamos a ellos la palabra:

> El dictador, dice el cónsul italiano refiriéndose a Prado, en la inauguración del Congreso dijo [...] que estaba trayendo gloria, riquezas y honor al país, pero esta ilusión se esfumó cuando el nuevo ministro de finanzas presentó su presupuesto. Esto mostraba que [...] en las provincias del norte los empleados del gobierno no habían recibido aumento de salario en más de 30 meses; que en las provincias del sur también se debía sumas considerables a muchos empleados, cuyos sueldos no habían sido pagados en mucho tiempo y que el Gobierno solo cumple con sus obligaciones mensuales en Lima y solo con las fuerzas armadas.[28]

Un mes más tarde el mismo cónsul escribe:

> La situación del Ministerio de Finanzas es muy mala y ha llegado a un punto en que el único regalo del Gobierno a sus empleados es la pobreza. Les daré un ejemplo. El presidente de la Corte Suprema de Cajamarca se queja de no tener suficiente dinero para comprar zapatos. Se puede decir que solamente la capital (Lima) vive y esto gracias a la Aduana del Callao que envía diariamente unos cientos de soles que

26. *Parliamentary Papers* 1866, vol. LXX: 288.
27. F. O. 61/233, Barton to Clarendon, Lima, 12 de abril de 1866.
28. Cavalchini to Minister of Foreign Affairs, Lima, 27 de marzo de 1867, *Italian Diplomatic Correspondence*, p. 243, citado en Maiguashca 1967: 162.

son tragados inmediatamente por las tropas que ocupan la ciudad y sus alrededores...[29]

Una semana más tarde Jerningham informa:

Hay una queja general en Lima porque la gente nunca estuvo tan pobre como en la actualidad y los informes que recibimos del interior sobre la escasez del comercio y dinero provocan conmiseración.[30]

Este empobrecimiento fue el detonante que hizo estallar la revuelta de las clases populares urbanas y de aquellas masas rurales que tuvieron mayor contacto con la economía mercantil. Veamos algunos ejemplos.

El cónsul británico Jerningham, en la segunda mitad de la década de 1860, desde Lima, recoge el eco de sangrientas revueltas en el interior del Perú. Jerningham habla incluso de una gigantesca "guerra de castas" que opondría a la población mestiza y a la población india. ¿Las causas? Para él:

[...] a no ser que alguna fuerza revolucionaria esté actuando, estas dificultades han surgido de las noticias no populares de que la población india debería pagar contribuciones. Por varios años, desde la Conquista, hubo un impuesto personal sobre los indios del interior, pero fue suprimido hace varios años bajo el gobierno del general Castilla. La población indígena, según los periódicos, está todavía extorsionada en varias maneras por autoridades menores y muchas veces por la violencia. Sea como fuere, la revuelta reciente parece originarse en la captación de las contribuciones por la fuerza.[31]

La contribución a la que alude el cónsul inglés como detonador de la revuelta formó parte de un programa tributario más vasto elaborado por el ministro Manuel Pardo. Pero, el mismo cónsul no dejará de observarlo, en realidad esto no fue sino el pretexto. La tentativa de

29. Ibíd., p. 182.

30. F. O. 61/241, Jerningham to Stanley, Lima, 26 de agosto de 1867.

31. F. O. 61/239, Jerningham to Stanley, Lima, 21 de mayo de 1867.

reintroducir la tributación no hacía sino colmar la paciencia de una masa sobreexplotada. Explotada a través de la persistencia secular de todo tipo de servidumbre gratuita, explotada a través de la imposición, por parte de comerciantes extranjeros y nativos —y de ahí la referencia a la guerra de castas— de una escala de precios abusivamente baja y arbitraria en la compra de las lanas de alpaca y de oveja. En uno y otro caso, además, la desarticulación del espacio peruano favoreció la hegemonía regional de caciques y caudillos.[32]

> Es extraño —dirá con laconismo el inglés Jerningham— que en un país cuya Constitución presente y pasada declara no existir esclavos, haya costumbres que requieren mucho cuidado y determinación para erradicarlas. En algunos distritos los indios han estado y probablemente aún están obligados a pagar contribuciones en una forma u otra, llevar mensajes y trabajar sin remuneración. No se puede dudar de que han sido y posiblemente aún son reclutados al ejército por la fuerza; todos los muchachos y muchachas han sido separados del cuidado de los padres y entregados a personas en Lima y otros sitios como sirvientes.[33]

Sin duda fue la dureza de esta situación, así como las violentas manifestaciones de los indios del sur peruano, las que motivaron que un grupo de "personas de nota", al igual que "Generales y Gobernadores de Provincias",[34] creasen por la iniciativa del coronel Bustamante, "el viajero", la *Sociedad de Amigos de los Indios*, en un conmovedor pero vano intento de impedir una mayor explotación de la población campesina.

Es sobre este fondo de miseria y de desolación que con un nuevo vigor renace la nativa clase terrateniente comercial.

Hasta mediados del siglo XIX, como hemos visto, el grupo de poder tradicional no pudo restablecerse económicamente. La depresión

---

32. Para una descripción más completa de la condición campesina, véase F.O. 61/253, Jerningham to Clarendon, Lima, 12 de abril de 1869; y F.O. 61/240, Jerningham to Stanley, Lima, 16 de septiembre de 1867.
33. F. O. 61/240, Jerningham to Stanley, Lima, 10 de septiembre de 1867, fol. 99.
34. Ibíd., p. 98.

de las dos décadas finales del siglo XVIII, las guerras de independencia y los subsecuentes disturbios entre los caudillos militares, al parecer habían sellado definitivamente su suerte. Esta clase no disponía ni de los capitales ni había captado la fuerza de trabajo necesaria para operar su restablecimiento. Pero de repente, las operaciones financieras de la consolidación y la conversión de la deuda interna en externa pusieron en sus manos una gran suma de dinero en efectivo. Dispusieron así de los medios necesarios para fortalecer su situación, a través de la inversión productiva de esos capitales; pero escogieron un camino distinto.

Toda la nueva fuerza económica de este grupo estuvo más bien orientada a reemplazar a las casas extranjeras en la comercialización del guano. La conversión en consignatarios les aseguraba a sus miembros una posición excepcional de dominio y control sobre un Estado en permanente déficit monetario; ya que al asumir la venta del guano, podían además actuar como prestamistas de un Estado en permanente hambruna monetaria, para lo cual bastaba convertirse en agentes financieros del Gobierno en el levantamiento de nuevos empréstitos extranjeros. Estimaban, en suma, que la inversión de sus capitales en préstamos al Estado, constituía una operación mucho más lucrativa que la inversión de estos capitales en la agricultura o en la minería. Los altos intereses pagados por el Estado sobre estos préstamos y, sobre todo, la preciosa hipoteca del guano, les inspiraba esta confianza.

Pero aquí surge un problema. ¿Era solo necesario adquirir una fuerza económica para intentar desplazar exitosamente a las casas comerciales extranjeras y, particularmente, a la poderosa casa Gibbs? Desde 1860, dos años antes de que se venciera el contrato de consignación de esta última casa, el Congreso ya discutía la posibilidad de entregar la venta del guano a los comerciantes nacionales, pero se temía que estos no pudiesen competir con la casa inglesa en lo concerniente a las condiciones de venta y de préstamos.[35] En el mes de

---

35. "El Congreso ha empezado su trabajo y ya han tocado el punto referente a las consignaciones del guano. Este asunto será probablemente muy discutido Y sin lugar a duda .se tratará todo lo posible de cambiar el sistema actual y sacarlo de manos extranjeras, pero queda por ver si el Gobierno estaría de acuerdo, porque

octubre de ese año, sin embargo, el gobierno de Castilla entregaba la concesión de venta de guano para EE. UU. e Inglaterra a la casa peruana de Zaracóndegui, quien, a cambio, había ofrecido al Estado un adelanto de 3.000.000 de pesos al 4% de interés, en mensualidades de 150.000 pesos, por la consignación a Inglaterra; por la consignación a Estados Unidos, por otra parte, se comprometió a entregar 1.500.000 de pesos en tres mensualidades. El jefe de esta casa, informa Jerningham, "está respaldado por varios adinerados de Lima como Ugarte, Barreda, Oyague y el gran capitalista chileno Candamo, el Rothschild de Chile y Perú".[36] Las propuestas de la casa Gibbs para renovar su contrato fueron en cambio desechadas, porque "[...] sus cláusulas no son tan ventajosas como las de Zaracóndegui".[37] Lo escueto de estos comentarios y la ausencia de otras fuentes más detalladas nos impiden conocer con mayor precisión las razones por las cuales el Gobierno peruano pudo liberarse tan fácilmente de la casa Gibbs. ¿Por qué, en efecto, la preferencia a los "nacionales"? Provisoriamente, tal vez debamos contentarnos con las informaciones explicativas de un observador contemporáneo:

> He sabido que el presidente estaba dispuesto a continuar el contrato de guano con esta Empresa (Gibbs), pero fue derrotado por otros que lo asustaron diciendo de que si no lo entregaba a una compañía nacional habría una revolución.[38]

La primera victoria económica y política del grupo de terratenientes y comerciantes, se consigue, si creemos a Jerningham, a través del empleo del ejército en el logro de sus objetivos. A mi conocimiento, es el primer antecedente de una alianza tradicional y hasta hace poco perdurable. Por otra parte, la resignación de Anthony

---

no hay compañías nacionales que puedan asumir las consignaciones de este artículo en términos tan favorables al Gobierno peruano como lo podían hacer los capitalistas ingleses" (F.O. 61/193, Jerningham to Russell, Lima, 13 de octubre de 1860).

36. F. O. 61/193, Jemingharn to Russell, Lima, 13 de octubre de 1860.

37. Ibíd.

38. Ibíd.

Gibbs frente a esta decisión se explica por el declive de sus beneficios en la negociación del guano.[39]

El contrato firmado en octubre de 1850 fue modificado al año siguiente. Al no aprobar los consignatarios nacionales estos cambios se procedió a una nueva licitación. Estos mismos consignatarios, el 28 de enero de 1862, obtuvieron nuevamente la consignación del guano a Gran Bretaña, Irlanda y sus colonias por un periodo de ocho años.

En los términos de este contrato,[40] los contratistas tuvieron que adelantar al Gobierno peruano 1.000.000 de pesos con un interés anual del 5%,[41] y este les otorgó, en calidad de comisión y de corretaje de venta, un 3% del total bruto de las ventas del guano a Gran Bretaña;[42] asimismo, todas las sumas gastadas por los consignatarios en la explotación gozaron de un interés del 5% anual. En este contrato, además, se impuso a los consignatarios la obligación de emitir bonos hasta por 2.000.000 de pesos, a fin de ensanchar la participación de los capitalistas peruanos en los beneficios de la explotación del guano.

Al asumir así el control de la consignación del guano hacia la Gran Bretaña, este grupo dispuso del instrumento más eficaz para continuar su enriquecimiento; no solamente a través de su participación en las comisiones de venta y en los beneficios generales por el pago de intereses, sino también a través de los diversos préstamos al Estado peruano. He aquí algunos ejemplos de tales empréstitos: 1.000.000 de pesos en mayo de 1864, con ocasión de la guerra con España y otros 3.000.000 de pesos en 1868.[43] Las tasas de interés impuestas fueron usurarias y muchas de las cláusulas de estos contratos de préstamos constituían verdaderas extorsiones fiscales.[44]

Así pues, las rentas del Estado peruano, su rol como comerciantes intermediarios entre el Estado y los consumidores ultramarinos,

---

39. Mathew 1964.
40. *Anales*, vol. VII: 53.
41. Art. 14°.
42. Art. 25°.
43. *Anales*, vol. VII: 53.
44. Russo 1870: 38.

la especulación y las inescrupulosas manipulaciones financieras, estuvieron en la base misma de su reconstitución económica como clase.

Pero es aquí donde emerge una de las cuestiones más controvertidas: ¿se puede considerar a estos comerciantes nacionales, que habían logrado suprimir a las casas extranjeras en el comercio del guano con el mercado más importante, como una burguesía, primero, y en caso afirmativo, podría ser calificada de "nacional"? La respuesta obvia es no. Por una parte, porque burguesía, proletariado y capitalismo constituyen una totalidad histórica, dialécticamente articulada. La burguesía es aquella clase que funda su dominio en la apropiación de la plusvalía generada por los trabajadores. Y no de cualquier tipo de "trabajador", sino específicamente, de aquel cuya fuerza de trabajo se ha convertido ya en una mercancía, que es susceptible de una transacción dentro de un mercado libre de la mano de obra. En otras palabras, la consolidación de la burguesía supone la proletarización de una fracción importante de los productores directos a través de la pérdida de sus medios de producción. Este no fue el caso con los consignatarios nacionales. Ellos fundamentalmente se dedicaron al mero comercio especulativo y cuando colocaron parte de sus capitales en la agricultura, para producir algodón o azúcar, fue para devenir en una clase rentista que se apropió del excedente generado por una mano de obra asalariada no capitalista, y para someterse a las exigencias de un mercado internacional que escapaba a todo su control. Pero estos mercaderes no burgueses eran solo nominativamente "nacionales" y, en la práctica, profundamente dependientes. Esto último se origina debido a las condiciones mismas de la realización de la renta del guano y de la emisión de los empréstitos. Toda la pujanza que esta clase estaba adquiriendo aún no era suficiente como para permitirle asumir sola la venta del guano en mercados cuyas reglas escapaban a su control y a su comprensión. Tampoco su fuerza económica era tan grande como para no recurrir más al concurso del mercado monetario de Londres. En uno y otro caso requirieron el auxilio de un aliado más poderoso: la casa inglesa de Thompson Bonar. Desde el comienzo de sus actividades, estuvieron asociados a dicha casa, actuando en la práctica como sus socios subalternos:

"Hemos recibido —escribirá a esta casa uno de los socios de la Compañía Nacional Consignataria el 23 de mayo de 1862— igualmente en paquete separado, el convenio celebrado por ustedes con nuestro amigo apoderado el Excmo. Sr. Dn. J. J. de Osma para la agencia del guano en la Gran Bretaña".[45]

Lamentablemente, hasta ahora no hemos podido encontrar las fuentes adecuadas que nos permitan describir con precisión la naturaleza de la relación establecida entre los consignatarios nacionales y la casa Bonar.[46] Pero existen evidencias suficientes que indican la dependencia de los consignatarios respecto de la firma extranjera.[47] En realidad, el dominio del capital británico ya no solo se ejercía directamente a través de sus propios agentes, sino también a través de sus socios peruanos.[48]

Pero incluso en su situación de socios menores, el acceso a la consignación del guano a la Gran Bretaña les permitió la acumulación de una colosal fortuna. Aquí existió, pues, la posibilidad histórica de financiar el desarrollo económico del Perú. Pero como este desarrollo no se produjo, es necesario preguntarse qué fue lo que impidió la transformación de la acumulación primitiva del capital-dinero en

---

45. *Correspondencia de los signatarios del contrato de consignación para la venta del guano en la Gran Bretaña y sus colonias dirigido por S. S. Thompson T. Bonar y Cía.* 1877, vol. I: 5.

46. Los pocos documentos accesibles a este respecto son los cuatro volúmenes publicados por la Comisión de Delegados Fiscales, nombrados para investigar los actos dolosos cometidos contra el fisco, en la venta del guano, por la casa Bonar y los consignatarios nacionales.

47. Léase, por ejemplo, la declaración siguiente de Manuel Villate, de la Compañía de Consignación del Guano: "Los Sres. J. Thompson Bonar y Cía. *que son nuestros acreedores por parte de las sumas entregadas al Gobierno*, conociendo que, desde que funciona el nuevo empréstito, no había sobrantes que poder aplicar al reintegro de los adelantos, *nos* exigen la cancelación del saldo de su cuenta y con tal apremio que aún indican, que si al arribo de la siguiente malla no están cubiertos se verán en la necesidad de retirar del producto del empréstito lo suficiente para cubrir dicho saldo", citado en Russo 1870: 20 (el subrayado es del autor).

48. Sobre el rol de los "colaboradores" o "grupos mediadores" en la dominación imperialista, véase 1972.

acumulación primitiva del capital industrial. La respuesta es necesariamente tentativa, pues no se dispone de las evidencias suficientes que permitan un examen adecuado de esta cuestión. Los indicios establecen, sin embargo, que estos capitales no sirvieron para renovar integralmente la estructura del país.

En un primer momento, colaboraron con la creación de instituciones bancarias. Así aparecen, entre 1862 y 1869, los cinco primeros bancos en el Perú: Banco de la Providencia (1862), Banco del Perú (1863), Banco de Londres, Méjico y Sudamérica (1863), Banco de Crédito Hipotecario (1866) y Banco de Lima (1869), todos ellos, con excepción del Banco de Crédito Hipotecario, fueron entidades financieras de emisión y descuento. Para medir el alcance real de esta fiebre bancaria es necesario tener en cuenta que, hasta 1862, todas las operaciones de crédito y de descuento eran realizadas exclusivamente por las casas comerciales o por las compañías consignatarias.

La constitución de los primeros directorios y, sobre todo, la inmediata suscripción de las acciones emitidas, no hubiera sido posible sin el control, por los capitalistas nacionales, de una gran parte de los ingresos producidos por la venta del guano. Se produce, de esta manera, una estrecha e indisociable fusión entre el capital comercial y el capital financiero. Veamos algunos ejemplos. El Banco de la Providencia comenzó a organizarse en septiembre de 1862, con un capital de 500.000 pesos, divididos en 10.000 acciones de 50 pesos cada una, suscritas en menos de tres meses.[49] Sus operaciones principales fueron de emisión, depósito y descuento. Entre sus fundadores figuraron Francisco Watteau, el general José Miguel Medina, Francisco Quiroz, Francisco Rey, Juan Farmer, Manuel Amunátegui, José V. Oyague, Francisco José Canevaro, Enrique Higginson, Joaquín Soroa.[50] El Banco del Perú, por otro lado, fue creado en mayo de 1863 con un capital de un 1.000.000 de pesos, en 10 acciones de 100.000 pesos cada una. Sus operaciones principales fueron de descuento, préstamos, depósitos y emisión.[51]

49. Camprubí 1957, vol. 1: 38-40.

50. Ibíd., p. 39, nota 72.

51. Ibíd., pp. 40-42.

Es este banco el que muestra una clara vinculación con la Compañía Nacional del Guano, pues sus accionistas integraban la Compañía Consignataria. Eran ellos Felipe Barreda y Aguilar, Nicolás Rodrigo, José Canevaro, Felipe Gordillo, José Sevilla, Manuel Pardo, Miceno Espantoso, Emilio Althaus, Thomas Lachambre y Pedro Denegri.[52] Igualmente, el Banco de Lima, constituido en marzo de 1869 con un capital de 3.200.000 soles, cuenta entre sus accionistas con connotados hombres de fortuna como Manuel Argumaniz, Juan Renner, Enrique Witt, Valentino Gil, Juan de Ugarte, Francisco Sagastobeytu, Juan de Dios Calderón, Gustavo Heudebert, Manuel Ortiz de Villate, Juan Muro José Antonio Castillo, Federico Lembcke y Julián Zaracóndegui.[53] Sus operaciones fueron también de emisión y de descuento. El Banco de Londres, Méjico y Sudamérica, en cambio, se crea en el Perú como agencia del banco inglés London South American Bank Limited, proviniendo los capitales de su matriz londinense y dedicándose, la agencia peruana, a operaciones tales como descuentos, préstamos, depósitos, cuentas corrientes, negociaciones.[54] Finalmente, el Banco de Crédito Hipotecario, creado en 1866 con un capital inicial de 1.500.000 pesos, se dedicó sobre todo a la emisión de créditos hipotecarios y a efectuar préstamos a largo plazo sobre bienes rústicos y urbanos.[55] Entre los miembros del Consejo Directivo se encontraban Dionisio Ortiz de Villate, José D. Castañeda, José Barrón, Carlos Delgado y Pedro Denegri, actuando como gerente José de la Riva-Agüero.[56]

La creación de todos estos bancos ciertamente respondía a una exigencia de la economía peruana, que hasta entonces estaba enfrentada a muchos problemas derivados de la falta de adecuados

52. Ibíd., p. 40, nota 79.

53. Ibíd., p. 85, nota 160.

54. Camprubí 1957, vol. 1: 43. Sobre el Banco de Londres, Méjico y Sudamérica, véase Joslin 1963.

55. Camprubí 1957, vol. 1: 61-64.

56. Según Camprubí, de quien hemos tomado todas estas referencias, para ser miembro del Consejo se requería tener la propiedad de 40 acciones por lo menos, es decir, el equivalente de 40.000 pesos (1957: 63, nota 123).

instrumentos de crédito. Se instalaba así el dispositivo esencial que pudo financiar, como en Europa, el desarrollo económico del Perú. Pero aquí, ni el financiamiento ni el desarrollo tuvieron lugar efectivamente, si exceptuamos el caso del Banco de Crédito Hipotecario. Por el contrario, desde su creación estos bancos fueron concebidos como fines en sí y no como simples medios. ¿Por qué? Las razones no se encuentran ni en una menor "propensión a la inversión" ni tampoco en una mayor reticencia a utilizar el crédito bancario. Como se ha señalado anteriormente, las razones de esta inversión improductiva de los capitales se deben a la peculiar conformación de la estructura económica, social y política del Perú. En efecto, la apertura del crecimiento económico exigía la modificación sustancial de una estructura de carácter colonial que, en el caso del Perú, aún guardaba toda su vigencia. Además, es necesario reiterarlo, el déficit estructural del Estado peruano no podía sino estimular el carácter especulativo de las inversiones realizadas. A ello se añaden las excelentes perspectivas de ganancias, dada la alta tasa de interés de los préstamos bancarios que llegaba hasta el 15% anual.[57] ¿Significa esto, entonces, que el impacto del guano dentro de la economía peruana siguió siendo nulo? Recordemos que hasta 1860 los ingresos percibidos por su venta sirvieron, principalmente para: i) la amortización de la deuda externa e interna, ii) el equilibrio, bastante precario por cierto, del presupuesto, iii) el fortalecimiento militar, y iv) el desarrollo de una sorprendente burocracia civil y militar. Por otra parte, las ganancias obtenidas por los comerciantes extranjeros, como intermediarios en la venta del guano entre el Estado peruano y los agricultores europeos, fueron casi en su integridad exportadas al exterior. Con el ascenso de los comerciantes nacionales, el patrón de inversiones no se modificó de manera sensible.

El Estado peruano siguió dedicando parte de sus ingresos para cubrir las mismas necesidades internas. Por otro lado, una gran parte de las ganancias de los consignatarios nacionales fluyó hacia el Estado en forma de empréstitos de todo tipo, mientras que el saldo sirvió para pagar la importación de bienes de consumo ostentoso.

---

57. Camprubí 1957, vol. 1: 84.

Pero entonces, ¿cómo explicar el relativo desarrollo agrario del litoral peruano durante la década de 1860, expresado sobre todo a través del incremento de la producción algodonera y azucarera? La explicación no es muy difícil de encontrar. El incremento de la producción del algodón y del azúcar obedeció enteramente a un estímulo externo: las haciendas costeñas se levantaron de su letargo al abrigo de una coyuntura externa altamente favorable. Sin la elevación de los precios internacionales del algodón y del azúcar, como efecto de la crisis americana y de la crisis del Caribe respectivamente, es posible que este desarrollo no se hubiese producido. Fue en respuesta a esta incitación momentánea que los capitales fluyeron hacia la agricultura. Es fácil comprender la inestabilidad de un desarrollo de este tipo, con la producción interna atrapada por las vicisitudes del mercado internacional.

En consecuencia, es posible sostener que en la década de 1860, parte de los ingresos producidos por el guano, en poder de los capitalistas nacionales, impactó indirectamente en la economía peruana, sobre todo en el sector agrícola. Estos capitales, al permitir el equipamiento de las haciendas, las pusieron nuevamente en marcha. Pero, y es esto lo esencial, el estímulo y la razón del desarrollo agrario, como en el caso del éxito del guano en tanto mercancía, residen en el rol complementario de la economía peruana respecto de las potencias europeas; las inversiones responden a las necesidades de las economías de la Europa Occidental, razón por la cual se centraron necesariamente en la producción de materias primas. Un desarrollo de estas características no podía conducir demasiado lejos. Para eliminar los obstáculos institucionales que se oponían a un crecimiento económico real, se necesitaba no solamente la disponibilidad de capitales, sino también la demolición de todo el orden social existente; es decir, la desintegración de la economía natural, la generalización de la producción mercantil, la creación de un sólido mercado interno y la emergencia de una clase, enteramente nueva, que se realizara como clase al asumir estas tareas.[58] En el Perú esto no ocurrió así.

58. Mandel 1968.

El grupo económico reconstruido renunció a su misión, y en lugar de transformar la estructura interna de la producción, solo se limitó a modernizar la estructura del transporte, adormeciéndose con los humos del ferrocarril.

En páginas anteriores, se ha visto cómo la clase terrateniente comercial se levanta de su postración económica gracias, primero, a las especulaciones financieras representadas por la consolidación y la conversión de la deuda interna y, después, por el acceso a la consignación del guano para Gran Bretaña, así como por los beneficios obtenidos con el renacimiento de la producción del algodón y del azúcar. Todo este proceso se gestó entre 1850 y 1860. A su término, esta clase estuvo lista para retomar el poder político, perdido en los albores de la independencia. Hasta 1872, los caudillos de la emancipación y sus sucesores habían ejercido de manera autónoma el poder político de la nación, favorecidos por el enorme *vacuum* que se crea desde 1821 y por la extrema fragilidad de la élite económica. Así, los procesos descritos otorgan a un grupo de esta clase la robustez económica necesaria como para decidirse a tomar las riendas del poder por su propia cuenta. Este será el sentido final de la victoria civilista, con Manuel Pardo en 1872.

De esta forma, en la medida que se fortalecía el poder económico de esta clase, una fracción empezó a percibir con mucha claridad la necesidad de barrer con los obstáculos que se oponían al crecimiento de la economía peruana, como condición para el afianzamiento de su dominio. Esta fracción consideró que había ciertos límites precisos en el ensanchamiento de su poderío económico a través de la sola especulación financiera. No obstante, esta clase aún no podía llevar a cabo esta transformación por sus propios medios ni tenía tampoco el poder político como para utilizar al Estado en el cumplimiento de sus propios fines.

Tenían delante a los caudillos militares que controlaban las riendas del Gobierno y que, por lo mismo, eran los administradores de una prodigiosa renta fiscal: el guano. Era imprescindible, entonces, lograr que los recursos producidos por este abono se utilizaran, por lo menos, en la creación de un terreno más propicio para un desarrollo posterior. Dada su debilidad como clase, sus miembros delegaron al Estado peruano aquellas tareas que no podían cumplir.

¿Cómo percibió esta clase las barreras a su propio crecimiento y el crecimiento del país? ¿De qué medios dispuso en esta labor de "convencimiento" y de "presión" hacia los caudillos militares? Como se ha visto, en 1872 esta clase conquistó plenamente el poder político, a través de la victoria electoral de Manuel Pardo. Pero ya desde 1860 sus representantes ideológicos (Ignacio Novoa, Toribio Pacheco, José Tejada, Francisco García Calderón, Felipe Masías, José Casimiro Ulloa, Narciso Alayza, Manuel Nicolás Corpancho, Carlos Augusto Salaverry, Ricardo Palma y Francisco Lazo) habían sido ministros o secretarios de los gobiernos militares anteriores a Pardo. Fueron ellos quienes vehicularon las ideas esenciales sobre la naturaleza de los obstáculos que impedían el crecimiento económico del Perú y de los remedios más adecuados para su superación. De manera sesgada y segmentada, entonces, un grupo de civiles, aquellos ligados por su posición y por su ideología a la fracción más moderna de esta élite emergente, fueron los encargados de hacer accesibles a los caudillos militares frente a estas nuevas exigencias. Este no es un fenómeno único en la historia del Perú y todo estudio de los mecanismos de decisión política, en una perspectiva histórica, debiera tenerlo en cuenta. Poco a poco, y durante toda esta década y media, germinan así las normas directrices que inspirarán más tarde la política económica de esta clase.

Antes de examinar estas tesis es necesario recordar muy brevemente los antecedentes de la utilización de los recursos del guano. En el primer gobierno de Castilla, gran parte de estas rentas fueron invertidas en el sostenimiento de una densa burocracia civil y militar, como un medio, según Castilla, de lograr el "orden" y la estabilidad política. Durante su segundo gobierno, 1854-1862, las rentas fueron utilizadas para sufragar las operaciones punitivas externas y las revueltas internas. La "revolución" de 1854, por ejemplo, implicó un desembolso de 13.000.000 de pesos;[59] la de 1856, 41.000.000 de

---

59. Dávalos y Lisson 1926, vol. IV: 841.

pesos;[60] mientras que la expedición contra el Ecuador absorbió más de 50.000.000 de pesos. Si se considera que durante este segundo periodo el ingreso del guano alcanzó alrededor de 100.000.000 de pesos,[61] se puede constatar que la totalidad de esta suma fue absorbida por los gastos de guerra. Además, los costos de la abolición de la esclavitud y del tributo de los indios, al ser asumidos directamente por el Gobierno, crearon nuevas obligaciones fiscales que, en adelante, tuvieron que saldarse con los ingresos del guano. Al respecto, el propio Castilla sostiene:

> Hasta ahora nosotros ya habríamos avanzado un largo trecho en la ruta hacia el progreso, si acontecimientos fatales no hubiesen distraído nuestra atención, paralizado nuestros esfuerzos, multiplicado nuestras dificultades y, sobre todo absorbido nuestro tiempo y dinero.[62]

El cambio de este deplorable despilfarro de los recursos del guano constituyó una de las primeras reivindicaciones de la clase terrateniente-comercial. Solo el gobierno de Echenique, entre los dos periodos de Castilla, les había permitido participar de estos beneficios, a través de las operaciones financieras de consolidación y conversión. Pero a comienzos de la década de 1860 no era posible volver a utilizar los mismos medios para que los capitales producidos por el guano pasaran a manos de los miembros de esta clase. Si bien una fracción comenzó a participar en los beneficios de la venta, era necesario conseguir que las sumas percibidas por el fisco fuesen utilizadas de manera más provechosa para los intereses del conjunto de la clase comercial-terrateniente.

Es, pues, la lucha por la utilización productiva de los recursos del guano lo que constituye la primera etapa en la uniformización de los intereses de esta clase. El análisis del conflicto permite percibir toda la peculiar concepción que tuvo dicha clase sobre las vías más adecuadas para emprender el desarrollo económico del Perú y sobre las

60. F. O. 61/182, Witthew to Clarendon, Islay, 22 de marzo de 1858.
61. Maiguashca 1967: 71.
62. *Mensajes de los Presidentes del Perú*, t. 1, p. 337, citado en Maiguashca 1967.

barreras que la obstaculizaban. La argumentación en uno y otro sentido posibilita una primera caracterización de este poderoso grupo.

El cuerpo de sus principales ideas económicas y políticas fue formulado en los números sucesivos de la *Revista de Lima*. Esta publicación aparece por primera vez en junio de 1859 y seguirá editándose hasta 1863. Su creación se debió a la iniciativa de un grupo de escritores como José Casimiro Ulloa, José Antonio de Lavalle y Ricardo Palma,[63] con el objeto de continuar la tradición cultural iniciada por el *Mercurio Peruano* desde fines de la época colonial. Esta revista se constituye muy pronto en el mejor órgano cultural del periodo, publicándose en sus páginas artículos sobre geografía, literatura, historia, economía, política, medicina, etc. Lo que se debe subrayar es que gran parte de la redacción de esta revista, o de sus colaboradores más asiduos, se desempeñaba en las décadas de 1860 y 1870 en los más altos cargos dentro de la administración pública. Manuel Pardo, jefe del partido civilista, ministro de Hacienda de Prado y presidente del Perú, era su principal colaborador. Las ideas de este discípulo del economista Michel Chevalier, en el Colegio de Francia, expresadas a través de varios artículos,[64] pueden ser consideradas como las representativas de su propia clase. Pardo, y más tarde Luis Benjamín Cisneros, son los principales inspiradores de la política económica de la emergente élite económica.

No pretendo examinar aquí la totalidad del pensamiento económico de Pardo. Voy a limitarme a resaltar lo referente al problema que nos preocupa, es decir, la utilización de las rentas del guano y los obstáculos al desarrollo del Perú. La claridad y la elocuencia de su argumentación me han llevado a citarlo directamente:

---

63. Basadre 1961, t. III: 1374.

64. Entre los artículos más importantes de Pardo se encuentran "Estudios sobre la provincia de Jauja", "Sociedad de Beneficencia de Lima", "El Partido de Saña o Lambayeque en el siglo pasado", "Inmigración vascongada", "Medidas económicas del Congreso de 1860. Ley General sobre Ferrocarriles", "El Crédito Hipotecario en Francia y Chile en 1859 y 1860", "Algo sobre el Proyecto del Código Pena", aparte de sus mensajes como ministro de Hacienda y presidente del Perú. Todos ellos pueden ser consultados en López 1947.

> Lejos de nosotros —comenzará diciendo Pardo— la intención de pasar en revista los quince años transcurridos desde el descubrimiento de la utilización del guano del Perú: tal revista es innecesaria, porque esos quince años aún los tiene grabados en su corazón todo peruano; ni de emprender un análisis sobre el empleo que han tenido los 150 millones que el guano ha producido en ese tiempo, porque si de su análisis reportaría la historia algún provecho, el honor del Perú tiene muy poco que reportar [...].[65]
>
> [...] Pero el remedio no es abatirse ni desalentarse; no porque hayamos perdido el tiempo que ha pasado debemos también perder lo que nos queda de guano; no por haber derrochado caudales ingentes debemos concretarnos a lamentar su pérdida y dejar convertirse en humo los caudales que en ese momento nos están lloviendo del cielo. Muy por el contrario: el tiempo pasado nos debe servir de escarmiento y de saludable estímulo para el porvenir. Hemos perdido quince años de guano, pero nos quedan diez o doce todavía. Hemos derrochado 150 millones pero quizás nos quedan otros tantos. Abramos pues los ojos: no malgastemos, no derrochemos como locos. No pretendemos que se cambie totalmente de conducta, eso sería mucho pretender, pero salvemos algo del naufragio: salvemos tres o cuatro millones del temporal que corremos y con tres o cuatro millones solamente durante un decenio podrá responderse de la prosperidad eterna del Perú.[66]

Pero qué hacer con estos tres o cuatro millones. ¿Cómo invertirlos para que constituyan la fuente de la "prosperidad eterna del Perú"? y, en última instancia ¿cuál es esa fuente? La respuesta de Pardo es tajante y directa:

> Crear retornos que suplan el guano, crear rentas fiscales que reemplacen las del guano: he aquí el problema. Fomentar la producción nacional, he aquí la resolución: ella nos dará retornos para el comercio ella nos dará rentas para el Estado. En la producción nacional, en la riqueza pública será donde encontremos las entradas para nuestro Tesoro, cuando la actual renta desaparezca. El aumento de valores en todas las ramas de la actividad nacional permitirá el aumento de las

65. Pardo 1947a: 233.

66. Ibíd., p. 234.

contribuciones sobre la tierra que solo pueden pagarse cuando la tierra produce, sobre la industria que solo se obtiene cuando la industria florece, sobre la propiedad urbana, consecuencia del aumento de la población y por último y más que todo de las contribuciones indirectas, como las de aduanas que crecen solo donde hay movimiento industrial y comercial.[67]

Pero el levantamiento de la producción constituía el objetivo final. En la opinión de Pardo, aquí se encontraba la clave del bienestar nacional y, en consecuencia, la solución de la bancarrota fiscal. ¿Con qué medios podía conseguirse este objetivo? En su respuesta establece la mediación entre guano y crecimiento, desde la perspectiva de los intereses de su propio grupo. Escuchémoslo:

> Y qué medio más fácil, más rápido y más poderoso de aumentar con la producción nacional a un mismo tiempo la riqueza de los particulares y del Estado ¿Qué medio más expedito y más sencillo que las vías de comunicación?[68] Ya hemos dicho: si en las naciones europeas el papel de un camino de hierro se reduce a facilitar y activar las comunicaciones entre dos puntos del territorio, en el Perú su misión es de crear esas relaciones que no existen entre lugares que están incomunicados unos de otros; en Europa ellos facilitan el tráfico y el comercio, fomentan así la industria y dan mayor valor a la propiedad; en el Perú lo crearán todo: comercio, industria y hasta la propiedad, porque darán valor a lo que hoy no tiene.[69]

En el pensamiento de Pardo, además, los ferrocarriles al inaugurar el progreso material, traerían al mismo tiempo la mejora moral y espiritual del pueblo peruano:

> De otra parte el aumento de riqueza material que los ferrocarriles producen se traduce también en un verdadero aumento de civilización, en la mejora moral e intelectual de la nación cuyos territorios han sido

---

67. Ibíd., p. 259.
68. Ibíd.
69. Ibíd., p. 260.

enriquecidos súbitamente por la locomotiva. El aumento de riquezas de un territorio aumenta el bienestar de sus pobladores y es principio reconocido cuanto contribuye en el hombre el bienestar a realizar sus sentimientos morales elevando el primero y padre de todos ellos: el de la dignidad personal. Las escuelas y los catecismos políticos podrán hacer a nuestros indios pedantes: difícilmente ciudadanos. Solo mejorando su situación material puede dárseles esos principios de dignidad e independencia personal sin los que jamás pueden ser otra cosa que ilotas miserables, pecheros adictos a la tierra e instrumentos ciegos de todo el que alce un palo para mandarlos. Mejorando la condición material de nuestros pueblos opondremos la valla más eficaz contra los avances de la tiranía de una parte y de la otra contra los esfuerzos de los anarquistas. He aquí el segundo modo como los ferrocarriles deben ejercer su influencia moral sobre las poblaciones.[70]

Todavía más enfáticamente:

¿Quién niega que los ferrocarriles son hoy los misioneros de la civilización? ¿Quién niega que el Perú necesita urgentemente de semejantes misioneros? Sin ferrocarriles no puede hoy haber verdadero progreso material, y aunque parezca mucho decir, sin progreso material no puede hoy haber tampoco en las masas progreso moral, porque el progreso material proporciona hoy a los pueblos bienestar y el bienestar los saca del embrutecimiento y de la miseria tanto vale decir pues que sin ferrocarriles tiene que marchar a pasos muy lentos la civilización.[71]

He aquí, finalmente, las proposiciones para instrumentalizar estos medios:

[...] aunque dotado el Perú de todos los elementos que una nación necesita para subir al pináculo de la prosperidad material, presenta en su posición geográfica, en sus continuos disturbios y en el poco crédito administrativo y fiscal de su Gobierno fuertes obstáculos y grandes desventajas que hay que neutralizar halagando al capital europeo con un interés más elevado o más sólidamente garantizado que

---

70. Ibíd., p. 262.
71. Ibíd., pp. 299-300.

el 6% que la ley del Congreso ha señalado y que como tenemos visto el capital puede encontrar fácilmente en otros países a que acudirá de seguro antes que el nuestro. Solo un 7% garantizado por la ley con el producto del guano que se expende en el mercado donde se toma el capital necesario para una obra, llenaría las esperanzas generosas que los autores de la ley general sobre ferrocarriles, el Congreso de 1860 y todos los hombres que piensan en el porvenir del Perú han cifrado en este gran paso dado en la marcha administrativa del Perú.[72]

En suma, la construcción de los ferrocarriles, en la opinión de Pardo y de sus seguidores, aparece así como el arma estratégica para preparar el desarrollo económico del país. El recurso a los capitales extranjeros, con la sólida garantía de la hipoteca del guano debía constituir el medio para realizar este proyecto. Esto significaba liquidar, por parte del Gobierno, el despilfarro de las rentas producidas por el guano, a fin de liberarlos para una utilización más racional. Pardo tuvo la oportunidad de poner en práctica estas ideas como ministro de Hacienda durante el gobierno de Prado. Recuérdese las medidas tomadas por él para equilibrar el presupuesto y liberar las rentas del guano: la disminución del aparato burocrático, la reducción de los salarios de los funcionarios, la supresión de un vasto número de pensionistas del gobierno,[73] la imposición de tasas de exportación a la producción nacional[74] y, sobre todo, el restablecimiento del programa tributario.[75]

---

72. Ibíd., p. 310.
73. Maiguashca 1967: 123.
74. F. O. 61/234, Lima, 20 de junio de 1866, fol. 38-4t.
75. "El establecimiento de las contribuciones, dice Pardo en una carta del 18 de diciembre de 1865, es una necesidad independiente del estado actual de nuestra hacienda, aunque ese estado haya sido ocasión de que estuviéramos seriamente en esa necesidad. Si el Perú debe tener una vida propia e independiente es necesario que no viva únicamente de un producto que se encuentra en medio de los mares, que puede depreciarse y que ha de extinguirse; es preciso que cuente con recursos no sujetos a ser arrebatados, seguros y duraderos y estos recursos propios que cubran sus necesidades ordinarias interiores no pueden ser otros que las contribuciones: crearlas en la cantidad suficiente para atender a nuestras necesidades reales, repartirlas con justicia y recaudarlas sin exacción y con economía tal es el

La conversión del guano en ferrocarriles, virtual *mot d'ordre* de la élite modernizante, fue incorporada en el plan de gobierno del coronel José Balta y fue durante su gestión administrativa (1868-1872) que se emprendió la construcción de las más importantes líneas ferroviarias. Las ideas, inicialmente esbozadas por el grupo de la *Revista de Lima*, se convirtieron en dominantes durante la década de 1860 y parte de la de 1870. Cuando la *Revista* desaparece en 1863, es Luis Benjamín Cisneros quien retoma en sus escritos los argumentos de Pardo[76] e insiste en la necesidad del establecimiento de un plan de tributaciones, en la construcción de líneas férreas, en un programa de irrigación y de protección a la industria peruana.[77] Como ha señalado con justeza Maiguashca, las proposiciones de Cisneros incluso inspiran el posterior proyecto de Piérola con respecto al monopolio del guano.[78] Todo lo anterior muestra la unidad y la continuidad de una línea de pensamiento a propósito de la política económica que deberían seguir los sucesivos gobiernos. Este programa, antes que Pardo asumiera la presidencia, había comenzado ya a ser puesto en práctica durante los gobiernos de Prado y, sobre todo, de Balta.

Pero es necesario plantear aquí algunas cuestiones esenciales. La idea subyacente en la exigencia del establecimiento de líneas ferroviarias[79] era que los ferrocarriles removerían los obstáculos esenciales al crecimiento del Perú y fomentarían la producción nacional. ¿Era esto correcto? Sin pretender levantar un proceso a las ideas de Pardo, es indispensable recurrir a la observación histórica para examinar los fundamentos de esta tesis.

La construcción de los ferrocarriles no es buena o mala en sí, el problema, y es aquí donde el pensamiento de Pardo se equivocó, es que la construcción de los ferrocarriles no precede al nacimiento del

---

problema que el Gobierno de S. E. (Prado) debe resolver" (*Anales de la Dictadura* 1866: 141-142).

76. Cisneros 1936, t. III: 35.

77. Véase, principalmente, Cisneros 1866: 150.

78. Maiguashca 1967: 202-203.

79. Las tres líneas propuestas debían unir los siguientes puntos: Islay-Arequipa, Lima-Jauja y el litoral con Cajamarca.

capitalismo industrial sino que, para que su rol sea decisivo, responde a la demanda de una economía ya en movimiento.[80] En el caso del Perú, como mencioné en otro trabajo,[81] estos ferrocarriles no se articularon a la estructura interna de la economía peruana, sino que más bien fueron los vehículos de desintegración de la economía campesina y los canales a través de los cuales se reforzó la dependencia exterior. Lo que Pardo y su clase no pudieron comprender era la imposibilidad de un desarrollo auténtico en el interior de un espacio dominado por el capitalismo europeo. Paradójicamente, el Estado peruano, al construir con sus propios capitales estos ferrocarriles, preparó, a corto plazo, una nueva y definitiva bancarrota financiera y, a largo plazo, el reforzamiento de su dependencia.

Pero, después de todo, ¿por qué ocurrió así? El razonamiento de Pardo era sin duda correcto al afirmar que la construcción de líneas modernas de comunicación, es decir ferrocarriles, contribuiría grandemente a incentivar la producción. Efectivamente, el abaratamiento de los costos de transporte podía permitir ahorrar una suma de capital que después se destinaría a elevar la productividad de la economía. Pero el aumento de la producción interna a través de un mecanismo de este tipo, en lugar de fortalecer la economía interna, contribuyó más bien a su distorsión y debilitamiento, en la medida que se desarrolló una producción totalmente dependiente de las oscilaciones del mercado exterior. En efecto, basta observar el trazado de las líneas férreas para descubrir su función: la extracción más barata y eficiente de aquellas materias primas más solicitadas por las economías dominantes externas. Otro hubiera sido el destino y la función de estos ferrocarriles si la economía peruana hubiese contado en esa época con polos internos de crecimiento.

Por el contrario, expandir la economía sobre bases menos aleatorias supone por definición desarrollar el mercado interno. Y para

---

80. Cuando una economía inicia su expansión no solo incorpora tecnología sino que, inversamente, puede alcanzar el mismo resultado con tecnologías alternativas. Véase a este respecto, el provocativo libro de Robert W. Fogel, *Railroads and American economic growth* (1964).

81. Bonilla 1973.

esto hace falta algo más que simples líneas férreas, más aún cuando el mercado interno peruano, débil y fragmentado, era desde la primera década posterior a la independencia cada vez menos nacional. Este mercado servía sobre todo para la venta de las mercancías británicas y europeas. El desarrollo de un sólido mercado interno hubiera exigido, en definitiva, el incremento de la división social del trabajo, el fortalecimiento del sistema económico y la elevación de la productividad de los sectores económicos. Pero todo esto, a su vez, exigía erradicar las bases coloniales de la economía peruana del siglo XIX, emancipar a los siervos, romper el poder político de los grupos señoriales tradicionales y cortar los nexos de una articulación asimétrica de la economía peruana con el mercado internacional. De manera consciente, Pardo no podía asumir un programa de esta naturaleza, por los graves riesgos que implicaba para el mantenimiento de la propia dominación de su clase. Pero este no era todo el problema. Sabemos desde hace mucho tiempo que la historia no es necesariamente la expresión y el desarrollo de las intenciones conscientes de los hombres. Más bien es al revés. La opacidad en los planteamientos de Pardo deriva y se nutre de su posición de clase. Su visión, de hecho, tuvo un alcance mucho mayor que la de muchos otros de su propia clase pero, pese a ello, el mismo Pardo no pudo escapar a las determinaciones y a las ilusiones de su tiempo y de su grupo social.

Los ferrocarriles se construyeron, pero su silbido, contrariamente a lo esperado, no logró despertar de su letargo a las masas indias. Pardo llegó a ser presidente solo para ser el testigo impotente de una de las mayores debacles financieras del Estado peruano. Décadas más tarde, efectivamente, el ferrocarril contribuirá grandemente a la expansión de la economía externa del Perú; pero con ello, y no por paradoja ni casualidad, la burguesía que se constituye será cada vez menos nacional. Para que siga siendo una clase burguesa necesitará depender del capital imperialista.

La élite económica modernizante, al no poder asumir por su propia cuenta la transformación integral del país, se limitará a lo largo de la segunda mitad del siglo XIX a participar en el proceso productivo en calidad de asociada de los capitalistas británicos, extrayendo de esta situación parte de sus beneficios. Además, y es esto lo fundamental, los obstáculos institucionales que he señalado y la persistencia de los rasgos señoriales en la mentalidad de esta nueva clase, los hicieron reticentes a toda inversión productiva. Sus miembros escogerán el amplio y cómodo camino de la especulación, favorecidos grandemente por las necesidades financieras del Gobierno. De una clase que traiciona su destino, a su casi inmediata conversión en rentista y parasitaria, el camino era corto y directo y fue rápidamente recorrido.

La consignación del guano que los comerciantes nacionales obtuvieron del Gobierno en 1862 les permitió tener al Estado peruano prácticamente a su merced. Las arcas fiscales se convirtieron en la fuente principal de sus ganancias a través de préstamos, de intereses usurarios, etc.[82] Entre 1865 y 1866, por ejemplo, efectuaron nueve préstamos al Gobierno por un valor total de 35.762.000 soles, suma que les reportó un beneficio aproximado del 30%; es decir, 10.485.220 soles, por concepto de intereses, comisiones y cambios.[83]

Así, a fines de la década de 1860 esta clase se restablece económicamente, gracias al control de la venta del guano, al fraude y a las especulaciones fiscales. Frente a ella existía una masa urbana y rural cuya situación se deterioraba día a día. Esta polarización de la sociedad generó la eclosión de los primeros movimientos populares con un carácter marcadamente social, aunque aún carecían de la coherencia organizativa e ideológica. Los consignatarios estaban en el centro del odio popular. En la cima, finalmente, controlando el poder político, continuaban los caudillos militares; pero era un control cada vez más vacilante. Ya no podían hacer uso como en la primera mitad del siglo XIX de los mismos mecanismos tradicionales para la formación de sus clientelas personales.[84] Además, como hemos visto, en su programa de gobierno ya estaban incorporadas las reivindicaciones más esenciales de la clase emergente. En 1872, los miembros de la clase comercial-terrateniente consideraron que había llegado el momento de asumir directamente el control político del país. Ellos

---

82. Cisneros 1936, t. III: 21-221.
83. Maiguashca 1967: 222.
84. Wolf y Hansen 1967.

habían adquirido, al fin, la fuerza necesaria. Sin embargo, entre 1869 y 1872, un acontecimiento de hondas repercusiones para las finanzas y la economía peruana resta significado a este triunfo político.

Cuando Manuel Pardo asume en 1872 el control político del Estado no es sino para convertirse en el testigo impotente y entrampado de dos procesos opuestos, pero convergentes: la más aguda crisis moderna del capitalismo internacional y la debacle de su propio grupo de sustento. Nicolás de Piérola, un hombre de 30 años quien estuvo en el centro de este doble movimiento, fue el encargado de arrebatar a los comerciantes nacionales la consignación del guano, es decir la fuente principal de sus riquezas, para ponerla en manos de un oscuro comerciante francés: Auguste Dreyfus.

II / Auguste Dreyfus y el monopolio del guano

Al momento en que Piérola asciende al Ministerio de Hacienda (1868), la situación financiera del Perú era desastrosa. Desde los comienzos de la explotación del guano hasta 1868 se habían vendido más de 7.000.000 de toneladas, cantidad que según las estimaciones de los funcionarios produjo más de 218.693.625 soles. Pero esta suma fue disipada rápidamente dejando más bien como resultado una deuda de 45.000.000 y un déficit presupuestal de 17.000.000 de soles.[1] La imprevisión, la ausencia de una política financiera y la explotación ejercida por parte de los consignatarios aparecían como las causas más inmediatas de esta catástrofe.

La toma de conciencia de esta situación había llevado, desde comienzos de la década de 1960, a los representantes más lúcidos de un sector de la élite comercial-terrateniente a proponer algunas reformas, sobre todo, en lo concerniente a la inversión de los capitales generados por la explotación del guano. Pero estas proposiciones serían de una eficacia limitada en tanto persistiese la consignación como sistema de venta. Ahora bien, la crítica al sistema de consignación no solo se limitaba a una crítica técnica con relación a la gestión financiera del Gobierno, sino que era básicamente una crítica política;

---

1. Dancuart, *Anales*, vol. VIII: 195.

en la medida, precisamente, en que a través de la apropiación de los capitales del guano se inició el fortalecimiento económico y político de la élite comercial-terrateniente y que este recurso se convirtió en su fuente de seguros beneficios.

Las críticas más contundentes al sistema de consignación fueron formuladas por Manuel Pardo en diversos artículos[2] de la *Revista de Lima*. Pero Pardo, el primer presidente civil del Perú en 1872, fue al mismo tiempo el jefe de los comerciantes nativos quienes en 1862, con la ayuda de Castilla, consiguieron arrebatar a Anthony Gibbs la consignación del guano hacia Gran Bretaña; es decir, el mercado más importante para la venta de este abono. Fue Pardo, además, quien batalló ardorosamente por la transformación del guano en ferrocarriles. ¿Cómo explicar entonces esta paradoja? La respuesta por ahora es tentativa. Aún se necesitan varios estudios acerca de la estructura de clases en el Perú de la segunda mitad del siglo XIX y, además, sobre la composición interna de la clase hegemónica, así como su grado de cohesión y las tensiones entre las diferentes fracciones. Para regresar al problema planteado, las evidencias parecen sugerir un disloque creciente dentro del grupo comercial-terrateniente. Manuel Pardo, de hecho, lideraba la fracción más lúcida y "moderna", aquella cuyo proyecto político y económico se fundaba sobre el supuesto de que su mantenimiento como clase hegemónica dependía estrechamente de la modernización del país. Los miembros de esta fracción, a diferencia de la más tradicional, plantearon mediante los labios y la pluma de Manuel Pardo, que no se trataba de ser ricos ahora para ser pobres mañana, sino de exigir al Estado para que a través de los ahorros necesarios preparara las condiciones del desarrollo material de la nación.

Pero, y es esto lo significativo de esta clase, este desarrollo material suponía la implementación ferroviaria del país. Se trataba, en suma, de revolucionar los medios de transporte, conservando y dejando intactos los fundamentos mismos de la sociedad colonial. Todo

2. Consúltese, sobre todo, los siguientes: "Estudio sobre la provincia de Jauja" y "Medida económica del Congreso de 1860, Ley general sobre ferrocarriles" en López 1917, pp.: 232-274 y 297-311.

el modernismo de Pardo no pudo superar estos límites. La alianza básica de intereses con los terratenientes más allá de las tensiones de coyuntura, el desprecio a las clases populares y la incertidumbre frente a sus movilizaciones, fueron las determinantes de esta opción.

Si bien las proposiciones de Pardo y de la *Revista de Lima* tienen amplia audiencia entre 1859 y 1863, la clase a la que representaban, sin embargo, no había alcanzado todavía el control político del Estado como para ponerlas totalmente en práctica. De ahí que, debido a una fisura del sistema político peruano del momento, sean Balta y Piérola quienes se encarguen desde 1868 de reorientar la política financiera del Gobierno.

Desde la perspectiva que aquí nos interesa fueron dos los ejes fundamentales de este cambio: el reemplazo del sistema de consignación y la conversión del guano en ferrocarriles. Lo primero está estrechamente relacionado con Auguste Dreyfus, personaje cuyo significado en la historia financiera del Perú aquí se quiere examinar.

Fue necesaria, pues, la presencia en el Ministerio de Hacienda del joven Nicolás de Piérola, antiguo seminarista, periodista y boticario, para que se arrebatara a los consignatarios el principal instrumento de su fortuna. Una personal concepción de lo que debía ser el desarrollo económico del Perú, una entera independencia respecto de los intereses de los consignatarios nacionales y, más aún, todo un clima de cólera popular hacia estos últimos, facilitaron su decisión. A esto se añade la reacción favorable tomada por el presidente José Balta. Pero —detalle muy revelador para quien quiera entender el funcionamiento del poder político en este primer medio siglo de vida independiente— la decisión final de Balta a favor de Dreyfus obedece, si creemos la versión de Echenique, más a consideraciones estrictamente familiares y de ninguna manera a una opción por un determinado programa financiero. En efecto, solo cuando Balta adquiere la certeza de que el expresidente Echenique, quien podía eventualmente gozar del apoyo financiero de Dreyfus debido a sus relaciones de amistad, no competiría por la sucesión presidencial contra su hermano Juan Francisco Balta, es que ordena el voto favorable del Congreso.[3] Además, parece también que en la decisión de Balta intervino la *haute influence* de un ministro francés.[4]

Entre las razones enumeradas anteriormente fueron sin duda los abusos de los consignatarios nacionales los que pesaron hondamente en el abandono de la consignación como sistema de venta del guano. Recordemos que ya en 1867 el Congreso había votado una ley prohibiendo la prolongación de las consignaciones. Dos años más tarde, las grietas existentes en el sistema político peruano permitieron a Piérola, el hombre que pondría brutalmente en práctica la decisión anterior, el acceso al poder.[5] Pese a la prohibición anterior, la persistencia del sistema de consignaciones se debía a la imposibilidad que tenía el Estado peruano de recurrir al crédito exterior para solucionar su permanente déficit financiero; solo los capitales de los consignatarios aparecían como el último recurso para la solución de los problemas financieros del Gobierno. Esta situación condujo a García Calderón, el ministro anterior a Piérola, a solicitar del Congreso la autorización de un nuevo empréstito con los consignatarios,[6] pedido que fue finalmente rechazado. Pero el rechazo de la proposición de García Calderón no significaba la solución del problema. Agobiado por el peso del déficit fiscal, es el mismo Piérola quien se ve obligado, al comienzo de su gestión como ministro, a recurrir a un préstamo de los consignatarios por un valor de 10.562.000 pesos.[7]

Pero para Piérola las dificultades financieras del Gobierno no eran irremediables. En enero de 1869 declara:

> Bien pues, yo creo, como he dicho antes de ahora, que nuestra bancarrota es hipotética: tenemos recursos. La misión del Gobierno y las

---

3. Echenique 1952: 300. Este es un libro cuya lectura es altamente recomendable para quien quiera comprender el funcionamiento del "Estado" peruano.
4. *Correspondance Commerciale*, Callao, 10 de junio de 1870, t. II, rol. 251. París, Ministerio de Negociaciones Extranjeras.
5. Para profundizar en la historia de este hombre, véase puede seguirse a través de las obras de: Ulloa 1949 y Pinillos 1947.
6. F. O. 61/248, p. 141.
7. Bonilla 1970, vol. I: 69.

> Cámaras debe concretarse a levantar empréstitos, pero esto no podrá tener lugar sino después de satisfechas las necesidades públicas; entretanto, el objeto, el grandísimo empeño del Poder Público, es levantar empréstitos y esta es mi manera de ver la cuestión de la Hacienda Pública.[8]

Recurramos a los préstamos, decía Piérola, pero como una solución provisoria y en el más corto plazo. El Congreso accede a su pedido otorgando al Gobierno, el 25 de enero de 1869, la facultad de levantar un nuevo empréstito para equilibrar el déficit presupuestario.[9]

En el espíritu de Piérola, sin embargo, la solución definitiva exigía medidas menos aleatorias que los empréstitos otorgados por los consignatarios. Sensible a las tormentas desatadas por los abusos de los consignatarios, creía que solo una reforma radical del sistema de venta del guano permitiría al fisco un mejor control de sus ingresos. El Estado no debía depender de los caprichos de los consignatarios en lo concerniente a las sumas adelantadas sobre las consignaciones, sino que debía contar de manera regular con una cuota de ingresos fijos, condición indispensable para la elaboración de un coherente programa financiero. Todo esto implicaba la intervención más directa del Estado en la venta del guano y, por consiguiente, la eliminación pura y simple de la consignación como sistema de venta. Finalmente, pensaba Piérola, la supresión de las consignaciones podía permitir la liberación de los capitales nacionales empleados hasta entonces con fines especulativos, y la utilización de los mismos en el reactivamiento general de la economía. Eran más o menos estas las ideas que inspiraban su acción. Sería ilusorio pretender encontrar detrás de cada uno de sus actos un programa de mayor envergadura. Este antiguo seminarista no tuvo la formación de un Manuel Pardo, y casi la totalidad de sus ideas en materia de política económica eran de un pragmatismo demasiado crudo, nacidas por la incitación y en respuesta a los malestares financieros de la época. Después de todo,

---

8. Dávalos y Lisson 1926, vol. IV: 240.
9. F. O. 61/253, Jerningham to Clarendon, Lima, 12 febrero de 1869.

fue llamado al Ministerio de Hacienda para solucionar un déficit fiscal y las medidas que se proponía tomar, en principio, no rebasaban el dominio fiscal. Sobre la transformación de la economía peruana en su conjunto, Piérola se limitaba a compartir las ilusiones del momento, y a pensar en el rol revolucionario de las obras públicas. Las palabras de Balta bien pudieron salir de los labios de Piérola.

> [...] si para cualquier otro país los trabajos públicos significan riqueza y confort [...] para nosotros ellos significan salvación: el triunfo del orden y de la prosperidad. La unificación del país, paz, población, todos estos problemas serán resueltos, directamente, por esta solución providencial.[10]

En aquel momento, Piérola tampoco tuvo una fuerza social detrás que pudiese inspirarle la dirección del cambio. Más bien, debió enfrentar una formidable coalición de aquellos interesados en mantener el negocio del guano en sus mismas condiciones, base de sus fortunas, quienes, sin embargo, no tenían la fuerza política suficiente para mantener sus privilegios. El hecho de que la fracción más moderna de la propia clase hegemónica, a la que pertenecían los consignatarios, apareciera objetivamente apoyando el programa de Piérola contribuyó al debilitamiento de estos últimos. Así se configura el escenario de un primer conflicto interno.

En el curso de la lucha contra los consignatarios Piérola toma un cierto número de medidas que no solo son medidas financieras. A un siglo de distancia, el historiador puede ver cómo ellas configuran el posterior destino económico y político del Perú. Las consecuencias de sus actos, ni Piérola ni sus más fervientes partidarios pudieron preverlas. Si se permite la expresión, puso en marcha un mecanismo cuya lógica ignoraba, y cuyo control escapaba enteramente a su comprensión. Al facilitar de manera irreversible la acción decisiva de las fuerzas impersonales de la economía internacional, Piérola asoció profundamente a ella el destino del Perú. Por esta razón, 1869

---

10. Mensaje de Balta al Congreso, 28 de enero de 1869, en *Mensajes*, vol. II: 3.

constituye una de las fechas cruciales en la historia económica y política de la nación.

Aquí no es posible sino reconstruir ese escenario inicial e indicar, tal vez, la dirección y el sentido de cada una de las fuerzas en presencia. Un análisis de sus consecuencias exigiría escribir la historia integral del Perú contemporáneo.

El ingreso de Auguste Dreyfus

Señalamos que el desarrollo de la explotación del guano durante las décadas de 1850 y 1860 estimuló fuertemente la actividad comercial. Los comerciantes ingleses, establecidos desde los albores de la independencia, ejercían sin amenaza alguna la hegemonía del tráfico comercial. La aparición del guano permitió aún más el incremento de sus negocios, al asegurarles la liquidez monetaria para sus transacciones y al poner en sus manos la mercancía fundamental de retorno. Durante la década que siguió a la independencia, los comerciantes británicos lograron ubicarse en los lugares más estratégicos del Perú, en las grandes ciudades, en los principales puertos desde donde las casas inglesas controlaban el comercio regional y local, directamente o a través de intermediarios. Sus actividades no se limitaban a la compra y venta de mercancías, sino que intervenían también en la producción y en la emisión de préstamos a corto plazo. Eran más que casas autónomas, agencias de grandes firmas establecidas en Londres y Liverpool. De ahí su superioridad y su fuerza. Una de ellas, Gibbs, adquiere un rol relevante durante toda la década de 1850 al asumir el control de la venta del guano para Gran Bretaña.[11]

Frente a las casas británicas, los otros comerciantes europeos pasaron a un segundo plano. Los franceses, sin embargo, tenían prácticamente el control del comercio de lujo. Ellos satisfacían las extravagancias de una cierta fracción de la sociedad peruana, demasiado rica, pero débil numéricamente. El radio de sus transacciones y su fuerza económica eran, por consiguiente, limitados. Ellos,

11. Véase particularmente Mathew 1964 y 2009.

a diferencia de las casas británicas, no tenían el auxilio de una casa matriz en el otro extremo del océano. Esta misma debilidad les hizo perder el control del comercio del guano, cuando la casa Gibbs arrebató al francés Barroilhet el control de la venta.

Pero esta debilidad no debe ser exagerada. El carácter limitado de las operaciones de las firmas francesas estuvo compensado por el alto poder adquisitivo de sus clientes. Además, por la persistencia de sus hábitos señoriales de consumo. El hecho mismo de su permanencia en el escenario comercial del Perú es un indicio de que la situación de los mercaderes franceses y el monto de sus beneficios no eran tan despreciables.

De todos estos pioneros del comercio francés con el Perú no nos quedan sino sus nombres, que en realidad nos dicen muy poco. Solo esporádicamente una larga petición, o una protesta dirigida al Ministerio o al cónsul, nos permiten proyectar una luz sobre estas vidas oscuras. Pero tales misivas no nos dicen mucho. Eran muy reticentes para confiar sus historias personales y bastante más locuaces para hablar de sus derechos lesionados. Al recorrer esta lista un nombre retiene nuestra atención: Auguste Dreyfus. ¿Quién era? ¿Qué hacía en el Perú?

La serie 28AQ de los Archivos Nacionales de París encierra una enorme cantidad de documentos impresos y manuscritos sobre Auguste Dreyfus. Sobre todo expedientes judiciales. Su nombre, en efecto, era conocido por los más importantes tribunales europeos, comprendido el de La Haya. Pero desgraciadamente estos papeles no indican casi nada sobre la historia personal de Dreyfus o sobre la de sus familiares. Y sin embargo, ¡qué asombrosa carrera comercial la de este hombre que, de oscuro y mediocre comerciante de pacotilla, se convierte en un relámpago, en el amo absoluto de las finanzas del Perú! A través de estos papeles, desgraciadamente incompletos, más que la reconstrucción de la historia y las batallas personales de un hombre, he tratado de reunir los primeros elementos para trazar la más fascinante historia de la conquista financiera del Perú. Primeros elementos, en la medida que tales papeles no han permitido responder a todas las interrogantes; pero, en grata compensación, poco a poco, los documentos me introdujeron al mundo vertiginoso de las finanzas europeas del siglo XIX. En la medida que estas indagaciones avanzaban, percibía con mayor intensidad un sentimiento contradictorio: por una parte, el haber abandonado el Perú como marco de la investigación y, por otra, el fortalecimiento de una convicción inicial; la cual afirma que no existe ni puede existir una historia peruana autónoma. Sin los papeles de Dreyfus estas páginas hubiesen constituido otras más de la historia tradicional. Es el resultado de esa lectura, incompleta,[12] vacilante por mis propias limitaciones, la que confío ahora a los lectores.

El primer documento que nos habla de Auguste Dreyfus se remonta a noviembre de 1858. Gracias a la información que contiene se sabe que Dreyfus ya se encontraba en Lima, dedicado al pequeño comercio. ¿Desde cuándo?, ¿cuál fue su trayectoria anterior, sus orígenes? Todas ellas son preguntas que aún se mantienen en la sombra. Solo se conoce que Dreyfus pertenecía a una familia de pequeños comerciantes y que tres de sus hermanos, Prospere, Jérôme e Isidore, habían creado en París, en 1852, una casa comercial con el nombre de Dreyfus frères et Cie. "[...] que tenía por finalidad la compra y venta a comisión de telas y novedades de todo género, tintes y mantenimientos".[13]

Prospere e Isidore eran comerciantes establecidos en París, mientras que Jérôme, según su propia declaración, se dedicaba a la enseñanza de las lenguas en Fráncfort. Fue Jérôme, en tanto socio comanditario, quien aportó los capitales a la sociedad: 10.000 francos al momento de constituirse y, posteriormente, en función de las necesidades, giros sucesivos hasta el monto de 60.000 francos.[14] Auguste se incorporó a la sociedad creada por sus hermanos, primero, en 1856, como mandatario de Isidore y más tarde, en 1858, como nuevo socio.

---

12. Incompleta por el carácter propio del fondo Dreyfus en los Archivos Nacionales de París y porque no me ha sido posible tener acceso a los Archivos de la Banca Henry Schroder de Londres, que fue el banquero de Dreyfus y el encargado de la emisión de los empréstitos de 1870 y 1872.

13. 28AQ 1, dossier 1.

14. Ibíd.

El ingreso de Auguste Dreyfus modificó el carácter de esta sociedad. Su presencia en Lima determinó que en adelante esta casa se orientara al comercio de exportación e importación con el Perú. El capital social, por otra parte, se elevó a 606.000 francos, suma que debía producir un interés anual del 6%. El aporte de los asociados en la constitución de este capital fue el siguiente: Prospere, siempre como comanditario, 366.000 francos; Jérôme, 120.000 francos; Isidore, 65.000 francos; y Auguste, 55.000 francos.[15] La sociedad se estableció por cuatro años —1859-1863—, estipulándose que los beneficios serían repartidos en cuatro partes. A Auguste, debido a su permanencia en Lima, se le asignó, además, una comisión de 1000 francos por mes. Los archivos consultados no nos han permitido conocer la marcha de la Maison Dreyfus durante estos cuatro años.

Al vencerse el plazo estipulado, el contrato de asociación se renovó por otros cuatro años, hasta 1867. Pero esta vez desaparecieron Prospere y Jérôme de la gestión directa, aunque mantuvieron sus capitales en la asociación, de los que continuaron percibiendo un 6% de interés anual. León Dreyfus, otro de los hermanos, reemplazó a los salientes.[16] En 1866, Isidore se retiró de esta sociedad, cediendo todos sus derechos a León y a Auguste, previa indemnización de 500.000 francos, de los cuales 100.000 fueron pagados al momento de su retiro y el saldo restante, 400.000, en plazos sucesivos que vencieron en diciembre de 1868.[17] Auguste y León quedaron entonces solos al frente de la Maison Dreyfus frères y decidieron extender su contrato de asociación hasta el 31 de diciembre de 1869.[18] Pero desde enero de ese último año, 1869, Auguste se convirtió en el amo absoluto de la Maison Dreyfus frères, al obtener que el Tribunal de Comercio de París declarara a su hermano y socio León en estado de incapacidad física y mental. Trece años, en suma, fueron necesarios para que Auguste Dreyfus se convirtiera en propietario y jefe de la casa comercial. Pero todo esto no fue sino el preludio de hazañas

15. 28 AQ d. 3.
16. 28 AQ d. 5.
17. 28 AQ d. 15.
18. 28 AQ d. 14.

mucho más prodigiosas que despertarán la envidia, la admiración y el odio de todos los que se le acercaron. He aquí, pues, Auguste Dreyfus al frente de una firma, armado de capitales y de escrúpulos bastante escasos pero con la inteligencia, la astucia y la ambición suficientes como para escalar y conquistar las cimas del éxito económico y social.

Estas cualidades, además de su permanencia en Lima en los momentos felices y tempestuosos de la "edad del guano", sin duda le permitieron a Dreyfus darse cuenta de las oportunidades excepcionales que existían en el Perú para forjar rápidamente una gran fortuna. No, ciertamente, a través del comercio de pacotilla ni mediante la organización de la producción agrícola o industrial; pero sí por la apropiación del comercio del guano y por la especulación. Todo su pasado le aseguraba que tenía las condiciones necesarias para arriesgarse en esta aventura, además de un cierto sentido de los negocios que le impediría repetir los gruesos errores de los consignatarios. Dreyfus pensaba, seguramente, que para obtener jugosas ganancias con el guano no era tan indispensable pasar por la consignación. Existían otras formas de arreglo. Después de todo, el Estado peruano no tenía ni la fuerza ni la solidez ni la solvencia como para imponer sus propias condiciones. Era un Estado sediento de dinero y dispuesto a conceder para saciar esta sed. La viva hostilidad hacia los consignatarios no significaba que el guano debiera dejar de venderse; simplemente que era necesario y urgente encontrar otra forma de arreglo que corrigiera los abusos de entonces. Aparte del guano, el Estado peruano prácticamente no tenía nada que ofrecer para seguir subsistiendo. Eliminados los consignatarios nacionales por la acción conjunta de un Gobierno adverso y de un descontento popular creciente, Dreyfus ingresaba en una escena sorprendentemente propicia.

Auguste Dreyfus y Nicolás de Piérola, el astuto comerciante francés y el impaciente joven ministro peruano, he aquí, frente a frente, los dos protagonistas de las más graves decisiones financieras de la década de 1870.

El Contrato Dreyfus

En París, el 5 de julio de 1869, los comisionados peruanos Toribio Sanz y Juan M. Echenique firman con Auguste Dreyfus un contrato *ad referendum* de compraventa de dos millones de toneladas de guano.[19] Es este el acto que liquida el sistema de consignaciones y el que abre una nueva etapa en la historia económica y financiera del Perú. Señalemos sus características esenciales.

La Maison Dreyfus, en tanto contrato de venta exclusiva,[20] tomaba los dos millones de toneladas de guano de los depósitos de las islas y, eventualmente, podía completar esta cifra con las toneladas existentes en los almacenes de los consignatarios en Europa, y en los de los buques fletados por ellos, al término de sus contratos respectivos.[21] Los contratos de los consignatarios se vencían en 1870 (Alemania), 1871 (Bélgica y España) y 1872 (Gran Bretaña, Francia, Isla Mauricio, Italia y Holanda). El precio pagado por Dreyfus al Gobierno era de 36,5 soles por cada tonelada tomada de las islas guaneras, 35,5 soles por la de los buques fletados por los consignatarios y 60 soles por cada tonelada existente en los depósitos de estos.[22] Dreyfus, a su vez, procedería a la venta de los dos millones de toneladas en todos los mercados de la Isla Mauricio y de Europa y sus colonias, con la excepción de Cuba y de Puerto Rico, después que expiraran los contratos de consignación en vigencia.[23] Por mutuo acuerdo, el precio de venta fijado fue de 12 libras y 10 chelines por tonelada (aproximadamente 80 soles),[24] precio que Dreyfus no podía modificar sin previo acuerdo con el Gobierno o con sus

---

19. *Copia certificada de los contratos, arreglos, decretos y de la liquidación de cuentas entre el Gobierno del Perú y los señores Dreyfus frères y Cía desde 1869 y hasta 1881* 1881: 93. Fondo Dreyfus 28AQ6.
20. Art. 16°.
21. Art. 1°.
22. Art. 25, inciso 3.
23. Art. 4°.
24. Art. 12°.

comisionados.[25] Todo aumento, siempre y cuando no disminuyera el volumen de las ventas, permitiría a Dreyfus un beneficio suplementario del 25%; recíprocamente, si el valor del producto en el mercado sufría un descenso, el Gobierno peruano estaba obligado a bajar el precio estipulado.

Dreyfus, por otra parte, en relación con el valor de su compra de dos millones de toneladas de guano se obliga:

> [...] a adelantar al Gobierno en dinero o en letras contra sus banqueros, corresponsales de París o de Londres, al cambio de 36,5 peniques por cada peso, con deducción de medio por ciento de giro, mientras duren los anticipos, en el primer mes que se apruebe este contrato, 2.400.000 soles y sucesivamente 700.000 soles mensuales.[26]

Además, se compromete a asegurar, sin comisión alguna, el servicio anual de la deuda externa peruana (5.000.000 de pesos por año) durante el tiempo de duración de su contrato[27] y, asimismo, a amortizar la deuda que el Estado peruano contrajo con los consignatarios del guano (aproximadamente 16.000.000 de soles).[28] Todos estos desembolsos serían inscritos en una cuenta corriente al 5% de interés anual.[29] Durante todo el periodo en que aún rijan los contratos de consignación, el beneficio de Dreyfus será del 4% sobre los productos netos que arrojen las cuentas de los consignatarios.[30]

Si al término de este contrato Dreyfus aún fuera acreedor del Gobierno, se le permitirá continuar la exportación del guano hasta obtener el reembolso de sus créditos.[31] El Gobierno peruano, finalmente, en caso de que se presenten dificultades en la exportación y en la venta del guano, hipotecará todas sus rentas para satisfacer estos

25. Art. 14°.
26. Art. 25°. inciso 3.
27. Art. 25°. inciso 1.
28. Art. 25°. inciso 2.
29. Art. 25°. inciso 4.
30. Art. 31°.
31. Art. 26°.

adelantos.[32] El contrato fue aprobado por Piérola el 17 de agosto de 1869.[33]Además, tal como fue redactado presentaba ciertas ventajas para el Estado peruano. Por una vez, el optimismo de los comisionados peruanos era justificado.

> Si se adopta —escriben Sanz y Echenique—, deberá producir grandes ventajas para nuestro Tesoro, que así liquidará todo el pasado y no se verá expuesto a que se repitan las continuas operaciones que han ocurrido, para gran escándalo de todos, porque han devorado el tercio o casi el cuarto de sus ingresos más seguros; mejores.[34]

En efecto, este contrato eliminaba las dos fuentes mayores de abusos de los consignatarios: las retenciones arbitrarias de las remesas y la fraudulenta elevación de los gastos de explotación.[35] Debido a que se había estipulado un precio fijo por la compra de cada tonelada, los gastos de explotación eran asumidos por Dreyfus, quien no tenía más el incentivo de elevarlos artificialmente para cobrar al Estado peruano un porcentaje mayor sobre estos desembolsos. Asimismo, la prima del 25%, ofrecida por cada tonelada vendida sobre

---

32. Art. 32°.
33. *Copia certificada de los contratos, arreglos, decretos y de la liquidación de cuentas entre el Gobierno del Perú y los Sres. Dreyfus frères y Cia., desde 1869 hasta 1881* 1881: 19-21. Fondo Dreyfus 28AQ6.
34. Carta a Piérola, París, 7 julio 1869, 28AQ 6.
35. Levin 1960: 68-73. El problema de los costos de explotación, así como la naturaleza de las relaciones económicas entre Gran Bretaña y el Perú han sido ampliamente discutidos por William Mathew en sus siguientes trabajos: "The Imperialism of Free Trade, Perú 1820-70" (1968), "Perú and the British Guano. Market 1840-1879" (1970a), "The First Anglo-Peruvian Debt and its Settlement, 1822-1849"(1970b) y "Foreign Contractors and the Peruvian Government at the Outset of the Guano Trade" (1972). Las ideas desarrolladas por el profesor Mathew a lo largo de todos estos artículos son justas, pero es el problema el que está mal planteado. Nadie, sensatamente, puede calificar de "imperialistas" a las relaciones establecidas entre Gran Bretaña y el Perú antes de 1870. Lenin (1917), en su bien conocido libro sobre el imperialismo, fijó el último tercio del siglo XIX como el punto de partida de la expansión imperialista de Europa, proceso que a su vez fue resultado de profundos cambios en la estructura de producción en aquellos países.

el precio establecido, podía estimular a la casa compradora a buscar los mejores precios de venta. La tasa de interés era también más baja que aquella percibida por los consignatarios. Pero la ventaja más importante para el Gobierno residía en el hecho de que, en adelante, podría contar con una suma fija de ingresos mensuales. De esta manera estuvo al abrigo de las suspensiones en las remesas.

Pero este era el acuerdo escrito. El 5% de interés como beneficio, el 4% de prima inicial; la diferencia entre el precio de compra (5 libras, 9 chelines, 6 peniques) y el precio de venta (12 libras, 10 chelines); es decir, un posible beneficio neto de casi 6.000.000 de libras esterlinas en la venta de los dos millones de toneladas de guano, ¿serían suficientes para satisfacer la avidez del intrépido comerciante?

La respuesta requiere un examen de su funcionamiento.

La firma del Contrato Dreyfus significó un duro golpe para los consignatarios, al retirarles Piérola la fuente más importante de sus beneficios. La violencia de su reacción no tardó en desatarse. Al firmarse el contrato propusieron condiciones similares a las de Dreyfus, pero fueron rechazadas al elevar este último las mensualidades de 700.000 a 1.000.000 de soles.[36] Los consignatarios nacionales, luego de esta negativa, protestaron ante la Corte Suprema del Perú, argumentando que el contrato lesionaba sus intereses. Invocaron la ley de 1849 que establecía la preferencia a los "hijos del país" en los convenios que celebrase el Gobierno peruano sobre el guano. El máximo organismo judicial dictaminó a favor de los consignatarios nacionales, pero tanto Balta como Piérola rechazaron el fallo, sosteniendo que el Parlamento les había autorizado a buscar los mejores medios para equilibrar el déficit fiscal. El presidente y su ministro de Hacienda recurrieron nuevamente al Congreso donde el contrato con Dreyfus fue aceptado por 63 votos contra 33.[37] Los consignatarios

---

36. 24 de octubre de 1869. Véase Ugarte 1926: 137-138 y 28AQ 6.

37. *Mémoire pour la Peruvian Corporatinn Ltd., Arbitrage Franco-Chilean*, Lausanne 1895, vol. I: 155-166, vol. II, docs. 124-125, 126, 129; Cisneros 1939, vol. III: 237-257 y los documentos de la serie 28AQ 6 (especialmente *El Negociado Dreyfus ante la legislatura peruana de 1870*, p. 173). Consúltese en Londres, F. O. 61/259 Jerningham to Granville, 13 de octubre de 1870 y Jerningham to Granville, Lima, 27 de octubre de 1870.

perdían así una primera batalla, pero les quedaba todavía medios más eficaces para oponerse a la realización de este contrato. Mejor dejemos a Dreyfus contarnos sus peripecias:

> En 1869 fui a Lima para hacer aprobar por el Gobierno del Perú mi contrato de julio de 1869, firmado en París *ad referendum*. Inmediatamente tropecé con una coalición en contra mía, de los anteriores consignatarios del guano. Me tenían rencor por haberles hecho perder un negocio que desde hacía tiempo estaba en sus manos y la única manera de conservarlo era hacer fracasar a Dreyfus. Sus intereses estaban estrechamente ligados a todo lo que hay de poderoso en el país. La batalla adquirió grandes proporciones. Fue encarnizada, duró casi un año. Toda la prensa de Lima, la del Perú y de América del Sur, parte de la de Inglaterra y de los Estados Unidos intervinieron en la cuestión, a favor o en contra... Vencidos en el terreno legislativo, los anteriores consignatarios emprendieron en contra mía otra campaña no menos grande y, tal vez más peligrosa. Intentaron desacreditarme financieramente y para lograrlo se apoyaron en todos los Bancos de Lima con los que ese grupo tenía más o menos intereses, a los que, de hecho, tenían en sus manos, y en los principales capitalistas nacionales. Con su impulso, tales bancos se pusieron manos a la obra: desacreditaron mi firma para ponerme ante la imposibilidad de vender al comercio mis letras de crédito giradas en Europa, contra mis asociados, y de ese modo impedirme que entregara al Gobierno las mensualidades estipuladas en el contrato y, además, el reembolso a los consignatarios; es decir, obligar al Gobierno a decretar mi incapacidad para cumplir los compromisos que me imponía el contrato y, en consecuencia, anularlo. También di cuenta de ellos en esta nueva lucha, mediante la importación bimensual de grandes cantidades de efectivo que hice llegar telegráficamente desde Francia, Inglaterra, California y Chile.
>
> Cada vapor que llegaba al Callao me traía gran cantidad de oro; también vencí ese nuevo peligro y el crédito de mi firma y la venta de mis letras en Europa se impusieron definitivamente. Sin embargo mis adversarios no se dieron por vencidos. Comenzaron, entonces, sus intrigas alrededor del jefe del Estado y de los ministros, lo cual dio como resultado innumerables exigencias de dinero como anticipación por el precio del guano. Se me quiso presionar a un desacuerdo con el gobierno para, una vez logrado, hacer decretar el cese del contrato, con

el pretexto de no satisfacer o no querer satisfacer las necesidades de los servicios del Estado. Daba vueltas! Regateaba! Pagaba! De ese modo cansé a mis adversarios y al Gobierno.[38]

Dreyfus tiene razón al calificar la campaña desatada por los antiguos consignatarios como "no menos fuerte y más peligrosa". Durante ese año, para limitarnos por ahora al solo contexto interno, en el Perú aparecieron alrededor de doscientos artículos periodísticos sobre este contrato,[39] hecho que por sí solo es un indicio de su impacto.

Ahora bien, como ya se señaló, los consignatarios nacionales emplearon parte de sus capitales en la creación de los principales bancos de Lima. El control de estas entidades financieras les permitía obstaculizar las acciones financieras de Dreyfus, a través de dos operaciones: la no aceptación de las letras giradas por Dreyfus[40] y el retiro de los fondos existentes. La solución adoptada por Dreyfus era la única para vencer el complot de los consignatarios logrando así su primera victoria. Los consignatarios se resistieron a creer en su derrota, confiados como estaban en doblegar la resistencia del Gobierno.[41]

Pero ¡qué espectáculo y qué cruel ironía de la historia! Un país otrora veta del mundo, recibiendo ahora en sus puertos navíos cargados de oro provenientes de Europa y de Estados Unidos.[42] No como una

---

38. *Quelques épisodes intervenues durant la gestion de l'Affaire Guano.* A. Dreyfus, manuscrito (28 AQ 6).

39. Stewart 1946: 268.

40. Las letras inicialmente giradas por Dreyfus eran contra The General Credit & Discount C, Henry Schroder y Cía., Hartsman y Cía., Leiden Premsel y Cía., en Londres, y Société Générale pour favoriser le dévelopment du commerce et de l'industrie en France (*El Nacional*, Lima, 25 de agosto 1869, en F. O. 61/254, p. 96).

41. "Se sorprenderá, escribe uno de los consignatarios a Bonar, de las noticias que lamento transmitirle, especialmente de la competencia surgida entre los consignatarios y la firma Dreyfus... el Gobierno se ha visto obligado a aceptar la oferta de este último... nadie pudo prever tal cosa" (*Correspondencia Thompson Bonar y Cia*, Villate to Thompson, Lima, 31 de agosto 1869, p. 318, citado en Maiguashca 1967: 188).

42. El envío de oro desde EE. UU. por Dreyfus se repite en 1872, cuando la creación de un nuevo banco, por suscripción pública, obligó a los ya existentes a suspender casi completamente sus operaciones de descuento, hecho que imposibilitó la

revancha histórica sobre el proceso de acumulación primitiva, sino para repetir la prehistoria del capitalismo. Los consignatarios, derrotados también ahora en el terreno financiero por la superioridad de Dreyfus y de sus aliados, buscaron un nuevo frente de lucha: la batalla política.

Los consignatarios utilizaron su condición de "hijos del país", es decir de nacionales, para movilizar la opinión en contra del "explotador" extranjero. Naturalmente, olvidaban su propia vinculación con Thompson Bonar y el pillaje al que, anteriormente, habían sometido a las finanzas peruanas. Por primera vez dieron una traducción política a esta movilización creando el Partido Civil. Con Manuel Pardo como líder, el antiguo gerente de la Compañía Consignataria del Guano conquista el poder político en 1872. Frente a una amenaza concreta era necesario soldar las fisuras en el interior de una clase. Pero, como veremos más adelante, Dreyfus no había permanecido inmóvil hasta esa fecha; ya había creado situaciones irreversibles, aprovechando al máximo el respiro que le otorgaban sus primeros triunfos sobre los consignatarios.

Pero Dreyfus no solo tenía dificultades dentro del Perú. Un contrato sobre el guano de tal envergadura no solo establecía vínculos entre Dreyfus y el Gobierno peruano, o entre Dreyfus y los antiguos consignatarios, sino también entre Dreyfus y los tenedores de bonos de la deuda externa, a cuyo servicio estaba unido parte de los productos del guano. En los términos mismos del contrato se encontraban ya los gérmenes de la más formidable lucha financiera que se desarrollará más tarde. Si la reacción de los consignatarios hacia Dreyfus fue de odio y de rencor, la reacción de los tenedores de bonos fue por lo menos de una terrible sospecha y desconfianza, sentimientos hábilmente alimentados por los primeros. ¿Por qué?

Al firmarse el Contrato Dreyfus en agosto de 1869, los precios de los bonos peruanos (en libras esterlinas) en el mercado de valores de Londres alcanzan una notable mejoría: suben de 50 a 98 libras esterlinas.[43] En las primeras semanas de enero de 1870, el valor de

---

colocación de letras sobre Europa (28AQ8, Dreyfus au Directeur de la Société Générale, Lima, 12 de junio de 1872).

43. Stewart 1946.

los bonos cae a 80-81 libras esterlinas.[44] Este descenso continúa llegando a 77 libras en la tercera semana del mismo mes,[45] nivel en el que permanece el precio de los bonos hasta la primera quincena del mes de marzo.[46] Variaciones de tal amplitud y rapidez reflejan el miedo colectivo de un grupo. Los tenedores de bonos estimaban, en efecto, que ellos eran las grandes víctimas del arreglo suscrito entre el Estado peruano y Auguste Dreyfus. Si el primero entrega a Dreyfus dos millones de toneladas de guano, ¿qué queda entonces de la garantía afectada a los préstamos de 1862 y 1865?[47] Los tenedores de bonos señalaban también que el Gobierno peruano no tenía derecho alguno a efectuar una venta de tal naturaleza sin su consentimiento.[48] Además, y esto era lo fundamental, temían que sus bonos no fuesen amortizados por Dreyfus, en caso de que surgiera un conflicto entre este y el Gobierno de turno.[49] Las mismas razones que antes los habían llevado a preferir a Gibbs, ahora los volvían contra Dreyfus. Los tenedores de bonos, es cierto, tenían razones legítimas para dudar mucho de la estabilidad política del Perú. Como resultado, solicitaron al Gobierno peruano concesiones y garantías adicionales.[50]

Estas protestas fueron finalmente acalladas, al menos durante tres años, al promover el Estado peruano acuerdos directos entre los tenedores de bonos y Dreyfus y al asegurarles a los primeros que sus intereses estaban ahora mejor protegidos.[51] "El Comité (de tenedores de bonos) felizmente se componía en su mayoría de gente respetable",[52] es el comentario final de Dreyfus.

Paralelamente, además, Dreyfus debió pelear en un nuevo frente de batalla: los consignatarios europeos. Estos últimos, también con

---

44. *The Economist*, Londres, 8 de enero 1870, p. 38.
45. Ibíd., 22 de enero 1870, p. 107.
46. Ibíd., 11 de marzo 1870, p. 327.
47. Ibíd., 25 de enero 1870, p. 5.
48. Ibíd., 8 de enero de 1870. p. 38.
49. Ibíd., 22 de enero de 1870, p. 7.
50. F. O. 61/259, Jeringharn to Clarendon, Lima, 13 marzo de 1870.
51. Maiguashca 1967: 195.
52. *Quelques épisodes*, p. 5.

la incitación de los consignatarios nacionales, se negaron a entregarle el producto de las ventas del guano que les estaban consignadas. Estas entregas debían permitir a Dreyfus comenzar el servicio de la deuda externa. "Por poderosa que sea una caja no resiste un desencaje tal sin ningún ingreso... Su finalidad era agotarme hasta vencerme y debo confesar que golpeaban bien. Recibí el golpe en el mismo pecho", dirá amargamente Dreyfus.[53]

Pero aquí, nuevamente, la resistencia de los consignatarios es doblegada por nuevos fallos de los tribunales europeos que se pronuncian a favor de Dreyfus y en contra de Thomas Lachambre, consignatario de Francia, y de J. Lescau, consignatario de Bélgica.[54]

Estas sucesivas victorias, al fin, permitieron que Dreyfus dedicase todo su tiempo a la gestión de sus negocios. Con mucha satisfacción declarará: "Desde entonces pude comenzar a respirar". Pero una nueva y definitiva amenaza se aproximaba.

Esta vertiginosa ascensión requiere una explicación. ¿Cómo, en efecto, un hombre de recursos económicos tan modestos, pudo vencer, uno tras otro, a sus adversarios nacionales y europeos? ¿Cuál era su rol exacto, el secreto de su fuerza? Dreyfus, si se nos permite esta definición, no era solo un comerciante, en el sentido estricto de la palabra. Sin ser tampoco exactamente un banquero, sus estrechos contactos con los altos círculos del mundo financiero francés y, sobre todo, el papel que más tarde jugará dentro del Gobierno peruano, lo acercaban bastante al rol de un banquero. En última instancia, es esta función de intermediario entre el gobierno de un país lejano y el alto círculo de las finanzas europeas lo que lo singulariza y explica el secreto de su fuerza. ¿Personaje único? De ninguna manera. Su rol

53. Ibíd., p. 4.

54. Ibíd., pp. 4-5, 28AQ6. Las sumas remitidas por los consignatarios a Dreyfus entre 1869 y 1872 fueron las siguientes:

Thompson Bonar (consig. de Gran Bretaña)	87.069.209,40	francos
Thomas Lacharnbre (consig. de Francia)	48. 054.620,40	"
J. Lescau (consig. de Bélgica)	26.974.930,55	"
Serruys (consig. de Holanda)	2.431.919,75	"
Total	164.530.680,10	"

y su comportamiento nos recuerda a otro francés, contemporáneo de Dreyfus, Edouard Dervieu, banquero del Pasha egipcio Ismael y socio intermediario de los banqueros Henry Oppenheim y V. Alfred André, cuyas hazañas y fértil imaginación en la explotación de las finanzas del Egipto moderno han sido descritas por el profesor Landes en un admirable y ejemplar libro.[55]

Era la acción de tales hombres, en tanto intermediarios o socios, la que permitía atenuar los riesgos corridos por los banqueros europeos en cada una de sus operaciones financieras. Sin hombres como Dreyfus, en efecto, ¿cómo explorar las posibilidades de inversión, cómo asegurar la puntual amortización de los empréstitos emitidos, cómo, después de todo, cautivar y seducir a los gobernantes en favor de una operación financiera?

Las actividades de estos hombres adquirían una doble importancia cuando estaban relacionadas con el mundo financiero francés. En la Francia de Napoleón III, una enorme mutación estaba en proceso con el ingreso en escena de las Compañías Financieras.[56] Pero esta innovación, que contribuyó a acentuar el crecimiento económico de Francia en la segunda mitad del siglo XIX, no alteró sustancialmente, en cambio, las tradicionales actividades de los bancos. Estos, como se sabe, obtenían sus beneficios más importantes de la emisión de empréstitos extranjeros. Era precisamente en la realización de esta actividad que el rol de hombres como Dreyfus era esencial. Veremos más adelante cómo.

Dreyfus y sus asociados

Al día siguiente de la firma del contrato de compraventa del guano con los enviados del Gobierno peruano, Auguste Dreyfus firmó un nuevo contrato con la Société Générale pour Favoriser le Développement du Commerce et de l'Industrie en Francia y Leiden Premsel

55. *Bankers and Pashas. International Finance and Economic Imperialism in Egypt* (1969).

56. Landes 1956, 1969: 41-68; véase, además, Gerschenkron 1965: 11-16.

y Cía., por el cual estas casas bancarias se comprometían a prestarle su concurso financiero en la explotación del guano.

La Société Générale[57] fue creada en 1864 por hombres como Paulin Talabot, el de los primeros ferrocarriles franceses; Joseph Eugene Schneider, jefe de empresa y ministro de la Segunda República;[58] Edward Heutsch, banquero genovés;[59] Jean François Barthelony, genovés; L. F. Bischoffsheim,[60] banquero y accionista importante de varios bancos privados europeos y Edward Blount, banquero francés.[61] Muchos de estos fundadores ya se habían reunido, una década antes, alrededor de James de Rothschild, el principal representante de la *Haute Banque*, con el fin de crear una entidad financiera capaz de competir con el *Crédit Mobilier*. Al retirarse Rothschild, estos banqueros decidieron crear la Société Générale que aparece así como una de las primeras organizaciones bancarias —después del *Crédit Mobilier*— cuyos créditos estaban orientados al desarrollo industrial. Un año antes, 1863, y con este mismo espíritu se había creado el *Crédit Lyonnais*.[62]

Leiden Premsel, por otra parte, era una casa de origen alemán, que tenía establecida una agencia en París desde 1856, con la dirección de B. Premsel. Este fue nombrado administrador de la Société Générale en 1869. Las dificultades en sus negocios lo llevaron posteriormente al suicidio.[63]

---

57. Hasta la fecha, no existe ningún estudio sobre la Société Générale con la sola excepción de un bello libro-homenaje publicado con ocasión de su centenario. Véase *Société Générale, centenaire, 1864-1964* 1964: 269 y la serie F12 6776 de los Archivos Nacionales de París.

58. Ibíd., p. 23.

59. Ibíd., p. 24.

60. Ibíd., pp. 24-26.

61. Ibíd., pp. 23-24.

62. Bouvier 1965.

63. Agradezco a la Sra. Denise Thoreau, de la Documentation Administrative et Bancaire de la Société Générale, por haberme proporcionado esta información. Su amabilidad y la del Sr. Douesne me permitieron tener acceso a *Les Procés Verbaux de la Sociéte Générale*. A ellos, aquí, mi sincera gratitud.

Por el contrato de asociación, firmado con Dreyfus,[64] se comprometían a entregar la suma de 60.000.000 de francos,[65] en letras giradas sobre Londres y París. La mitad de este monto debía ser aportado por la Société Générale y la otra mitad por Leiden Premsel.[66] En garantía, Dreyfus les cedió las hipotecas que le fueron concedidas por el tratado firmado con el Gobierno peruano.[67] La gerencia administrativa de la participación fue conservada por Dreyfus, pero la manipulación financiera en Europa fue transferida a la Société Générale y a Leiden Premsel.[68] Del mismo modo, Dreyfus cedió a sus socios el 40% del total de los beneficios netos, además de un interés sobre los capitales invertidos, equivalente al quinto anual o a la tasa de la banca de Inglaterra, si el interés fuese mayor.[69] Dreyfus, por otra parte, haciendo uso de la facultad que le fue reservada en el contrato, aportó 15.000.000 de francos; es decir, el 25% del capital de la participación.

De esta manera, el capital inicial, quedó constituido por los aportes siguientes:

Société Générale	22.500.000	francos
Premsel y Cía.	22.500.000	"
Auguste Dreyfus	15.000.000	"
Total	60.000.000	francos[70]

Más tarde, sin embargo, cada participante, a su vez, reducirá su parte suscrita por el lanzamiento de nuevas aportaciones. Así la

64. 28 AQ7.
65. Art. 2°.
66. Art. 3°.
67. Art. 4°.
68. Art. 5°.
69. Art. 6°.
70. 28 AQ12.

Société Générale cede 7.800.000 francos a sus subparticipantes, entre quienes figuran el presidente y los administradores.[71]

Premsel, como resultado de la misma operación, conservará solamente 5.937.502 francos.[72] Este ensanchamiento de la participación hizo que un grupo de capitalistas europeos asociara la suerte de

---

71. Según el estudio inédito de Mme. Thoreau, parcialmente publicado en el libro centenario de la *Société Générale*, los aportantes fueron:

Crédit, Général Ottoman	1.000.000	francos
E. Blount y Cía.	700.000	"
E. Heutsch Koenigswater	700.000	"
E. Heutsch	700.000	"
Koenigsfater	700.000	"
G. Denière	700.000	"
Davillier	500.000	"
Víctor Fère	400.000	"
J. H. Damiou du Pin	300.000	"
Aim Gros	300.000	"
Ganneron	300.000	"
Ph. Herpin	300.000	"
Abel Laurent	300.000	"
Vve. Volowski	300.000	"
Alfred Leroux	300.000	"
P. Talabot	300.000	"
G. Brölernann	300.000	"
Schneider	300.000	"
Comte de Laurencourt	150.000	"

72. Cf. 28 AQ7. Los subparticipantes de Premsel fueron:

Banque de Dormstadd	3.787.500	francos
Max Kaal Kan's	1.500.000	"
S. de Haber	650.000	"
Sulzbach frères	612.500	"
L. Behrens et Fils	500.000	"
Samuel Oswald	500.000	"
J. Simon et Fils	500.000	"
F. Gerninger	500.000	"
Cohen y Olivarria	500.000	"
J. Premsel	375.000	"
C. Henckel	375.000	"
C. Juest et Fils	375.000	"
F. Leiden	325.000	"
P. Schiff	250.000	"
Bank Schaaffhausen	250.000	"
Derchmann y Cía	250.000	"
F. Schen	250.000	"
O. Bemberg	250.000	"
Leopold Goldsmildt	250.000	"
Wa. Joest	162.500	"
Lieben Koenigswater	125.000	"
J. Salornon	125.000	"
J. Schabawach	125.000	"
H. Todaci e hijos	125.000	"
Morel Kohn	100.000	"
W. Grosselin	50.000	"
Eggly	25.000	"
Total	13.062.500	"

El saldo, es decir 3.500.000, fue cedidos a Dreyfus.

sus capitales a la gran operación comercial emprendida por Dreyfus. Muchos de ellos, al igual que los tenedores de bonos ingleses ignoraban casi todo del Perú.

Los 15.000.000 de francos tomados por Dreyfus fueron, del mismo modo, casi integralmente lanzados a una nueva suscripción, conservando este solo 1.582.250 francos. Pero esta vez el capital fue mayormente puesto a disposición del inversor peruano, en pequeñas acciones, a fin de respetar el texto de la ley de 1849 que protegía a los nacionales en el comercio del guano. En la práctica, esta participación nacional fue de mínima importancia, casi ficticia.[73]

---

73. 28AQ7. He aquí los asociados a Dreyfus:

En Europa:		
Andrés Alvarez Calderón	6.000.000	francos
J. Jollander y Cía.	1.000.000	"
Bárbara A. de la Jara	550.000	"
Francisco de Rivero	500.000	"
Marco del Pinto	500.000	"
A. Schlüsser	250.000	"
Manuel del Carril	250.000	"
Ch. Goguel	200.000	"
Luis Benjamín Cisneros	190.000	"
Manuel de Batis	120.000	"
G. Halphen	100.000	"
G. Brölernann	100.000	"
Domingo Vega	100.000	"
En el Perú:		
Juan Díaz de la Torre	475.000	"
M. Basagoytia	237.500	"
Vicente González Pinillos	380.000	"
Juan M. Romero	237.500	"
Toribio Ezcurra	190.000	"
José M. Osores	190.000	"
Miguel Mesía	190.000	"
Nicanor González	156.750	"
J. V. del Campo	142.500	"
J. Justo Rubio	142.500	"
Francisco Ruiz	142.500	"
José M. Varela	142.500	"
J. M. Zuloaga	142.500	"
Fernando Casos	95.000	"
Eulogio Eléspuru	95.000	"
Nemesio Orbegoso	95.000	"
Emilio Díaz	57.000	"
F. Vegas y Seminario	57.000	"
J. M. Salcedo	57.000	"
J. M. del Campo	47.500	"
Juan Costa	47.500	"
José López Harnillo	47.500	"
Marcos Suazo	47.500	"
Joaquín Torrico	47.500	"
Carmen Lama de Lama	23.750	"
José Lucas Oyague	23.750	"

Estudios más detallados, sin embargo, deberán señalar, más bien, las características económicas y sociales del grupo de nacionales que intervino directamente en los negocios de Dreyfus. Un estudio de este tipo, que queda por hacer, precisará las fisuras de la sociedad peruana de este tiempo. La lista anterior, demasiado general, solo nos permite constatar que los accionistas más importantes de Dreyfus eran peruanos que vivían en Europa, como Andrés Alvarez Calderón y Luis Benjamín Cisneros, el autor de los *Ensayos*.

Estos acuerdos le permitieron a Dreyfus contar con los capitales suficientes como para poner en marcha la explotación del guano peruano, por ello se embarcó rumbo a Lima a fin de obtener la aprobación definitiva del contrato. Dos días después de haber obtenido el decreto aprobatorio, le escribía con satisfacción al Sr. Herpin, Director de la Société Générale:

> Después de una lucha que desde la independencia, es decir desde hace cuarenta años, no se ha producido por ninguna circunstancia, ni en ningún asunto del Gobierno, y en la que han participado todo lo que hay de poderoso en el país: consignatarios y cointeresados, bancos y capitalistas del país, he triunfado, y el 17 de este mes he obtenido el decreto supremo adjunto, que aprueba, ratifica y decreta con muy ligeras modificaciones, que en nada lo afectan seriamente, nuestro contrato firmado en París *ad referendum,* lo que *coloca definitivamente en nuestras manos el más grande, el más positivo y el más lucrativo negocio que existe en el mundo.*[74]

Este anuncio desata el entusiasmo de los socios de Dreyfus, quienes, en cambio, se muestran más reservados frente a la idea de duplicar los adelantos mensuales al Gobierno peruano. Premsel, a este respecto, escribirá con toda crudeza a Dreyfus:

Dolores Puente	23.750	"
Gregorio Soza	9500	"
Julio Stahl	9500	"
Guillermo Bogardus	4750	"
Total	13.417.750	francos

74. Dreyfus a Ch. Herpin, 29 agosto de 1869, 28AQ8. El subrayado es mío.

> Al entregar al Tesoro 1.400.000 soles mensuales, asegura definitivamente sus servicios y lo pone al abrigo de las necesidades, *sistema que es contrario a nuestros intereses, porque harían cesar los pequeños préstamos temporales que para nosotros tienen su encanto...* Usted mismo declara que el beneficio de nuestro tratado, si todo se desarrolla según nuestras previsiones, es de cuatro millones de libras esterlinas. Es un interés tan hermoso que debemos contentarnos con él, sin buscar por el momento la continuación de un contrato recién aprobado.[75]

La asociación que Dreyfus establece con la Société Générale y Leiden Premsel permanecerá, al menos formalmente, hasta 1888.[76] En el transcurso de estas casi dos décadas, diversas modificaciones alterarán sustancialmente los términos de las relaciones entre estos socios, y entre Dreyfus y el Gobierno peruano. Ello ocasionará, en consecuencia, que Dreyfus se vea sumergido en un verdadero torbellino judicial. No es este, sin embargo, el lugar para evocar este gigantesco proceso ni para recrear todas las vicisitudes atravesadas por el comerciante francés. Indiquemos solo las sucesivas transformaciones del Contrato Dreyfus y las consecuencias que estas tuvieron para las finanzas del Perú.

Con respecto a la relación de Dreyfus con el Estado peruano, el cambio más significativo es la transformación de Dreyfus en agente financiero del Gobierno, el 10 de noviembre de 1870,[77] como consecuencia de habérsele encargado tres meses antes la emisión de un empréstito por 59.600.000 de soles.[78]

Aquí comienza su metamorfosis: se transforma de comprador de guano en banquero del Perú. Un año más tarde, julio de 1871, el Gobierno le encarga le emisión de otro empréstito por 900.000.000 de soles (15.000.000 de libras esterlinas).[79] Este empréstito consolida

75. Premsel a Dreyfus, París, 15 de noviembre de 1869, 28AQ8. El subrayado es mío.
76. *Rapport du Conseil d'Administration de la Société Générale*, París, 30 de marzo de 1889, pp. 9-11.
77. *Copia certificada de los contratos, arreglos, etc.* pp. 28-29.
78. Ibíd., pp. 23-26.
79. Ibíd., pp. 30-34.

su nueva situación a la vez que convierte al país sudamericano en uno de los primeros deudores del mercado monetario europeo. Ambas operaciones financieras, que conducen al Perú a una irremediable bancarrota, serán examinadas en otro trabajo. Sin embargo, hay que señalar que ellas anulan una de las ventajas más importantes del Contrato Dreyfus: los ingresos mensuales regulares que debía percibir el Gobierno peruano, al destinarse estas sumas al servicio de los empréstitos de 1870 y 1872.[80]

La gestión de estos préstamos fue encargada a Dreyfus debido al control monopólico que ejercía sobre la venta del guano. Pero al mismo tiempo en que Dreyfus daba los primeros pasos en los más importantes mercados monetarios de Europa (Londres, París, Ámsterdam), aparecían los anuncios inequívocos del inminente colapso de la comercialización del guano. La otrora resplandeciente "edad del guano" llegaba a su fin, arrastrando al Perú entero en su ocaso.

Recordemos que el contrato de 1869 debía entrar en plena vigencia solo después de la expiración de aquellos establecidos con los consignatarios, es decir entre 1871 y 1872; entretanto las primas remitidas por los consignatarios, así como la venta que se efectuaba en los mercados libres, hacían esperar espléndidos beneficios. Era en el comercio del guano donde la Société Générale tenía puestas todas sus esperanzas para recuperarse de la crisis europea de 1870.

> Convénzase, mi querido Dreyfus —escribe Brolemann—, que cuando pase la crisis se abrirán nuevos horizontes para la gente de finanzas. Se ensayarán nuevas empresas, se abordarán nuevas inversiones. En ese momento corresponderá a nuestra Société Générale atraer el público francés hacia el país que usted ha explorado y asociar cada vez más íntimamente su clientela a los contratos financieros, comerciales y obras a los que su casa nos ha facilitado el acceso. Es con esas relaciones exteriores peruanas que espero encontrar el modo de revivir nuestra industria de crédito tan seriamente afectada en este momento.[81]

---

80. *Copia certificada de los contratos, arreglos, etc.*, p. 28 y *Anales*, vol. VII: 41-43.

81. Brolemann a Dreyfus, 23 de octubre de 1870, 28AQ.

Era también la certeza de este brillante porvenir lo que había determinado que Dreyfus aceptase la emisión de los empréstitos. Estas esperanzas parecen concretarse a medida que se aproxima el término del plazo de venta otorgado a los consignatarios, sobre todo a los de Inglaterra.

> Con la consignación de Inglaterra —escribe Dreyfus al director de la Société Générale— que sin dificultad nos será acordada a fin de año (las consiguientes órdenes del Gobierno parten en este vapor), entonces más o menos en posesión real de todos los mercados y, en consecuencia, teniendo en nuestras manos la garantía material más que suficiente para cubrir todos nuestros adelantos, seremos dueños de la situación para darle a la negociación del guano, en toda Europa, todo el impulso posible a fin de aumentar las ventas y con la perspectiva de vender en los seis primeros meses del próximo año grandes cantidades que disminuirán muy sensiblemente nuestras cuentas con el Gobierno. Al tener en nuestras manos todos los mercados y stocks suficientes que nos protegen, hoy considero nuestro contrato como realizado, el resto es mecanismo.[82]

Lamentablemente para Dreyfus todas estas esperanzas se desvanecen pronto.

El momento en que Dreyfus asume el control de todos los mercados europeos coincide con una brusca caída de las ventas del guano a causa del agotamiento de los yacimientos de las islas de Chincha y a su reemplazo por un abono de inferior calidad, proveniente de las islas de Alacabí y Guañape[83] y debido también a la competencia de los abonos artificiales. La disminución de estas ventas incrementó el monto de los créditos contraídos por el Gobierno peruano; ello pese a la reducción de las sumas mensuales y a la afectación de una parte de los empréstitos de 1872, así como al reembolso de los adelantos realizados por Dreyfus.[84] Las rentas del guano fueron entonces prácticamente absorbidas por el servicio de la deuda externa.[85]

---

82. Dreyfus a Herpin, Lima, 7 de octubre de 1872. 28AQ8.
83. *Anales*, vol. IX: 30.
84. *Parliamentary Papers* 1877, LXXXVIII, n.° 2.
85. Ibíd.

Frente a este panorama, la preocupación fundamental de Dreyfus será la de recuperar rápidamente sus capitales. Primero anunciará, en noviembre de 1873, que en adelante dejará de ocuparse del servicio de la deuda externa.[86] Los sombríos presentimientos de los tenedores de bonos parecían pues realizarse. En respuesta, el Gobierno peruano suspendió el permiso de Dreyfus para embarcar el guano y señaló que los tenedores de bonos de 1870 y 1872 tenían una hipoteca preferencial sobre este.[87] Puesto que el escenario político había cambiado, la lucha se volvió más áspera. Piérola, el amigo de Dreyfus, ya no estaba en el Ministerio de Hacienda y en el Gobierno se encontraba el jefe del Partido Civil, Manuel Pardo. Escuchemos a Dreyfus:

> Esos terribles acontecimientos (la revuelta de los Gutiérrez) llevaron al poder al jefe, a su instigador principal —se puede decir sin riesgo—, al verdadero director de los antiguos consignatarios a quienes vencí en 1869, al señor don Manuel Pardo, antiguo director en Lima de la Compañía Nacional de los Consignatarios de Gran Bretaña.
>
> Era hombre apasionado, muy vanidoso, y aunque muy sutil, sin amplitud, sin conciencia, sin elevación alguna. No me perdonó, que a él y los suyos los hubiera vencido en 1869 y quiso, igualmente, retomar para los suyos la presa que se le había escapado.
>
> Su gobierno duró cuatro años. La guerra que le hizo al Contrato Dreyfus fue sin cuartel. En su fuero interno ansiaba romperlo. Un buen día lo hizo, al decretar arbitrariamente la suspensión del cargamento en sus barcos.
>
> El golpe era mortal para la Participación. Fue necesario obviarlo lo más rápido posible. Fue necesario establecer, a cualquier precio, el cargamento de nuestras naves. Don Manuel Pardo era peligroso. Lo conocía desde hacía tiempo. Aparentemente nuestras relaciones eran excelentes aunque en el fondo no me quería nada. Lo había herido en lo que a él más le importaba: en los negocios del guano.[88]

---

86. Borchard y Wynne 1951, vol. II: 121.

87. Ibíd.

88. *Quelques épisodes*, pp. 7-8.

Finalmente, como resultado de esta lucha, se firmó un nuevo acuerdo el 15 de abril de 1874.[89] En este contrato, Dreyfus se comprometió a pagar los intereses y amortización de la deuda externa durante tres semestres: 1 de julio de 1874, 1 de enero y 1 de julio de 1875.[90] Además, se revaluó en 850.000 toneladas las cantidades de guano a exportar para completar los dos millones que se compraron en 1869. Se estimó que el producto de esas ventas, después de satisfacer el servicio de la deuda en los semestres mencionados, dejaría un saldo de 7.000.000 de soles, a cuenta de los cuales Dreyfus se comprometía a girar al Estado peruano 400.000 soles cada mes.[91]

Este arreglo, si bien garantizaba el servicio de la deuda hasta 1875, dejaba, en cambio, en la incertidumbre los pagos ulteriores. La ejecución de las 850.000 toneladas de guano demandaría dos años y su producto sería destinado a la amortización de los propios adelantos de Dreyfus.[92] Nuevamente se desató la hambruna monetaria del fisco, por lo que el Gobierno tuvo que recurrir, además de los préstamos de la misma Casa Dreyfus, a un préstamo interno, a través de los bancos establecidos en Lima, de 18.000.000 de soles.[93] Todas estas condiciones propiciaron que se desencadenara un desastre financiero.

Pero las dificultades surgidas entre el Gobierno peruano y los tenedores de bonos no eran problema de Dreyfus. Él asumió el monopolio del guano porque su venta representaba un negocio muy importante y debía limitarse, por consiguiente, a obtener el mayor provecho de esta situación. No le importaba si sus actos lesionaban otros intereses. Se propuso ganar y su terquedad venció. Después de todo, es imposible no admirar la tenacidad y la gigantesca y solitaria lucha de este hombre. Proceso tras proceso, a través de casi todos los tribunales de Europa, se enfrentó al Gobierno peruano, a los tenedores de bonos británicos, a sus subparticipantes, a sus asociados y

89. *Copia certificada de los contratos, arreglos,* pp. 45-50.

90. Art, 1°.

91. Art. 9°.

92. *Parliamentary Papers* 1877, LXXXVIII, n.° 2.

93. *Anales,* vol. X: 18-21.

a todos aquellos que, por una razón u otra, se interpusieron en su camino. "M. Dreyfus se defendió en todas partes a la vez, triunfó completamente", declarará con orgullo.

El conflicto entre Dreyfus y Société Générale

El germen de este conflicto residía en la naturaleza de las relaciones que Dreyfus estableció con sus asociados, sobre todo con la Société Générale. Como hemos visto, Dreyfus era un comerciante muy ávido, pero contaba con escasos recursos económicos. Sin los fondos adelantados por la Société Générale, difícilmente hubiera podido poner en marcha la explotación del guano. Dreyfus utilizó con largueza estos capitales, pese a los consejos de prudencia que permanentemente le dirigía la Société Générale.[94]

Inicialmente, el concurso de la Société Générale en la Participación fue de 22.500.000 francos. Sin embargo, la oposición de los consignatarios, las necesidades del Gobierno peruano y los gastos excedentes que requería la explotación del guano en Europa, hicieron que las sumas desembolsadas por la Société Générale superaran largamente esta cifra. Al convertirse Dreyfus en agente financiero del Gobierno peruano sus exigencias hacia la Société Générale se incrementaron. Esta, en un principio, participó entusiasta y activamente en la formación del sindicato encargado del lanzamiento de los empréstitos, pero luego percibió los riesgos de estas operaciones y trató de desprenderse de sus obligaciones.

Desde el momento en que los productos de la venta del guano quedaron vinculados al servicio de la deuda externa, la Société Générale y Dreyfus, en tanto que intermediarios, intentaron vender rápidamente los dos millones de toneladas de guano a fin de conseguir sus beneficios y recuperar todos sus adelantos. Paralelamente, trataron de no desembolsar, en adelante, ninguna remesa; para lo cual Dreyfus elaboró, un programa financiero para el Gobierno peruano que le permitiría a este vivir de sus propios recursos. No es que el

94. 28AQ13.

estado financiero del Perú lo preocupara; simplemente, la retención de las remesas mensuales le posibilitaría una rápida recuperación de sus préstamos.[95]

Al celebrarse el acuerdo de 1874 entre Dreyfus y el Gobierno peruano, la Société Générale tenía colocado en la Participación un excedente de 18.000.000 de francos sobre su suscripción original. Esta suma provenía de los adelantos a la Participación, así como de los propios desembolsos personales de Dreyfus, quien los incorporaba al pasivo común.[96] La reacción de la Société Générale frente a un arreglo, el de 1874, que exigía nuevas remesas, fue de un rechazo completo:

> Este contrato arregla la situación de la Maison Dreyfus no solo como contratante del negocio del guano, sino como Agente financiero del Gobierno peruano [...] esos contratos que son extraños a la Société Générale comportarán para su ejecución un servicio de Tesorería muy pesado y en compensación no parecen ofrecer sino ventajas que no benefician a la Société Générale.[97]

La seca respuesta de Dreyfus fue "[...] que no se les había comunicado ese contrato para conseguir su aprobación sino simplemente para tenerlos al corriente, porque la firma de dicho contrato era de su incumbencia (junio de 1874).

Solo Premsel aceptó su intervención en el arreglo de 1874.[98] Entre las mutuas congratulaciones iniciales y el tono de estas cartas, la distancia era muy grande.

Dreyfus, en ese momento, atravesaba una coyuntura altamente desfavorable. Las ventas del guano, por las razones que hemos señalado, habían descendido de 500.000 toneladas anuales a un

---

95. 28AQ8.

96. 28AQ12.

97. *Proces Verbaux du Conseil d'Administration de la S. G.*, París, 2 de junio de 1874.

98. Premsel a Dreyfus, París, 9 de febrero de 1876, 28AQ8.

promedio de solo 300.000 toneladas por año,[99] sin que se modificara esta tendencia. Más aún, el arreglo de 1874 anunciaba el término del monopolio de las ventas. En 1876, el presidente electo Mariano Ignacio Prado, amigo personal de Pardo con quien compartía ciertos intereses, firmó con los antiguos consignatarios un nuevo contrato de venta del guano.

A partir de esa fecha, Dreyfus tuvo que hacer frente a la competencia de la Peruvian Guano Co. Limited. Ello trajo como consecuencia la caída de los precios, de 12 libras esterlinas 10 chelines a 9 libras esterlinas por tonelada de guano, descenso que afectó los beneficios de la Participación. Surge entonces una nueva dificultad al rechazar la Société Générale aprobar y firmar los balances posteriores a 1877.[100]

La situación de la Société Générale dentro de la Participación se vuelve cada vez más crítica. Para obtener beneficios favorables (aquellos que desde el inicio condicionaron su intervención) era necesario suspender, de inmediato, las remesas al Gobierno peruano, recuperar los capitales invertidos y retirarse antes de la próxima bancarrota. Pero, paradójicamente, en la medida en que la coyuntura se volvía adversa, la necesidad de estos capitales se incrementaba. La Participación requería sumas crecientes para liquidar rápidamente el guano sobrante, para pagar los intereses y los dividendos de los numerosos subparticipantes. La Société Générale no tuvo otra alternativa que continuar la asistencia financiera a Dreyfus.

Dreyfus, por su parte, ya había escapado a la dependencia exclusiva de la Société Générale. La emisión de los empréstitos de 1870 y 1872 le había permitido ensanchar el círculo de sus relaciones

99. Las cantidades vendidas entre septiembre de 1870 y 1876 fueron:

	1870	1871	1872	1873	1874	1875	1876
Alemania	27.000	27.000	74.000	42.000	35.000	52.000	63.000
Bélgica				65.000	53.000	82.000	54.000
España				28.000	30.000	35.000	27.000
Gran Bretaña			1000	111.000	95.000	101.000	82.000
Francia				97.000	110.000	90.000	85.000
Italia				6500	5500	4500	4000
Holanda				5500	2500	1500	2000
Total				355.000	331.000	366.000	317.000

100. 28AQ.

financieras. Por tal motivo, Henry Schroder, en Londres, constituía un nuevo y valioso apoyo. En medio de la tormenta, Dreyfus recurre a este círculo en busca de nuevos préstamos, particularmente al Crédit Lyonnais y a la Banque de France.[101] Pero estos préstamos eran insuficientes, por lo que Dreyfus tuvo que volverse nuevamente hacia la Société Générale.

Hasta 1876, los adelantos de la Société Générale a la Participación alcanzaban 66.000.000 de francos.[102] En febrero de 1879, estos adelantos serían de otros 69.000.000 de francos. Todas estas sumas, garantizadas por *warrants* de guano remitidos a la Société Générale, a J. H. Schroder y al Crédit Lyonnais, gozaban de un 6% de interés.[103] Pese a la garantía y a los intereses, la Société Générale rechazará, en adelante, el suministro de nuevos adelantos. Solo una acción judicial y la promesa de un arreglo prioritario de los intereses de la Société Générale, en el momento de la liquidación, le permitirán a Dreyfus obtener un nuevo préstamo por 15.000.000 de francos, de los cuales 10.000.000 pasan al Gobierno peruano y los otros 5.000.000 quedan en la Participación.[104]

Entretanto, los cambios ocurridos en el Perú terminaron modificando la situación de Dreyfus. En abril de 1879 estalla la Guerra del Pacífico entre Perú y Chile; tal contienda le ocasionó al Gobierno peruano nuevas dificultades financieras. El Estado decide, entonces, negociar un empréstito de 1.000.000 de libras esterlinas con Dreyfus a cambio de reconocerle la deuda de 3.000.000 de libras esterlinas que él reclamaba y permitirle exportar las toneladas de guano necesarias para la cancelación de la misma.[105] Este préstamo no llegó a

---

101. 28AQ13.

102. *Proces Verbaux du Conseil d'Administration de la S. G.*, sección 728, París, 24 de octubre de 1876.

103. *Proces Verbaux du Conseil d'Administration de la S. G.*, sección 740, París, 7 de enero de 1877; sección 796, París, 15 de enero de 1878; sección 848, París, 7 de enero de 1879; sección 854, París, 14 de febrero de 1879.

104. *Proces Verbaux du Conseil d'Administration de la S. G.*, sección 890, París, 30 agosto de 1879 y 28AQ13.

105. Wynne 1951: 135.

realizarse. En los últimos días de diciembre de 1879, Piérola vuelve al poder, esta vez a la cabeza del Gobierno peruano. "La era de la justicia, después de ocho años de persecuciones sin tregua",[106] exclama satisfecho Dreyfus. Quince días después, el 17 de enero de 1880, Piérola firma un acuerdo con Dreyfus,[107] por el cual el Gobierno peruano le reconoce una deuda de 4.008.007 libras esterlinas, 7 chelines, 7 peniques y se le autoriza a exportar las toneladas de guano necesarias para su liquidación. Al mes siguiente, Dreyfus transfiere los derechos de este contrato a la Compagnie du Pacifique, la cual había reemplazado a la Peruvian Guano Co. en la exportación del guano.[108]

Lamentablemente para Dreyfus y para la Participación, este entusiasmo provisorio se desvanece pronto. Por una parte, el ejército chileno, al ocupar los depósitos de guano, impidió la continuación de los embarques y, por otra, los desacuerdos que aparecen entre la Compagnie du Pacifique y Auguste Dreyfus llevaron a la ruptura del contrato que habían firmado. En consecuencia, los capitales reconocidos por el Gobierno peruano a la Participación quedaron inmovilizados. Dreyfus, para hacer frente a las necesidades financieras, una vez más recurre a la Société Générale. El 2 de marzo de 1883 le solicita 25.000.000 de francos para saldar el pasivo de la administración. Ante la respuesta negativa de la Société Générale un nuevo proceso se entabla entre ellos.[109] La Société Générale basa su rechazo en la negativa formal que había opuesto a la firma del contrato de 1874. Paralelamente, solicita la revisión integral de los balances elaborados por Dreyfus. Al término de un largo proceso judicial, que primero liquida la Participación y luego satisface a Dreyfus,[110] la Société

---

106. *Quelques épisodes,* etc., pp. 17-18.

107. *Copia certificada de los contratos, arreglos,* etc., pp. 52-54.

108. *Proces Verbaux du Conseil d'Administration de la S. G.*, sección 966, París, 8 de febrero de 1881.

109. 28AQ12 Y 28AQ25.

110. *Rapport du Conseil d'Administration de la S. G.*, París, 26 de marzo de 1877, p. 8; *Rapport du Conseil d'Administration de la S. G.*, París, 29 de marzo de 1888, pp. 10-12.

Générale negocia un arreglo definitivo (28 de abril de 1888).[111] Este acuerdo ocurre cuando la Société Générale había logrado recuperar sus adelantos sobre *warrants*[112] y cuando la amenaza de nuevos desembolsos se cernía sobre ella.[113]

La deuda del Perú con Dreyfus, mientras tanto, quedaba en suspenso.

Los resultados de la Participación

La Guerra del Pacífico puso fin a la carrera comercial de Dreyfus y postergó por dos décadas el arreglo de sus cuentas con el Gobierno peruano. Después del conflicto, Dreyfus se vio obligado a asociar sus reclamos y sus créditos a los de los tenedores de bonos británicos, gesto que da cuenta de su desesperación. Así termina la aventura de Dreyfus cuyo destino individual estuvo estrechamente vinculado al destino colectivo de la sociedad peruana. En sus mejores momentos, alcanzó la cima del éxito, pero más tarde fue envuelto y encadenado al torbellino del Perú, compartiendo su adversidad y su infortunio en los años sombríos que comenzaron con la guerra y con la crisis.

Pero, entre tanto, ¡qué colosal fortuna acumulada por Dreyfus y por sus socios! Me limitaré, por ahora, al examen de los beneficios que obtuvo por la sola venta del guano.

El Estado peruano percibió por la venta de los dos millones de toneladas de guano 235.389.926 francos, 69.415.597 libras esterlinas; es decir, aproximadamente, 4 libras 10 chelines por tonelada.[114]

---

111. *Rapport du Conseil d'Administration de la S. G.*, París, 30 de marzo de 1889, pp. 9-11.

112. *Rapport du Conseil d'Administration de la S. G.*, París, 24 de marzo de 1883, pp. 12-13.

113. "Nos ha librado del peligro que corría la S. G. de estar obligada a hacer nuevos adelantos, como lo hacía temer la resolución de la Cour d'Appel de París" (*Rapport du Conseil d'Administration de la S. G.*, París, 25 de marzo de 1893, pp. 10-13).

114. 28. AQ7.

Es necesario precisar que estas estimaciones se basan en las declaraciones del propio Dreyfus. Al respecto, Shane Hunt en un notable estudio,[115] basado en fuentes fiscales peruanas, indica que los pagos de Dreyfus al Estado peruano fueron cerca de 143.106.000 soles (28.000.000 de libras esterlinas aproximadamente), monto correspondiente a 2.336.633 toneladas de guano embarcadas y vendidas durante la vigencia efectiva de su monopolio. Recíprocamente, según los cálculos de Hunt,[116] el monto de la deuda contraída por el Estado peruano con Dreyfus, en este periodo ascendería a 151.288.000 soles (aproximadamente 30.000.000 de libras esterlinas). Ahora bien, en las cuentas de Dreyfus con el Estado peruano se menciona que el comerciante francés entregó al Gobierno del Perú, hasta 1876, la suma de 500.725,436 francos; es decir, cerca de 111.000.000 de soles (alrededor de 22.000.000 de libras esterlinas).

Esta cantidad, 111.000.000 de soles, no difiere demasiado de los 143.000.000 calculados por Hunt como el monto pagado por Dreyfus al Estado peruano.

Estos capitales estuvieron destinados al servicio de la deuda externa (bonos al 5% 1865; bonos Pisco-Ica; bonos al 6% de interés en 1870; y bonos al 5% de interés en 1872). Pero desde 1872, el servicio de los bonos de la deuda externa absorbió casi la totalidad de las rentas del guano. Ante esta situación, el Estado peruano recurrió

115. Hunt 1973.

116. He aquí las estimaciones de Hunt sobre el Contrato Dreyfus:

Año	Tonelaje embarcado	Tonelaje	Precio estimado de venta por tonelada (en soles)	Pago de Dreyfus (en soles)	Deudas netas a Dreyfus (fin de año)
1870	30.526	6391	70	18.515.000	13.052.000
1871	221.044	48.031	70	26.882.000	27.209.000
1872	399.029	42.792	70	29.709.000	19.990.000
1873	235.985	342.425	70	20.715.000	24.262.000
1874	403.830	336.476	70	21.194.000	14.516.000
1875	219.810	373.688	52,1 (59,5)	13.853.000	21.702.000
1876	521.080	488.285	41,4 (53,2)	9.052.000	17.597.000
1877	305.329	336.265	42,0 (53,5)	3.186.000	12.727.000
1878 y después		362.278	42,0 (53,5)		

Fuente: Hunt 1973: 67.

Cuadro 1
Cuenta del Gobierno peruano con Dreyfus hasta el 1 de enero de 1876
(en francos)

Pagado en Lima	216.120.480,43	Recibido de los consignatarios	150.915.455,37
Pagado en Europa	10.050.364,75		
Pago a los consignatarios	3.737.033,05	Producto neto del guano	235.389.926,92
Pagos diversos	339.840,04	Saldo deuda	114.420.054,45
Servicio deuda	244,890.148,54		
Intereses y gastos	25.587.569,93		
	500.725.436,74		500.725.436,74

Fuente: 28AQ57.

a Dreyfus y a la Participación en demanda de mayores préstamos. En 1876, ambos eran acreedores del Estado peruano por 114.920.054 francos. En 1891, los créditos de Dreyfus y sus asociados ascendían a 133.601.219 francos (5.344.048 libras esterlinas)[117] sumas afectadas a un interés que variaba entre el 5 y el 6% anual.

Examinemos ahora los beneficios de Dreyfus y de sus asociados en la venta del guano. Los balances señalan que los beneficios de la Participación, entre 1871 y 1882, fueron de 136.481.421,49 francos[118] (5.459.256 libras esterlinas), de los cuales 91.481.421,49 francos fueron dividendos y 45.000.000 intereses. Un 60% del total de los dividendos, 54.909.015,63 francos, correspondía a Dreyfus y el 40% restante (es decir 36.672.405,76) debía ser distribuido entre los tres participantes y los numerosos subparticipantes de la asociación. Como socio de la Participación, al haber Dreyfus abonado un 25% del capital inicial de funcionamiento, también obtuvo 9.168.101 francos de dividendos y 11.250.000 de intereses. En total, los beneficios de Dreyfus ascendieron a 75.327.116,63 francos (3.013.084 libras esterlinas). La Société Générale y Leiden Premsel obtuvieron por

117. 28AQ51, n.° 164.

118. 28AQ 10.

separado el 37,5% de los dividendos e intereses (es decir, 30.627.152 francos o 61.225.086 libras esterlinas para cada uno). El cuadro 2 muestra las variaciones anuales de estas cifras. Lamentablemente, la documentación consultada no nos ha permitido seguir el reparto de estos beneficios en el interior de cada Participación.

Cuadro 2

Beneficios de Dreyfus y de la Participación en los negocios del guano[119]

(en francos)

Capital de la Participación guano 1869		60.000.000
Participantes		
Sociéte Générale	22.500.000	”
Leiden Premsel	22.500.000	”
Auguste Dreyfus	15.000.000	”
Total		60.000.000

I. Beneficios totales de la Participación (en francos)

A. Por dividendos (al 30 de junio)	
1871	7.278.969,39
1872	7.815.267,73
1873	10.737.944,34
1874	15.197.910,22
1875	14.106.090,47
1876	11.282.578,06
1877	5.853.094,45
1878	10.610.330,78
1881	3.093.257,94
1882	5.205.583,85
B. Por intereses:	
De 1871 a 1882:	45.000.000,00

119. Todos estos cálculos han sido elaborados sobre la base de la documentación existente en el Fondo Dreyfus, serie 28AQ10 y 28AQ12 de los Archivos Nacionales de París. Quisiera expresar aquí mi agradecimiento a los conservadores de esta institución francesa por las múltiples facilidades que me brindaron en la realización de la investigación.

II. Participación en los dividendos (en francos)

	Dreyfus (60%)	Participación (40%)	
		Dreyfus	Premsel
1871	4.667.381,63	777.897	1.166.845
1872	4.689.160,00	781.526	1.172.290
1873	6.342.767,00	1.076.294	1.609.436
1874	9.118.746,00	1.519.791	2.279.686
1875	8.463.654,00	1.410.609	2.115.913
1876	6.769.547,00	1.128.258	1.692.386
1877	3.512.257,00	585.309	877.964
1878	6.366.198,00	1.061.033	1.591.549
1881	1.855.955,00	309.425	463.938
1882	3.123.350,00	520.558	780.837

III. Participación en los intereses (en francos)

Leidem Premsel	16.875.000,00
Société Générale	16.875.000,00
Auguste Dreyfus	11.250.000,00

Total	45.000.000,00

En síntesis, Dreyfus y sus socios obtuvieron 5.500.000 de libras esterlinas de beneficio declarado, en una sola década y solo por la venta del guano. Pero esto no fue lo más importante. En la década 1872-1882, las manipulaciones financieras de Dreyfus, que aparentemente solo comprometieron al Estado, en realidad dislocaron todo el ordenamiento interno de la sociedad peruana. Es el perfil de este Perú transicional, en el momento en que las potencias europeas comienzan la aventura imperialista, el problema que comenzaré a analizar a continuación.

III / El significado económico y político del guano

El 2 de agosto de 1872, Manuel Pardo, el jefe del Partido Civil, toma posesión de su cargo como presidente del Perú. Un mes más tarde, el 24 de septiembre, en un detallado informe financiero ante el Congreso, Pardo revela que la totalidad de los ingresos del guano está unida al servicio de la deuda externa y que, en consecuencia, el presupuesto presenta un déficit anual de 8.500.000 soles. En dicho informe,[1] Pardo señala, además, que los 902.602 soles producidos por la consignación del guano a los Estados Unidos no logran saldar la deuda, por adelantos, de 3.605.757 soles contraída con los consignatarios norteamericanos. Por otra parte, la venta del guano en otros mercados, ejercida en condiciones monopólicas por Auguste Dreyfus, descendió de 538.700 toneladas vendidas en 1869 a 393.700 en 1871. Los 14.846.766 soles obtenidos de esta venta estuvieron asignados a los rubros siguientes:

1. Un extracto del informe de Pardo puede leerse en Dávalos y Lisson 1926 vol. IV: 356-363.

Servicios	soles
Servicio del empréstito de 1865	5.000.000
Servicio del empréstito de 1870, o sea 6% de intereses sobre 59.600.000 soles, importe de los bonos de ferrocarriles de La Oroya y Puno	3.576.000
Servicio de bonos por el ferrocarril de Pisco a Ica	101.500
Servicio de 7% sobre 75.000.000 de soles del empréstito de 1872	5.250.000
Total	13.927.500

Las obligaciones anteriormente descritas, en suma, determinaron que, de la renta del monopolio del guano confiado a Dreyfus, el fisco percibiera solo 929.256 soles. Pero incluso esta cifra estuvo comprometida al pago de dividendos e intereses de los adelantos de Dreyfus, cantidades que en julio de 1872 ascendían a 16.871.368 soles.

Las rentas dentro de la República, por otra parte, ascendían a 8.677.000 soles, monto resultante de los rubros siguientes:

Producto de aduanas	6.213.000
Contribuciones	575.000
Rentas de varios establecimientos, alumbrado público, etc.	935.000
Censos, montepíos y saldos de cuentas atrasadas	380.000
Arrendamiento de los ferrocarriles de Mollendo, La Oroya y Pisco	500.000
Guano vendido en las islas	74.000
Total	8.677.000

Los egresos ordinarios sumaban 17.100.000 soles, era necesario, entonces, cubrir un déficit de 8.500.000 soles.

Para superar este déficit, Pardo propuso tres medidas básicas: la descentralización fiscal, la imposición de derechos de exportación al salitre y la modificación de las tasas de aduanas. Saldada esta primera dificultad, Pardo pensaba que era necesario recurrir al crédito interno para atender el servicio de la deuda flotante y a la emisión de un nuevo empréstito para continuar con la implementación ferroviaria del país. Pero, como se verá luego, hubo dificultades insalvables que impidieron que estas medidas generaran los resultados deseados.

El recuento anterior tuvo el solo propósito de mostrar las tremendas dificultades financieras que debió enfrentar Pardo en el comienzo mismo de su gobierno. Estas eran apenas el inicio de otras mucho más considerables.

¡Curioso y conmovedor destino el de este hombre y el del grupo civilista que lo acompañó! Un grupo profundamente golpeado por la crisis colonial y las guerras de la emancipación e imposibilitado de una pronta recuperación por la propia debilidad interna de la economía peruana. De repente, el milagro del guano, la corrupción de la administración y los escándalos de la consolidación de la deuda interna, pusieron en sus manos los capitales suficientes como para emprender una aventura distinta dentro de nuevos horizontes... Más tarde, circunstancias externas igualmente muy favorables (la especulación financiera y bancaria, la consignación del guano), consolidaron su poderío económico. Una riqueza, en suma, acumulada e incrementada por golpes de suerte y de corrupción; y, por lo mismo, profundamente frágil y precaria. Piérola, un joven arrogante y ambicioso, totalmente ajeno a su círculo de intereses, pudo aprovechar tanto el odio social hacia los consignatarios nacionales como las brechas del sistema político de la República para, de un plumazo, arrancar la fuente de sus fortunas —la venta del guano— y entregarla a Auguste Dreyfus, otro comerciante no menos inescrupuloso. Pero esta vez se trataba de un extranjero. En consecuencia, una conciencia, o mejor, un sentimiento nacional comienza a desatarse, inspirado no por el amor a una nación o a un proyecto, ni tampoco por la adhesión a los valores y a la historia del pueblo peruano. Este grupo de comerciantes aprendió el nacionalismo en el mercado, y con el guano. Una reivindicación nacional de este tipo, por lo mismo, no podía comprometer a las otras clases de la sociedad peruana. Solo fue la traducción ideológica de un resentimiento social frente al despojo de algo considerado como su patrimonio: el guano.

Entre la pérdida de la consignación del guano y la conquista del poder político por el Partido Civil en 1872 con Manuel Pardo a la cabeza, Piérola y su amigo Dreyfus se encargaron de tomar una serie de decisiones financieras que entrelazaron aún más las finanzas peruanas a los vaivenes de la economía internacional. Fueron los efectos de estas decisiones los que crearon el descalabro financiero que Pardo encontró cuando llegó al poder. Ironía cruel pero elocuente, las decisiones financieras tomadas por Piérola se referían a la implementación ferroviaria del país; el objetivo por el cual Pardo había abogado tanto a través de la *Revista de Lima*.

Pero Pardo no solo tuvo que enfrentar las dificultades financieras heredadas del gobierno anterior. El suyo fue un régimen nacido de las cenizas aún humeantes de la sangrienta revuelta de los Gutiérrez. El intervalo entre este presagio y su trágica muerte estuvo dividido por los levantamientos y las revueltas de Arequipa, Canta, Ayacucho y Lima.[2] Por otra parte, el guano, considerado el nervio de la economía peruana, comenzó a experimentar un sensible declive en su venta[3]. De más de medio millón de toneladas vendidas en 1869 descendió en los años siguientes a estos niveles:

1870	415.501	toneladas
1871	363.200	"
1872	404.097	"
1873	342.425	"
1874	336.476	"
1875	373.688	"

Este descenso tan drástico en los niveles de venta ocurrió por varias razones: el cambio en la coyuntura económica internacional, el agotamiento de los mejores yacimientos de guano y la aguda competencia presentada por los abonos sintéticos.[4]

Sin embargo, fue sin duda la estrecha dependencia de las finanzas peruanas respecto del mercado monetario internacional lo que hizo que Manuel Pardo se convirtiera en el testigo impotente de una de las primeras, y más grave, crisis económicas de la República. Como indiqué anteriormente, esta situación fue el resultado de la política

2. Dávalos y Lisson 1926, vol. IV: 315-317.
3. Ibíd., p. 368.
4. Bonilla 1971: 73-91.

económica adoptada por Balta y por Piérola. Sus efectos inmediatos hicieron de Pardo el administrador de un sistema financiero en quiebra mientras que, a medida que avanzada el periodo, provocaron un control más directo y estrecho de Gran Bretaña sobre los recursos internos del Perú. Estos hechos exigen un examen más detallado, no solo porque explican el porqué del fracaso de la administración civilista sino, porque constituyen el mecanismo que condujo a una transformación decisiva, en estructura y en naturaleza, de la clase dirigente peruana a partir del último tercio del siglo XIX. Pero estos efectos por decisivos y graves que sean son de coyuntura.

Una evaluación más precisa del significado del guano en la estructura económica, social y política del Perú del siglo XIX exige no solamente un análisis de sus efectos más explosivos y visibles sino que estos, a su vez, deben ser inscritos dentro de una dimensión temporal mayor (en el interior de la estructura subyacente) a fin de entender mejor por qué la crisis que estalla a mediados de la década de 1870 ocurrió de una determinada manera y con resultados tan específicos. Por tal motivo, en un primer momento quisiera mostrar cuáles fueron las consecuencias internas de la conversión del guano en ferrocarriles, mostrando la naturaleza de la articulación de la economía peruana dentro de la economía internacional y los efectos de la trasmisión de las crisis de esta última sobre la primera. En un segundo momento, en cambio, discutiré la articulación de la crisis de la década de 1870 con la estructura política y social del Perú que se fue forjando al compás de la explotación del guano.

Pardo y la crisis

La conversión del guano en ferrocarriles, objetivo arduamente perseguido por Pardo, comenzó a ponerse en práctica desde el comienzo mismo del gobierno de Balta. La ley de ferrocarriles del 15 de enero de 1869, en efecto, autorizó la construcción de líneas férreas entre Lima y Jauja, entre Arequipa, Puno y Cusco, desde Chimbote hasta Huaraz y desde Trujillo hasta Pacasmayo y Cajamarca. En cumplimiento de esta ley, el 19 de mayo de 1870, el Gobierno peruano solicitó a Dreyfus la emisión de un empréstito por 12.000.000 de libras esterlinas (59.600.000 soles). Ocho meses más tarde, el 24 de enero de 1871, el Congreso autorizó la emisión de otro empréstito por 15.000.000 de libras esterlinas: (75.000.000 soles), se dedicarían a la construcción de los ferrocarriles y los 2.000.000 restantes se emplearían en las irrigaciones en la costa. En virtud de esta ley, el 7 de julio de 1871, Piérola y Federico Fort, personero de Dreyfus, suscribieron el convenio de empréstito, al cual se añadía una operación de conversión del empréstito de 1870, así como de los bonos restantes de los empréstitos de 1866, en Estados Unidos, y de 1865, en Inglaterra. En este convenio no se especificó el monto que debía ser destinado a estas operaciones de conversión de las deudas anteriores. El 31 de diciembre de 1871, Melitón Porras, comisionado del Gobierno peruano, y Dreyfus suscribieron en París un nuevo convenio en el cual se fijó en 36.800.000 libras esterlinas el monto del empréstito, reservándose 21.800.000 a la conversión de los empréstitos anteriores. Pero poco después, al cuestionarse el derecho del Gobierno a solicitar un empréstito por un monto mayor al autorizado por el Congreso, se decidió suspender la emisión de estas 21.800.000 libras adicionales. El 4 de febrero de 1873, siendo Pardo presidente, se autorizó la emisión integral del empréstito de 36.800.000 libras esterlinas, a fin de continuar con la política ferroviaria.

Financieramente, estas operaciones colocaron al Perú entre las primeras naciones deudoras del mercado monetario de Londres. En relación con el comercio del guano, estas operaciones anularon las ventajas derivadas para el fisco del monopolio establecido con Dreyfus. El servicio del empréstito de 1870, en efecto, absorbió 300.000 soles de los 700.000 que Dreyfus se comprometió a entregar mensualmente al Gobierno peruano. El saldo sobrante, 400.000 soles, a su vez fue absorbido por el pago de dividendos e intereses del empréstito de 1871. He aquí los efectos de estas operaciones sobre la deuda externa. Cuando Balta ascendió al poder en 1868, la deuda externa era de cerca de 8.000.000 de libras esterlinas; al término de su gobierno, este monto era casi cinco veces más alto, mientras que el servicio de la deuda externa demandaba cerca de 2.500.000 de libras esterlinas. Para comprender las graves consecuencias que tuvieron estas operaciones financieras para las finanzas peruanas es necesario realizar un examen más detallado de las mismas.

El empréstito de 1870 fue emitido con un interés anual del 6%, mientras que el fondo de amortización y la comisión fueron fijados en un 2%. El precio de emisión se estableció en 82,5%, lo que redujo el monto real del empréstito a 9.600.000 libras esterlinas. Este empréstito fue garantizado con los ferrocarriles a construir y con el existente de Mejía a Arequipa, así como con el excedente del producto neto del guano vendido en Europa y en los Estados Unidos. Esta operación convirtió a Dreyfus en el banquero del Perú; ello lo obligó a abonar 5.000.000 de libras esterlinas del monto total emitido.

Esta operación financiera representó un éxito completo para el Gobierno peruano. Los públicos británico y europeo, al poco tiempo de ponerse en marcha la ejecución del empréstito, realizaron desembolsos por una cifra cinco veces más alta que el monto del empréstito solicitado. Una respuesta tan rápida y positiva del mercado monetario londinense fue resultado de la concentración de considerables masas de capital como consecuencia de la hegemonía comercial alcanzada por Gran Bretaña. Además, ya en los inicios del último tercio del siglo XIX, los inversores ingleses y europeos buscaban impacientemente áreas provechosas para la colocación de estos capitales.[5] Comenzaba así un cambio sustantivo en la naturaleza de la expansión ultramarina europea.

El empréstito de 1872, por otra parte, fue emitido a un precio del 77,5%, con un interés anual del 5%, un fondo de amortización del 2% y un 2,5% de comisión para Dreyfus. La garantía de este empréstito estuvo constituida por el producto neto de las ventas del guano, una vez satisfecho el servicio de los empréstitos precedentes, por los ferrocarriles y obras de irrigación a realizarse, y por las rentas de las aduanas del Perú. A diferencia de 1870, los resultados de este nuevo empréstito fueron desastrosos. El público europeo solo abonó una suma de 230.000 libras esterlinas. El análisis de este fracaso,[6]

---

5. Jenks 1963: 259-262.

6. Gran parte de esta explicación está sustentada en el excelente trabajo de Juan Maiguashca (1967), capítulo VI, pp. 268-306.

permite una mejor comprensión de la trama que enredó la economía peruana dentro de la economía internacional.

Hasta junio de 1872, como resultado de la concentración de sumas considerables de capital y la superación de la crisis del mercado monetario de Londres de 1866, los inversores británicos buscaron la colocación de estos capitales a través, sobre todo, de la compra de títulos de la deuda externa de gobiernos extranjeros. Pero a partir de esta fecha, la situación cambia radicalmente. Este cambio fue consecuencia, por una parte, de una nueva crisis cuyo centro fue la Europa central, y que después de extenderse por todo el continente alcanzó los Estados Unidos y, por otra parte, del gran brote de desconfianza entre los inversores respecto de la solvencia de los países latinoamericanos para cumplir las obligaciones contraídas. Esta desconfianza se incrementó hacia julio de 1872, debido a la guerra entre Honduras y El Salvador, a una revuelta interna en el Perú y a las amenazas de una guerra entre Brasil y Argentina.[7] Estos hechos provocaron la caída de los valores sudamericanos, particularmente de aquellos emitidos en 1872; la situación fue aún peor para los valores centroamericanos. Los títulos de Honduras, al igual que los del Perú un poco más tarde, perdieron ocho puntos en pocas semanas.[8]

En síntesis, fueron estas dificultades las que determinaron que del monto del empréstito emitido en 1872, además de los 4.000.000 de libras esterlinas tomados por Dreyfus, los inversores suscribieran títulos solo por un valor de 230.000 libras esterlinas. Sin embargo, estas dificultades no eran sino el anuncio premonitorio de otros problemas mucho más graves.

Debe recordarse que el monto del empréstito de 1872 ascendía a 36.800.000 libras esterlinas. De este total, la emisión de bonos por un valor de 21.800.000 fue suspendida por el propio Balta debido a las críticas formuladas con respecto a la legitimidad de la operación. Manuel Pardo, una vez en el poder, después de constatar la existencia de un déficit de 8.500.000 de soles en el presupuesto y de la extinción de los recursos del guano como renta fiscal, solicitó al Congreso

---

7. Maiguashca 1967: 274.

8. Ibíd., p. 275.

la autorización para proceder con la emisión integral del empréstito; es decir, lanzar al mercado bonos por 36.800.000 libras esterlinas. Pardo pensaba que esta operación le permitiría obtener, luego de convertidas las deudas anteriores, los 5.000.000 de soles que eran necesarios para continuar con los ferrocarriles.[9] La continuidad de estos trabajos, en el pensamiento de Pardo, era indispensable para evitar el brusco desempleo de 20.000 trabajadores y el estallido de una grave crisis económica y política interna.[10] El 25 de enero de 1873, el Congreso aceptó el pedido de Pardo y lo autorizó a proceder a la emisión integral del empréstito.

Con esta autorización, Pardo procedió a celebrar un convenio con Dreyfus, en marzo de 1873, para una nueva emisión de los bonos de 1872. Este nuevo convenio era casi idéntico al suscrito anteriormente entre Balta y Dreyfus, aunque la comisión otorgada al comerciante francés era mucho menor. Una de las cláusulas de este acuerdo, la n.º 8, se refería de manera específica a la forma de conversión de la deuda anterior. Según esta cláusula, Dreyfus se comprometía a retirar del mercado con sus propios capitales los bonos sobrantes de 1865 y a recuperar estos adelantos con los primeros ingresos del empréstito de 1872. Se mencionaba también que en el caso, considerado imprevisible, de que los resultados de la emisión del empréstito de 1872 no fuesen favorables, Dreyfus quedaba autorizado a vender, nueve meses después de la emisión, a cuenta del Gobierno y a precios de mercado, bonos del nuevo empréstito hasta recuperar la suma adelantada. Como ya se ha visto, este acontecimiento imprevisible ocurrió y Dreyfus quedó libre para vender desde diciembre de 1872 los bonos suficientes y así recuperar sus adelantos. En el convenio entre Pardo y Dreyfus, sin embargo, se acordó que este último esperase otros seis meses, hasta comienzos de septiembre de 1873, para ejecutar la cláusula 8.[11] Ella sería una nueva y vana espera.

En el momento en que Pardo y Dreyfus entablan el convenio anterior, en marzo de 1873, el valor de los títulos del empréstito (5%

9. Ibíd., p. 280.
10. Ibíd., p. 277.
11. Ibíd., pp. 280-281.

en 1872) era de 64%; en julio del mismo año este valor descendió a 60% (véase cuadro 1). Ante el temor de que tales títulos continuasen perdiendo su valor, Candamo, el comisionado del Gobierno de Pardo, decidió vender al sindicato Dreyfus bonos de 1872 por un valor de 9.500.000 libras esterlinas. Candamo esperaba que el producto de esta venta sirviera para pagar a Dreyfus por el retiro de los bonos de 1865 y para obtener aproximadamente 2.000.000 de libras esterlinas para las obras públicas. El sindicato Dreyfus aceptó la adquisición de estos títulos a condición de que su valor de compra fuese de 60% y de que el Gobierno peruano se comprometiera a no vender más bonos de 1872 hasta el 31 de diciembre de 1873. Refiriéndose a estas operaciones Candamo escribió el 16 de julio:

> Notando... la progresiva y desastrosa pérdida sufrida por los valores peruanos en el mercado de Londres y habiendo examinado y escrupulosamente pesado las ventajas y desventajas que la resolución adoptada podría traer para el interés y el crédito de la República, decidí aceptarlas (las cláusulas exigidas por el sindicato), compelido por una situación que no está en mi poder de cambiar y por circunstancias enteramente más allá de mi control.[12]

La emisión del empréstito de 1872 fracasó así por una segunda vez. Como lo señala Maiguashca, en este nuevo fracaso intervinieron dos factores decisivos. Por una parte, coyunturalmente, la depreciación de los valores peruanos estuvo acentuada por el incremento en el mercado, como consecuencia del nuevo lanzamiento realizado por Dreyfus, de bonos de 1872 hasta por un valor de 9.000.000 de libras esterlinas. En septiembre de 1873, el precio de estos bonos fue de 56% y en diciembre del mismo año, 52% de su valor nominal. Pero más allá de los efectos negativos producidos por la inundación del mercado con nuevos títulos peruanos, fue la propia situación crítica del mercado financiero de Londres la que impidió que la nueva emisión del empréstito de 1872 alcanzara resultados favorables. Ya

12. Candamo al Ministro de Hacienda, París, 16 de julio de 1873, *Special Suplement to the South Pacific Times*, Lima, 1873, citado por Maiguashca 1967: 286-287.

Cuadro 1
Empréstitos peruanos 5% y 6%
Cursos promedios de la Bolsa de Londres

Mes	1870		1871		1872		1873		1874		1875		1876	
	5%	6%	5%	6%	5%	6%	5%	6%	5%	6%	5%	6%	5%	6%
Enero	-	-	-	73	-	77	68	76	50	61	53	67	26	34
Febrero	-	-	-	74	-	79	66	76	49	60	55	69	26	34
Marzo	-	-	-		-	82	64	75	49	59	55	71	22	29
Abril	-	-	-	76	-	81	65	76	55	66	54	70	18	23
Mayo	-	-	-	77	78	82	65	76	60	73	54	68	14	20
Junio	-	82	-	76	77	82	65	76	59	71	51	66	12	17
Julio	-	81	-	74	75	77	60	72	54	66	44	59	-	-
Agosto	-	78	-	76	73	76	57	70	56	68	39	54	-	-
Septiembre	-	75	-	75	70	75	56	70	59	72	38	54	-	-
Octubre	-	75	-	74	70	74	55	67	58	71	39	54	-	-
Noviembre	-	76	-	75	73	77	53	63	58	71	32	43	-	-
Diciembre	-	76	-	78	71	79	52	63	55	68	28	35	-	-

Fuente: Fondo Dreyfus, 28AQ23, París, Archivos Nacionales.

en la segunda mitad de 1872 se asistía a la caída del Departamento Sudamericano del Stock Exchange. A comienzos de 1873 se produjo la bancarrota de Honduras, seguida poco después por la de Santo Domingo; al mismo tiempo se pudo percibir el acercamiento a la crisis de Costa Rica, Paraguay y Bolivia.[13] En síntesis, el círculo vicioso entre la desconfianza de los inversores y las sucesivas bancarrotas de gran parte de los Estados latinoamericanos fueron determinantes para que el flujo de capitales británicos, vía préstamos al Gobierno, se cerrara por largo tiempo para el Perú. Pero esto no era todo.

Durante el primer semestre de 1874, el Gobierno peruano y otras comisiones extranjeras, a través de sendos informes los cuales certificaban que aún existía guano de gran calidad en las islas, logró detener la caída e incluso levantar el valor de los títulos peruanos. Pero se trataba de una situación muy provisoria. Entretanto, la disminución de la venta del guano[14] y la crítica situación de los bonos en el mercado monetario europeo llevaron a Dreyfus a firmar un nuevo acuerdo con el Gobierno peruano en abril de 1874. Este acuerdo evaluaba en 850.000 toneladas la cantidad de guano que Dreyfus podía exportar para completar los dos millones comprados en 1869. Además, y es esto lo fundamental, Dreyfus se comprometía a atender el servicio de la deuda externa solamente en los tres próximos semestres: 1 de julio 1874, 1 de enero y 1 de julio 1875. El Gobierno peruano, en consecuencia, quedaba obligado a buscar otro agente para atender el servicio de esta deuda externa a partir del primer semestre de 1876. Poco a poco se iban creando las condiciones para la catástrofe final.

Finalmente, el 28 de julio de 1874, el ministro de Hacienda presentó al Congreso una cuenta detallada de los resultados de la nueva emisión del empréstito de 1872. Según este informe, de los 36.800.000 libras esterlinas solicitadas el empréstito solo produjo 22.129.920 (74.715.065,02 soles). Del total emitido, solo se vendieron 230.000 libras esterlinas a su precio de emisión: 77,5%. Cerca del 75%, del total de la emisión fue transferido al sindicato Dreyfus

---

13. Maiguashca 1967: 287-290.

14. *Supra.*

a un precio del 60%. El proceso de colocación de este empréstito fue el siguiente:

Empréstito	libras esterlinas
Vendido a Dreyfus Hnos. y Cía. al 75%	4.000.000
Suscrito por el sector público al 77,5%	230.000
Vendido a Dreyfus Hnos. y Cía. al 75%	2.000.000
Vendido a Dreyfus Hnos. y Cía. para el sindicato a 66%.	1.000.000
Vendido a Dreyfus Hnos. y Cía. al 60%	9.500.000
Ventas varias por Dreyfus Hnos. y Cía. a un promedio de 60,85%	4.220.520
Ventas por el Banco del Perú al 63,65 %	549.400
Ventas por el Banco de Arequipa al 67,36%	160.000
Ventas por el Bank of London, México and South America	470.000
Total en libras esterlinas	22.129.920
Total en soles	74.715.065,02

Fuente: Clarke 1877: 19-20.

De estos 74.715.065 soles, el Gobierno peruano solo recibió 28.045.965, puesto que los dos tercios restantes estuvieron destinados a los rubros siguientes:

Empréstito	soles
Reembolso a Dreyfus a cuenta de sus adelantos sobre el guano	7.890.411,00
Compra y conversión del empréstito de 1865 a 132 libras esterlinas	32.535.519,75
Reembolso del empréstito Chile-Perú (bonos de 1866)	71.436,14
Para ferrocarriles	28.045.965,03
Costo de emisión de los bonos de 1872	5.799.248,57
Intereses a los bancos por pagos anticipados a cuenta de ferrocarriles	119.748,97
Suma colocada a orden de la Legación francesa	107.865,16
Saldo en poder de Dreyfus	18.067,42
Total	74.715.065,02

Fuente: Clarke 1877: 19-20.

La información arriba detallada no requiere mayores comentarios. Muestra con toda claridad que el empréstito de 1872 sirvió básicamente para la conversión de los empréstitos anteriores y para pagar a Dreyfus los adelantos realizados. Pero son los efectos de este empréstito sobre las finanzas peruanas lo que interesa seguir discutiendo.

Las dificultades monetarias que habían surgido en el mercado de Londres desde el segundo semestre de 1872 fueron aumentando hasta provocar su colapso en 1875.[15] Esta crisis obligó al Gobierno británico a intervenir y ordenar una investigación. El *Report of the Select Committee on Loans to Foreign States*, de julio de 1875, al revelar que muchas emisiones fueron realizadas con el solo propósito de ganar espléndidas comisiones y al señalar las especulaciones urdidas por bancos como Bischoffsheim and Goldschmidt, no solo generó la desconfianza hacia muchas casas bancarias sino que puso término a los empréstitos hacia gobiernos extranjeros. Al suprimirse estos créditos, países que, como el Perú, dependían del capital extranjero, ingresaron en una abierta bancarrota.[16] En julio de 1875, fecha de publicación de ese informe, el precio de los bonos era del 5% de interés en 1872 con un valor nominal de emisión del 44%, en diciembre del mismo año descendió a 28% y en junio de 1876 a 12%. Las oscilaciones mensuales en el precio de estos bonos pueden seguirse en el cuadro 1.

Manuel Pardo concluyó su mandato el 2 de agosto de 1876 sin haber podido encontrar la forma de atender el servicio de los cupones de la deuda externa correspondientes al primer semestre de 1876; por tal motivo, le dejó a su sucesor Prado un crédito externo totalmente en quiebra. La construcción de los ferrocarriles, su caro anhelo, fue suspendida temporalmente en agosto de 1875; en enero de 1876 cesaron los trabajos. La construcción ferroviaria se reanudó en la década final del siglo XIX; pero esta vez a cargo de la Peruvian Guano Co. empresa británica cuya aparición en el Perú sintetiza el convergente y contradictorio drama del Gobierno peruano y de los tenedores de bonos ingleses. La explicación del significado de la

15. Jenks 1963: 291-292.

16. Ibíd., pp. 292-293.

Peruvian escapa a los límites del presente trabajo; pero es necesario, por lo menos, señalar algunos hitos fundamentales, a fin de mostrar las bases sobre las cuales se gesta un nuevo tipo de control sobre la economía peruana. La Guerra del Pacífico entre Perú y Chile, precisamente, separa ambas etapas.

Desde la crisis colonial hasta los comienzos de la guerra con Chile, la dominación británica fue básicamente comercial y financiera, expresada por la conquista del mercado y el control de las finanzas peruanas. En estos términos, Gran Bretaña impuso su hegemonía en la primera etapa. En la segunda, después de la guerra, el capital británico pasó a controlar directamente la economía peruana, a través de la inversión de capitales en sus principales sectores productivos. En la transición de estas dos formas de control, el rol jugado por la deuda externa fue de primer orden. Veamos cómo.

Luego de que Dreyfus anunciara la suspensión del servicio de la deuda externa después del segundo semestre de 1875, los esfuerzos del Gobierno peruano estuvieron orientados hacia la búsqueda de un nuevo agente que pudiera asumir este servicio; a cambio le entregarían una concesión para la venta del guano. Los convenios del 31 de marzo y el 28 de octubre de 1876 entre el Gobierno peruano y la Société Générale de Francia parecían resolver el problema de la deuda externa. Sin embargo, estos quedaron sin efecto debido a los desacuerdos sobre el monto de los adelantos. De esta manera, el plazo señalado por Dreyfus llegó a su término sin que el Estado peruano encontrara una solución satisfactoria. Por tal motivo, el servicio de la deuda externa quedó suspendido desde el primer semestre de 1876.[17] Como indicara anteriormente, para un país enteramente dependiente del crédito externo esta nueva bancarrota financiera tuvo profundas consecuencias internas. A partir de 1875, en efecto, no solo se desarrolló una impresionante crisis monetaria, sino que el conjunto de la economía comenzó a debilitarse. Esta crisis hizo del Perú de 1879, en vísperas de la guerra con Chile, un país con una base material profundamente vulnerable.

---

17. *The Stock Exchangc Year Book 1877*, Londres, 1877: 21-22.

El 7 de junio de 1876 un nuevo acuerdo fue firmado entre el Perú y la Peruvian Guano Co.; sus resultados, sin embargo, fueron insignificantes. El guano exportado por la Peruvian estuvo sometido a la concurrencia de las ventas efectuadas por Dreyfus y la de los abonos artificiales. La Guerra del Pacífico, bruscamente, dio fin a todas estas negociaciones. La apropiación chilena de los yacimientos del guano originó a una formidable pelea entre los tenedores de bonos, Dreyfus y los gobiernos de Perú y Chile. Una de las razones del conflicto era el deseo de cada parte de asegurarse los derechos prioritarios en el reembolso de sus deudas garantizadas con el guano.[18]

Entretanto, a medida que la caída de los precios de sus títulos se acentuaba, la presión de los tenedores de bonos para obtener un arreglo satisfactorio de sus créditos iba en aumento. Esta actitud difería radicalmente de su comportamiento en las décadas anteriores, cuando la insolvencia de un Estado extranjero lo que provocaba era la transferencia de los títulos de la deuda extranjera del poder de los tenedores a manos de los especuladores. En el último tercio del siglo XIX, la exportación de capital acompañó a la exportación de mercancías, a condición de que la colocación del primero fuese segura. Como síntoma de esta nueva actitud, los tenedores de bonos tomaron parte activa en las discusiones con la Peruvian Guano Co. Ellos eran acreedores del Gobierno peruano por 11.920.000 libras esterlinas, a cuenta del empréstito al 6% de 1870; y por 36.800.000 libras esterlinas, a cuenta del empréstito al 5% de 1872.[19] En 1881, el precio de estos títulos fue de 17,5% y de 15% respectivamente;[20] en 1885, de 12% y de 9% de su valor normal.[21]

La organización de los tenedores de bonos en defensa de sus intereses había comenzado en 1868 con la dirección de Isidore Gerstenberg. Dicha organización originó la formación de la Corporation

18. Esta fascinante discusión puede ser seguida a través del estudio de Williarn Wynnc, *State Insolvency and Foreign Bondholders, Selected Case Histories of Governmental Foreign Bond Defaults and Debt Readjustments* (1951).

19. *The Stock Exchange Year Book and Diary for 1875*, Londres, 1875: 16.

20. *The Stock Exchange Year Book 1881*, Londres, 1881: 23.

21. *The Stock Exchange Year Book and Diary for 1875*, Londres, 1885: 25.

of Foreign Bondholders como organismo de presión.[22] Después de la guerra con Chile, las acciones de la sección peruana de esta Corporation se orientaron decididamente a la búsqueda de un arreglo definitivo en relación con el tema de la deuda externa. El resultado de estas presiones y discusiones fue el conocido Contrato Grace[23] por el cual el Estado peruano, a cambio de la extinción de su deuda externa, entregó a los antiguos tenedores de bonos, convertidos ahora en accionistas de la Peruvian Guano Co., ferrocarriles, guano, tierras, y gran parte de las rentas de la aduana peruana.

A través de todas estas páginas se ha examinado cómo el guano fue convirtiéndose en líneas férreas y cómo estas fueron cercando y acentuando la total subordinación financiera del Estado peruano. Se vio también cómo esta situación hizo mucho más vulnerable a la economía peruana frente a las crisis del mercado monetario de Londres y de Europa. A corto plazo, el mecanismo ha sido diseñado, pero es su significación histórica y el funcionamiento de una estructura el que ahora conviene examinar.

La estructura económica y social del Perú en la edad del guano

Entre 1840 y 1880, las cuatro décadas de la llamada "edad del guano", la economía peruana gravitó en su conjunto sobre la explotación de este fertilizante. Una prueba de ello se puede apreciar en el impacto que tuvo su explotación en las finanzas peruanas. En efecto, en 1846 al elaborarse el primer presupuesto de la República, los ingresos se valoraron en 5.000.000 de pesos por año.[24] Dos décadas más tarde, entre 1861 y 1866, los ingresos presupuestados se estimaron en 20.000.000 de pesos.[25] Ahora bien, la participación del guano en estos ingresos, en porcentajes, asciende de un 5% (1846-1847) a

---

22. Jenks 1963: 289.
23. *Report of the Peruvian Bondholders Committee*, Londres, 30 de enero de 1880, App. I.
24. McQueen 1926: 5.
25. Hunt 1973: 69.

un 78% (1861-1866), para llegar hasta un 80% entre 1869 y 1875.[26] Los cálculos del profesor Hunt presentados en el siguiente cuadro, nos permiten observar detalladamente el peso del guano en los ingresos del Estado peruano:

Cuadro 2
Ingreso del Estado durante la edad de guano[27]
(miles de pesos)

Año	Aduana	Guano	Préstamos	Otros ingresos	Total
1846	1608	513	0	3992	6113
1847	2006	0	0	2999	5005
1851	2225	2194	0	3218	7637
1852	3112	3295	0	2292	8699
1861	3252	16.922	0	1072	21.246
1862	3257	13.985	1198	1510	19.950
1863	3510	11.167	9830	1727	26.234
1866	3904	13.566	0	2658	20.128
1868	3525	21.256	5574	2015	32.370
1869	4659	15.288	17.681	4608	42.236
1871	6213	42.716	0	2252	51.181
1872	7416	34.566	21.167	4839	67.988
1873	8263	50.026	6936	2485	67.710
1876	5542	25.364	8306	5034	44.246
1877	6885	6545	1178	7892	22.500

Sumas tan colosales puestas en poder del Estado peruano pudieron servir para fortalecer el desarrollo interno de la economía nacional. Pero tal fortalecimiento no ocurrió. Las breves ondas de prosperidad fueron consecuencia del acicate de coyunturas externas particularmente favorables, por consiguiente, necesariamente fortuitas y precarias. Más bien, hacia 1876, a través del proceso

26. Ibíd.
27. Ibíd., p. 70.

anteriormente expuesto, la economía peruana ya se encontraba en una profunda crisis. El cómo y el porqué de esta situación a largo plazo es uno de los problemas que quisiera brevemente discutir.[28]

Las primeras exportaciones del guano hacia Europa empiezan en 1840. Para ello fue necesario toda una etapa previa de vacaciones y experimentos. Al constatarse en Europa el poder fertilizante del guano, los agricultores británicos consideraron el abono peruano como uno de los medios más eficaces para elevar la productividad de la tierra y, de esta manera, hacer frente a los imperativos de una economía en marcha hacia la industrialización. Así comienza una aventura que ha de prolongarse por cuatro décadas. En la medida en que durante toda esta época el guano representó, como promedio, más del 50% del total de las exportaciones peruanas y las fluctuaciones de su exportación dependieron estrechamente de las oscilaciones de su demanda, el destino de la economía peruana quedó estrechamente asociado al devenir de la economía internacional.[29]

Entre 1840 y 1847 se exportaron aproximadamente 295.000 toneladas de guano.[30] El guano, es necesario recordarlo, era propiedad fiscal del Estado peruano. Se calcula que su participación como propietario en estas primeras negociaciones le generó una renta de 5.500.000 pesos, de los cuales cerca de 3.000.000 estuvieron representados por vales de cancelación de sus obligaciones.[31] Estas sumas indican que la utilidad por cada tonelada vendida fue aproximadamente de 18 pesos (poco más de 3 libras esterlinas), precio relativamente modesto dado el carácter experimental de los primeros envíos. Hacia fines de esta década se establecen las *consignaciones* como forma de venta del fertilizante. En virtud de tales contratos, el comerciante-consignatario asumía la responsabilidad de colocar el guano en los diferentes mercados europeos sobre la base de la

---

28. Para mayor información, el lector interesado sobre la economía del guano puede remitirse a los siguientes trabajos: Levin 1960, Mathew 1964, Maiguashca 1967, Bonilla 1970, Pásara 1970 y Hunt 1973.

29. Bonilla 1972.

30. McQueen 1926: 5.

31. Ibíd.

percepción de un porcentaje de los beneficios, como comisión por sus operaciones. El mismo comerciante debía afrontar los costos de explotación y de transporte, percibiendo por los capitales invertidos tasas de interés variables. Pero, dada la penuria financiera del Estado, el consignatario le otorgaba diferentes préstamos, por los cuales cobraba otros intereses. El conocimiento del mercado y el control del capital colocaron a los comerciantes en una posición de fuerza, de la cual obtuvieron beneficios suplementarios; además de los generados por la propia explotación del guano peruano. Con el sistema de las consignaciones, y dada la demanda creciente del guano, entre 1850 y 1861 se exportaron aproximadamente 340.000 toneladas por año.[32]

Entre 1861 y 1875, la exportación del guano alcanzó su mayor desarrollo. Entre 1862 y 1872 se exportaron cerca de 467.000 toneladas por año.[33] Pero, pese a los considerables ganancias generadas por estas ventas (véase cuadro 2), gran parte de tales ingresos fueron absorbidos por la amortización y el pago de intereses de la deuda externa e interna, el mantenimiento de una frondosa burocracia militar y civil, y el financiamiento de las guerras externas e internas. Sin embargo, paralelamente al aumento de los egresos, los ingresos fueron reducidos al desaparecer ciertos rubros, como la contribución de indígenas. Hechos como los referidos generan la aparición del primer déficit fiscal en 1861.[34] Esta situación ya crítica se vio agravada por los gastos generados por la guerra de 1864-1866 contra España. En 1868, en el momento en que Balta nombra a Nicolás de Piérola ministro de Hacienda, la deuda del Estado peruano ascendía a 45.000.000 de soles y el déficit anual del presupuesto a 17.000.000 de soles.[35]

Fue en estas circunstancias, y como resultado de los procesos descritos anteriormente,[36] que el Gobierno peruano decidió cance-

32. Ibíd., p. 6.

33. Ibíd.

34. Déficit fiscal formalmente reconocido. En la práctica, los equilibrios o superávits en los presupuestos encubrían déficits reales muy grandes.

35. Dancuart, *Anales*, vol VIII: 195.

36. Cfr. *Supra*, cap. II.

lar la venta del guano bajo el sistema de *consignación* y conceder a Auguste Dreyfus la venta en monopolio de dos millones de toneladas de guano. Pero el monopolio del guano, por las circunstancias ya mencionadas, tampoco permitió que el Estado peruano dispusiera de los recursos suficientes para preparar el desarrollo económico del país. Los dos millones de toneladas de guano fueron embarcados, pero el Perú terminó debiendo a Dreyfus, en 1877, una suma equivalente a 18.000.000 de pesos. Los múltiples conflictos alrededor de la legitimidad de esta suma demandaron el arbitraje de la Corte Internacional de La Haya, que en 1921 reconoció una deuda a favor de Dreyfus por 25.000.000 de francos.[37]

La intervención de Dreyfus cierra el ciclo del guano. La posterior intervención de la Peruvian Guano Co. en 1876 fue insignificante por tener que enfrentar la competencia del propio Dreyfus y, sobre todo, por el estallido de la guerra con Chile, el cual trajo como consecuencia que las tropas chilenas le impidieran el embarque de guano desde las islas.[38]

Ahora es necesario ir más allá de la simple constatación de que las finanzas peruanas de la época del guano, pese a los grandes recursos generados por su explotación, presentaron sorprendentes déficits. Se necesita explicar el porqué de este proceso tan contradictorio, y para ello se requiere presentar los mecanismos de explotación del guano peruano y las formas de utilización interna de este recurso.

El primer problema consiste en conocer cuál fue la participación del Gobierno peruano y la de los diferentes comerciantes en los beneficios del guano. Una densa literatura nacional y extranjera acusó a estos últimos de haber inventado múltiples formas para hacer de la explotación del guano un verdadero pillaje en beneficio propio. Sin pretender negar la veracidad de tales denuncias, ciertamente hasta ahora no se había intentado el más mínimo esfuerzo por cifrar el monto de estos beneficios. Los heroicos cálculos recientes del profesor Hunt vienen a ocupar este vacío. Sobre la base de las fuentes fiscales, Hunt establece que, de los ingresos generados por

37. McQueen 1926: 8.

38. Ibíd.

la explotación del guano, un 30% sirvió para cubrir los costos de la explotación y menos de un 10% para pagar las comisiones de los consignatarios, dejando por consiguiente un beneficio del orden del 60% para el Gobierno.[39]

El cuadro 3 resume sus cálculos:

Cuadro 3
Distribución de los factores en pago según las ventas del guano
(en miles de soles, con la excepción de los dos últimos rubros)

	Ventas brutas	Beneficio del Gobierno	Costos totales	Comisiones de los contratistas
8 contratos	16.781	5518	-	-
1840-1849		(33%)		
Contrato Gibbs	89.055	57.703	20.665	10.687
1849-1861		(65%)	(23%)	(12%)
15 contratos	94.230	61.675	21.785	5770
1850-1859		(65%)	(23%)	(6%)
1869 (A)	32.197	20.157		12.040
		(63%)		(37%)
1869 (B)	36.351	8105		28.246
		(22%)		(78%)
1870	40.593	24.419		16.174
		(60%)		(40%)
Contratos Dreyfus	139.927	143.106	-	
1868-1878		(100%)		
1872 (por tonelada)	62,76	38,78 por tonelada		
Contratos de Consignación	-	(62%)		
1877 (por tonelada)	47,72	20,32 por tonelada		
Contrato Raphael		(43%)		

Fuente: Hunt 1973: 61.

39. Hunt 1973: 61.

Por ahora no nos interesa conocer, como lo sugiere Levin, si una fracción, más o menos importante del 30%, absorbida por los gastos de explotación revirtió también a los consignatarios en formas disfrazadas de beneficio. Con respecto a los cálculos de Hunt, el hecho a tener en cuenta es que el Gobierno peruano mantuvo el control efectivo sobre el 60% del total de los ingresos del guano. En consecuencia, toda discusión acerca de los efectos del guano debe replantearse a partir de esta desconcertante cifra. Digámoslo de una manera todavía más directa: el Perú, al igual que las otras regiones sometidas al control británico, generó un cierto volumen de excedente, de cuyo monto, aproximadamente la mitad, se apropiaron las economías dominantes. Pero, pese a esto, ¿por qué el otro 50% no pudo tampoco preparar el desarrollo económico de la nación y más bien resultó inadecuado para equilibrar el presupuesto? ¿Era una cantidad insuficiente? No creo, personalmente, que se trate de una cuestión de cifras. Una salida demasiado fácil radicaría en concluir, sobre la base de estos cálculos, que las causas del atraso económico fueron internas o, tal vez, que fue la incapacidad de la clase dirigente nativa la que impidió una utilización eficiente de este monto. También podría argumentarse, como lo hace el propio profesor Hunt,[40] que fue la ausencia de una clase empresarial provista de osadía, de espíritu de riesgo y de imaginación. Tampoco creo que estos argumentos respondan a la cuestión esencial. Ella resulta mucho más compleja. La respuesta exige la construcción de un mecanismo que explique cómo la asimetría de las relaciones económicas internacionales genera a su vez una asimetría dentro de la *totalidad* de un país económica y socialmente dependiente. Pero aún estamos muy lejos de esta meta y uno debe limitarse, por lo menos, a precisar de manera más rigurosa el problema planteado.

Como se ha señalado, las finanzas peruanas fueron profundamente dependientes de la explotación del guano, no solo por el carácter masivo de su aporte (cerca del 80%), sino también por la supresión de las contribuciones internas. Paralelamente a la expansión

40. Ibíd., pp. 111-113.

de los ingresos generados por el guano, el presupuesto del Perú de esta época muestra una expansión mucho mayor de los egresos. Entre 1847 y 1872-1873, siempre en los cálculos de Hunt,[41] los ingresos se multiplican por cinco, mientras que los egresos lo hacen por ocho. El examen de este presupuesto debe permitir encontrar el destino de los ingresos generados por el guano.

Una vez más, los cálculos del profesor Hunt nos permiten elaborar una respuesta. Según ellos, los ingresos del guano fueron utilizados para los propósitos siguientes:

> Un 7 % para la supresión de las contribuciones de los indios y manumisión de los esclavos.
>
> Un 29 % para expandir la burocracia civil.
> Un 24,5% para propagar la burocracia militar.
> Un 8% en pagos de transferencias a extranjeros.
> Un 11,5% en pagos de transferencias a peruanos.
> Un 20% en ferrocarriles.[42]

Las cifras correspondientes a estos porcentajes se presentan en el cuadro 4.

Sinteticemos todos los cálculos anteriores. Entre 1840 y 1880 se exportaron entre once y doce millones de toneladas de guano cuya venta generó un ingreso de cerca de 750.000.000 soles. De este total, el Gobierno peruano percibió cerca de un 60%, es decir, entre 381.000.000 y 432.000.000. Si se considera que los consignatarios peruanos, mientras tuvieron el control del guano, recibieron aproximadamente entre 60.000.000 y 80.000.000, los ingresos internos generados representaron entre el 65% y 71% del total de las ventas finales.[43] De estas sumas, los tenedores de bonos extranjeros, los bonistas peruanos, los pensionistas del Gobierno y los consignatarios nacionales, en conjunto, recibieron tal vez entre un 37% o 39% del producto total de las ventas del guano remitido al Perú. Aun

41. Ibíd., p. 75.
42. Ibíd., p. 80.
43. Ibíd., p. 84.

suponiendo que el consumo de estos grupos estuvo fundamentalmente constituido por la importación de bienes extranjeros, es legítimo afirmar entonces, como lo hace Hunt, que el guano generó una liquidez bastante considerable como para incrementar la demanda interna. Pero pese a esta punción monetaria, ni la productividad ni la producción de la economía peruana aumentaron. Tercamente, los perceptores de este dinero optaron por convertirse en rentistas y no en los schumpeterianos de los Andes. ¿Por qué?

El examen de este problema, es decir, explicar por qué los ingresos percibidos por el Estado peruano de la explotación del guano no crearon una demanda sustantiva o no sirvieron para inversiones productivas, quisiera discutirlo en relación con la cuestión del mercado interno del Perú.

La simplista imagen de un país, el Perú, sometido a la explotación sin piedad y a merced de comerciantes, inversores y productores británicos comienza a ser corregida y reformulada en términos más precisos. La discusión académica contemporánea sobre este problema, pero dentro de un contexto más vasto, fue iniciada por los profesores Robinson y Gallagher en un sugerente y vigoroso artículo.[44] Una de las ideas básicas de estos autores, la de la intervención del Gobierno británico en la expansión comercial del imperio y en la imposición de un equilibrio de fuerzas políticas para favorecer el control británico, fue fuertemente replicada por el profesor Platt tomando como ejemplo el caso de América Latina.[45]

Más recientemente, otro académico británico, el Dr. William W. Mathew, ha desarrollado, a propósito del caso peruano, una serie de argumentos[46] que van en el mismo sentido de la objeciones formuladas por Platt.

Todas estas discusiones, como se señaló antes, han sido particularmente útiles para dejar de pensar que el atraso económico del Perú y de América Latina en el siglo XIX se debió únicamente a la explotación impuesta por los diferentes grupos de poder británicos

44. "The imperialism of free trade" (1953).

45. Platt 1968, 1973.

46. Véase, particularmente, Mathew 1968, 1970a, 1970b, y 1972.

Cuadro 4
Utilización de los ingresos del guano

Gastos (en miles de pesos)	Total de gastos 1847-1878	Menos del nivel de 1847 1847-1878	Incremento de los gastos
Gobierno, relaciones exteriores y justicia	147.500	44.800	93.100
Fuerzas Armadas	181.700	70.400	111.300
Administración financiera	----	----	37.300
Ferrocarriles	91.900	----	91.900

Deuda (en soles)	Amortización a través de 1869	Interés a través de 1869	Saldos finales de 1869	Total
Anglo-Peruana	17.429	8687	1771	27.887
Otros países latinoamericanos	6021	1443	1400	8864
Deuda interna consolidada	22.540	7353	1527	31.420
Conversión de la deuda interna consolidada en externa	7809	3819	672	12.300
Manumisión	7320	1488	342	9150
Gastos	------	------	------	423.200
Supresión de la contribución de indígenas	------	------	------	30.800
Total general				454.000

Fuente: Hunt 1973: 78.

sobre la economía peruana. En efecto, hemos visto que no obstante todos los artificios de los consignatarios, pese también a que la mitad de las rentas generadas por la venta del guano en el mercado británico estuvo adscrita al servicio de la deuda externa, la explotación del abono peruano dejó en las arcas fiscales considerables sumas.

Igualmente, la discusión anterior puso en relieve la neutralidad del Gobierno británico, es decir, su no intervención directa y abierta en favor de cualquiera de sus grupos de poder. Pero dicha neutralidad, y esto es necesario decirlo frente a académicos quienes piensan que los principios de una política y la realidad constituyen una misma cosa, era una neutralidad establecida entre dos naciones básicamente desiguales. La no intervención, dentro de dicho contexto, permitió que las fuerzas impersonales de la economía internacional sometieran a la nación económicamente más débil. En el mismo sentido, la discusión evocada ha permitido conocer, y aceptar, que el Gobierno peruano dispuso de márgenes bastante grandes en su política de precios del guano, y que fue su imprevisión y su excesiva confianza las que lo llevaron a sucesivos desastres.

En síntesis, y para retomar el problema en los términos del debate planteado, si por "imperialismo" se entiende la abierta intervención del Gobierno británico en aquellas áreas que no fueron formalmente sus colonias, es obvio que no se puede caracterizar como tal a las relaciones económicas establecidas entre el Perú y Gran Bretaña durante el periodo 1820-1870. Es igualmente obvio que el atraso económico del Perú no solo se debió a las relaciones asimétricas establecidas entre Gran Bretaña y el Perú. Lenin, en su célebre trabajo sobre el imperialismo, fue el primero en establecer no solamente las características precisas que definen al control imperialista, sino también en fijar su *cronología*.[47] Pero si todo esto resulta cierto, queda, sin embargo, el hecho insoslayable del atraso económico del Perú en el siglo XIX pese a los recursos del guano; y este constituye un problema que requiere una explicación histórica más convincente.

El problema, por tanto, no solo radica en adjudicar la responsabilidad del atraso económico peruano a las presiones británicas ni en sostener que las razones de este atraso deben buscarse en el solo funcionamiento de las estructuras internas del Perú. La economía peruana del siglo XIX estuvo profundamente inserta dentro del mercado internacional, desempeñando un rol específico en el interior de

---

47. Lenin 1917.

la división internacional del trabajo. Por consiguiente, la configuración de las estructuras internas del Perú estuvo determinada por esta específica situación. No se trata entonces de buscar una cierta *intencionalidad* en la política del Gobierno británico hacia el Perú o hacia América Latina sino, más bien, examinar los límites de compatibilidad e incompatibilidad de un doble mecanismo, que es a la vez externo e interno, forjado en función de la acumulación del capital internacional y dentro de las condiciones específicas de la economía internacional del siglo XIX; y es aquí donde el problema del mercado interno adquiere su verdadero relieve.

La masiva expansión comercial británica entre 1820 y 1830 terminó por destruir los raquíticos centros de producción fabril, ya duramente deteriorados como consecuencia de los cambios impuestos en el circuito comercial por la apertura del puerto de Buenos Aires. Esta expansión significó la conquista del mercado peruano para la venta de los textiles producidos en Gran Bretaña. En adelante, este mercado fue solo nacionalmente peruano, es decir, económicamente ajeno al país. A este proceso significativo debe añadirse el hecho de que del millón y medio de habitantes en que fue calculada la población peruana de aquella época, solo una fracción muy reducida tuvo un contacto real con el mercado y con la economía monetaria. En consecuencia, ambos procesos eliminaron todo germen posible que incentivara la producción nativa. De esta forma, los recursos monetarios generados por el guano y distribuidos vía el Estado no pudieron sino acentuar la demanda de bienes importados. Un ejemplo lo constituyen las importaciones efectuadas entre 1830-1834 y entre 1845-1849, las cuales tuvieron un incremento anual en una tasa próxima al 5,6%.[48] Este porcentaje crece aún más a comienzos de la década de 1850. Entre 1847 y 1851, el valor de las importaciones prácticamente se duplica y este valor se mantiene durante toda la época del guano.[49]

Pero la creación de un sólido mercado interno, como la experiencia histórica lo demuestra, no solo surge de la acción de las

48. Bonilla 1970, vol. I: 56, 67, 68, 85, 91 y 93.

49. Ibíd.

fuerzas económicas; es más bien, el resultado de un proceso histórico definido cuya lógica se inscribe dentro del desarrollo del capitalismo. Como tal, por consiguiente, está ligado a la emergencia de una clase social: la burguesía. En el Perú del siglo XIX, no solamente persistieron y estuvieron vigentes las estructuras coloniales, sino que no existió la clase que en principio debía quebrarlas. La élite colonial, por su debilidad y por la estructura de sus intereses,[50] perdió su oportunidad histórica de convertirse en una clase burguesa a lo largo del siglo XVIII y durante el proceso emancipatorio de la metrópoli. Su raquitismo material y moral terminó por desmoronarse durante las guerras de este periodo, determinando que perdiera el control político de la naciente República, y, de esta manera, dando paso a los caudillos de la independencia. Pero esto no es todo.

Cuando los escándalos de la llamada consolidación y conversión de la deuda interna pusieron en manos de una fracción de esta clase un capital cercano a los 20.000.000 de pesos,[51] cuando su participación subsidiaria y, más tarde (1862-1868), directa en la consignación del guano le permitieron recuperar su perdido poderío material, este grupo optó por convertirse en una clase rentista y parasitaria. Por tal motivo, dada la convergencia de sus intereses con los de los sectores terratenientes más tradicionales y por el miedo y el desprecio a las clases populares indias, se decidirá, a finales de la década de 1860, modernizar el país por la vía de la transformación de los sistemas de transporte y no por la modificación de la estructura colonial de la producción. Clase rentista y parasitaria que encontró en la hambruna monetaria del Estado peruano una cómoda y remunerativa área para la inversión de sus capitales.

Ciertamente, sin embargo, una débil parte de los capitales del guano, la cual fue a manos de este grupo de comerciantes-terratenientes, sirvió para reiniciar la expansión agrícola del litoral peruano.[52] Pero aquí, una vez más, se trató de una producción agrícola que

---

50. Bonilla y Spalding 1971.

51. *Anales*, vol. VI: 5-6, 64.

52. La conversión del capital comercial en capital agrario está ejemplarmente ilustrado por Vicente Gonzales Pinillos, socio peruano de Dreyfus, quien utiliza los

no tuvo nada que ver con las exigencias del mercado interno y solo pudo realizarse al abrigo de una coyuntura internacional altamente favorable. Fue el caso del algodón, entre 1865 y 1873, y de la caña de azúcar, entre 1870 y 1880.[53] La escasez de algodón generada por la Guerra de Secesión, en el primer caso y los altos precios del azúcar, en el segundo, fueron los aguijones que movieron a una clase que ya disponía de los recursos monetarios para comprar la mano de obra de los culíes chinos y la maquinaria necesaria para el equipamiento agrícola. Estos recursos, como se ha mencionado anteriormente, provinieron del pago por la manumisión de sus antiguos esclavos, de su participación en las consignaciones del guano y de los préstamos de los bancos establecidos. Entre 1865 y 1873, en consecuencia, las exportaciones de algodón con destino a Gran Bretaña fueron las siguientes:

Año	(cwts* = 1/20 t)
1865	8937
1866	6660
1867	32.499
1868	42.325
1869	6667
1870	21.216
1871	65.221
1872	98.433
1873	99.492

* Abreviatura de la medida inglesa de masa denominada centena (*hundredweight*).

---

dividendos obtenidos por su participación en la comercialización del guano en la compra, en 1850, de la hacienda Lurifico en el valle de Jequetepeque. Sobre este problema, puede consultarse la excelente tesis de Manuel Burga *La Vallée du Jequetepeque XVIè-XXè siècles* (1973: 194-204). (Existe una edición en español publicada por el Instituto de Estudios Peruanos: *De la encomienda a la hacienda capitalista. El valle del Jequetepeque del siglo XVI al XX*. 2.ª ed. Lima: Instituto de Estudios Peruanos, 2019.)

53. Bonilla 1977.

Por otra parte, la producción del azúcar, en este mismo periodo, fue la siguiente:

Año	Toneladas
1870	251
1871	4500
1872	6550
1873	15.950
1874	23.700
1875	50.000
1976	55.000
1877	63.000
1878	69.763
1879	80.000
1880	80.000

Fuente: Report on the Trade and Finance..., Londres, 1901: 18.

Pero tanto la producción del algodón como la del azúcar obedecieron a una localización muy precisa. En el caso de la primera y hacia 1877, el 14% del total de las exportaciones fueron embarcadas de Piura, el 38% del departamento de Lima y el 42% del área Pisco-Ica. En el caso del azúcar y para el mismo año, en cambio, el 68% del total de las exportaciones provino de la región Trujillo-Chiclayo en el norte.[54]

Una prueba más de las condiciones tan peculiares en que se produjo este desarrollo agrario, es el hecho de que pese a esta extraordinaria expansión de la producción, los propietarios de las haciendas azucareras, en lugar de incrementar sus beneficios, adquirieron, paralelamente, significativas deudas con los bancos limeños. En efecto, Garland estima que en 1875 las deudas de la industria azucarera ascendían, aproximadamente, a 30.000.000 de soles, de los cuales 17.500.000 correspondían al sistema bancario.[55]

54. Hunt 1973: 56.

55. Ibíd., p. 58.

Por otra parte, la minería, el otro gran sector tradicional de la economía peruana, fue virtualmente inexistente durante la época del guano. Esta actividad, desde la Independencia y a través de todo este periodo, no pudo recuperar su vigor colonial. Las estimaciones recientes del profesor Hunt lo han llevado a afirmar que el excedente generado por las minas de Cerro de Paseo, uno de los complejos más importantes, fue de cerca del 30% en 1828, del 20% en 1851 y menos del 0% en 1875.[56] Los detalles de estos cálculos se presentan a continuación:

	1828	1851	1875
	%	%	%
Ingresos brutos de los propietarios de minas	9,00	26,50	30,00
Materiales para la fundición (mercurio, sal)	23,50	15,50	12,25
Fundición y valor agregado del transporte	45,00	39,50	69,50
Tasas para bombas y túneles de drenaje	-	4,00	-
Impuestos al Gobierno	-	7,00	-
Beneficios	22,50	7,50	-11.75
Valor de la producción de plata	100,00%	100,00%	100,00%

Fuente: Hunt 1973.

Resumiré brevemente las ideas hasta aquí expuestas. El problema planteado trataba de explicar las razones del atraso económico del Perú en el siglo XIX, pese a que en aquel periodo el Estado era el propietario efectivo de un recurso tan importante como lo fue el guano. Tal hecho, como anteriormente señalé, fue el resultado de la acción de factores económicos y sociales, inherentes a la estructura interna del Perú, pero cuya acción, a su vez, dependió directamente de la posición específica ocupada por la economía peruana dentro de la economía internacional de aquella época. Los factores aludidos, en lo esencial, derivan de dos hechos básicos mutuamente ligados: la inexistencia de un sólido mercado interno y la peculiar naturaleza de la élite económica del Perú. Esta clase no pudo desarrollar la

56. Hunt 1973.

producción interna porque no encontró el incentivo del mercado y porque optó por una alianza tácita con los beneficiarios del ordenamiento colonial ante el temor que le generaban las clases populares. De este hecho deriva también la profunda inestabilidad política del Estado, cuyo costo fue el despilfarro de los recursos generados por el guano. Un solo ejemplo. En el periodo de Castilla (1854-1862), los ingresos del guano casi ascendieron a 100.000.000 de pesos. Ahora bien, si se considera que el costo de la revolución de 1854 fue de cerca de 13.000.000, mientras que la de 1856 fue de 41.000.000 de pesos, el resultado es que más del 50% de los recursos del guano se perdieron en estos conflictos internos.

Guano y deuda externa

Sin mercado y sin pujantes sectores productivos internos, es decir, sin que existieran las bases para una acumulación interna de capital, el Estado peruano solo podía subsistir sobre la base de préstamos externos. Pero, por lo mismo, estos empréstitos no podían servir para robustecer la economía interna, sino más bien para reforzar y estrechar los lazos de subordinación con las metrópolis económicas. Estas demandas, por otra parte, pudieron ser atendidas solamente en la medida que el Estado peruano podía presentar pruebas convincentes de su solvencia para atender el pago de las amortizaciones e intereses que los préstamos generaban. La existencia fortuita del guano permitió satisfacer tal exigencia. Este recurso posibilitó que el Gobierno peruano desarrollase una impresionante política de empréstitos, cuyas consecuencias finales acabamos de analizar. Veamos cuáles fueron las características de esta política.

El Estado peruano realizó y controló todos los préstamos. En un primer momento, vía la tasa de cambio, los precios de venta y los intereses, estos préstamos contribuyeron a drenar parte de los recursos fiscales. A largo plazo, los empréstitos británicos fueron tejiendo las redes que prepararon el control imperialista de la economía peruana. En una segunda etapa, los capitalistas británicos y europeos ya no se limitaron a invertir sus capitales en la compra de títulos de la deuda externa de un Estado inestable, sino que directamente, es decir con control propio, trataron de destinar estos capitales a la apropiación efectiva de los recursos del país. Este último proceso es consecuencia del desarrollo previo, así como de la mutación simultánea de la estructura interna del Perú y de la estructura de la economía internacional. La Guerra del Pacífico constituyó el umbral que separó y dividió ambos periodos.

Estos primeros eslabones del paulatino encadenamiento financiero del Estado peruano fueron puestos en el momento mismo de la Independencia. En 1822, en efecto, el Estado solicitó un primer préstamo por 1.200.000 libras esterlinas, a un precio que oscilaba entre el 82% y 88% y con un 6% de interés anual. En 1824 se realizó un nuevo empréstito por 616.000 libras esterlinas, a un precio del 78% y con un 6% de interés. Hubo entonces una diferencia de cerca del 25% entre el valor nominal de la emisión y el resultado real de las operaciones. En 1848, después de 24 años de total insolvencia por parte del Gobierno peruano, la deuda nominal llegaba a 1.816.000, mientras que el monto de los intereses, a su vez, ascendía a 2.564.532 libras esterlinas. En 1849, luego de que el guano se convirtiera en el rubro fundamental de sus ingresos, el Gobierno, por primera vez, se encontraba en condiciones de restablecer su crédito externo, a través de un arreglo de conversión de las deudas anteriores en una nueva. Para esta operación se emitieron bonos por 1.816.000 libras esterlinas, correspondientes al monto de la deuda principal y por 1.920.000, por los intereses no pagados. Esta última suma era en un 25% menor que el total de los intereses impagos; pero esta reducción estuvo compensada con la adscripción de un interés del 3% a los bonos nuevamente emitidos. Como consecuencia de estas operaciones, el valor de los títulos peruanos en el mercado de Londres subió de 54 (1849) a 103 (1852) libras esterlinas, ascenso que reflejaba el restablecimiento del crédito externo del Estado peruano. Dicho restablecimiento, a su vez, garantizó que los acreedores pudieran atender rápidamente toda demanda de nuevos empréstitos por parte del Perú. Es este restablecimiento del crédito externo el que hizo posible la política de empréstitos desarrollada a partir de Castilla.

En 1853, el Gobierno peruano suscribe un empréstito por 2.600.000 libras esterlinas, a un precio de 85% y con un interés del 4,5%; en 1862, otro por 5.500.000 libras esterlinas, a un precio de 93% y con un interés del 4,5%; y en 1865, uno nuevo por 10.000.000, a un precio de 83,5% y con un interés del 5%. Un año más tarde, durante la guerra con España, Perú y Chile conjuntamente suscribieron un empréstito en Nueva York por 10.000.000 de dólares con un 7% de interés pero de los cuales solo se recibieron 2.000.000. En mayo de 1869, como parte de la política ferroviaria, el gobierno de Balta solicitó un préstamo de 291.000 libras esterlinas a 71%, y con un fondo de amortización del 2%, para terminar la construcción del ferrocarril de Pisco a Ica. Para los mismos fines, demandó dos nuevos préstamos: uno por 11.920.000 libras esterlinas, en 1870, a un precio del 82,5% y con un interés anual del 6%; y otro por 36.800.000 libras esterlinas, en 1872, a un precio del 77,5% y con un interés del 5%.

De todas estas operaciones, el hecho a tener en cuenta es que el empréstito de 1853 fue emitido para "convertir" el de 1849, el de 1862 para retirar el de 1853, el de 1865 para hacer lo mismo con el de 1862 y el de 1872; asimismo, 21.800.000 libras esterlinas fueron destinadas a comprar los bonos de los empréstitos de 1865, 1866 y 1870. Cada tenedor de bonos de la deuda precedente recibía por el solo canje un premio adicional en la nueva operación. En otras palabras, con la casi excepción del empréstito de 1870, que fue destinado fundamentalmente al pago de los trabajos de Meiggs en la construcción de las líneas ferroviarias del sur y del centro, todos los otros fueron básicamente empréstitos para pagar empréstitos; es decir, operaciones especulativas que se realizaron fundamentalmente en el mercado de Londres y de los cuales el Estado peruano recibió un beneficio muy reducido.

Así, en la década 1870, cuando el Estado peruano ingresa de nuevo en una bancarrota financiera, la deuda externa ascendía a más de 35.000.000 de libras esterlinas, la cual exigía una amortización anual de casi 2.500.000 de libras esterlinas. Esta política de préstamos y la deuda externa del Perú tuvieron el trágico destino que se evocó en la primera parte de este capítulo.

IV / La crisis de 1872

A comienzos de la década de 1840, el Perú llevaba veinte años como república independiente y su economía al fin parecía recuperarse después de un largo periodo de estancamiento y de aislamiento del mercado internacional. Y esa esperanza estaba esta vez fundada en el creciente interés de los agricultores europeos por la capacidad que tenía el guano de las islas como fertilizante. En efecto, desde esos lejanos años hasta las vísperas de la guerra con Chile, en 1879, el Perú pudo exportar cerca de diez millones de toneladas de guano por un valor cercano a los 750.000.000 de pesos, o 150.000.000 de libras esterlinas.[1] De este monto, la economía peruana pudo retener entre el 65% y el 71% del total, como consecuencia, en gran parte, de la propiedad ejercida por el Estado peruano a través de sus diferentes gobiernos.[2] Pese a la bonanza del guano, la economía peruana en su conjunto no pudo diversificar su estructura ni crecer de manera significativa por razones que aún son motivo de controversias y que no corresponden ser evocadas aquí.[3] Más bien, por paradójico que parezca, la opulencia guanera fue preparando las bases del colapso

---

1. Bonilla 1974a: 6-14.
2. Hunt 1973: 78.
3. Hunt 1973 y Levin 1959.

de la década de 1870 y del derrumbe final que se producirá con el ingreso del ejército chileno al territorio peruano en 1879; y en ese desenlace que fue percibido por muy pocos dado el espejismo generado por el guano, la crisis de 1872 tuvo una importancia capital. Por consiguiente, este capítulo examinará la génesis de la crisis, su desarrollo y sus resultados, así como las políticas implementadas por el gobierno para enfrentarla.

Para entender el encadenamiento de la crisis es necesario recordar ciertos aspectos básicos de la explotación guanera y, sobre todo, la compleja relación entre los tres actores económicos siguientes: i) el Estado peruano en su condición de propietario, ii) los comerciantes encargados de la comercialización del guano, y iii) los tenedores europeos, particularmente ingleses, de la deuda externa del Perú. El Estado peruano, como se dijo antes, era el propietario del guano, pero dada su fragilidad financiera tuvo que depender de comerciantes nacionales y extranjeros para enfrentar los costos de explotación y comercialización del producto. A su vez, el guano operó siempre, dada igualmente la penuria fiscal y el desorden administrativo, como fuente anticipada de renta a través de numerosos empréstitos que el Estado fue contrayendo desde 1849 hasta 1872. En otras palabras, el Gobierno peruano pudo financiar sus déficits recurriendo a préstamos y logró prestarse de manera creciente porque pudo ofrecer el guano de las islas como hipoteca. Durante la celebración, en 1849, del primer contrato de conversión y de consolidación de la deuda externa, esta premisa fundamental ya estaba establecida.

Que un gobierno recurra al ahorro externo para financiar su crecimiento y ofrezca en garantía de ese préstamo un recurso nacional no es ciertamente nada infrecuente. Todo depende de los usos de esos préstamos y de los costos del endeudamiento. Pero los préstamos solicitados en el siglo XIX eran bastante peculiares tanto por la forma de su financiamiento como por las especulaciones a que dieron origen. En efecto, el levantamiento de los empréstitos se hacía a través de la venta pública de los bonos emitidos por el Estado que solicitaba el préstamo, operación que en sí misma era el campo de operaciones de especuladores vinculados a las casas asociadas a la venta de los títulos y a las bolsas europeas. En la práctica, la especulación le permitía a este grupo adquirir grandes beneficios por medio de la buena fe de los ahorristas, así como de las necesidades de los Estados demandantes.[4] Por otra parte, del monto total solicitado como préstamo el Estado veía reducida la parte asociada a los costos de la operación (comisiones, diferencia entre el precio nominal y el precio de lanzamiento, tasas de interés, etc.) Pero, además de estos gastos inherentes a este tipo de negociaciones, los empréstitos eran fundamentalmente utilizados para el financiamiento del empréstito siguiente a través de las conocidas consolidaciones de la deuda externa. El éxito de un nuevo lanzamiento dependía, se decía, de retirar los bonos de la deuda externa en circulación; y para ello, estos títulos antiguos eran canjeados con los nuevos mediante el pago de una prima a los propietarios de los primeros. Sería importante que alguna vez se calculara las deducciones derivadas de cada una de estas consolidaciones.

El Perú, al igual que muchos de los países de América Latina durante gran parte del siglo XIX, siguió el patrón básico de estas operaciones hasta 1870, año en que, en conformidad con la autorización del Congreso del 15 de enero de 1869, el gobierno de Balta suscribió un empréstito por 11.920.000 libras esterlinas con el propósito específico de financiar la construcción del ferrocarril del Callao a La Oroya y el de Arequipa a Puno. Esta emisión, a un precio del 82,5% y con una tasa de interés del 6%, fue completamente exitosa pues el empréstito se suscribió por encima del monto solicitado. Pero dos años más tarde, la situación fue completamente opuesta; y es este cambio el que se encuentra en el origen mismo de la crisis.

El empréstito de 1872 fue autorizado inicialmente, de acuerdo con la ley de enero de 1871, por un monto de 15.000.000 de libras esterlinas, a un precio del 77,5 % y con una tasa de interés del 5% y estuvo destinado a la construcción de ferrocarriles (13.000.000) y obras de irrigación (2.000.000). Pero, cinco meses más tarde, en julio de 1871, el monto de la emisión se incrementó a 36.800.000 libras esterlinas, destinándose el excedente, 21.800.000, a la conversión de

4. Jenks 1963.

los bonos de los empréstitos de 1865, 1866 y 1870. Una vez más, por consiguiente, se procedió a la consolidación de la deuda externa ante el temor de que los títulos en circulación pudieran competir con los de la nueva emisión. Cabe recordar, en este contexto, que el mismo gobierno de Balta canceló en 1869 el oneroso sistema de las consignaciones como forma de venta del guano para reemplazarlo por la venta directa de dos millones de toneladas al comerciante francés Auguste Dreyfus. De acuerdo con este contrato, Dreyfus, a cuenta de las ventas del guano, quedó obligado a efectuar el servicio del empréstito de 1865 y a girar 700.000 soles mensuales al Estado peruano. Pero como Dreyfus no solo estuvo encargado de la venta del guano, sino que, a su vez, era el agente financiero del Gobierno, al suscribirse el empréstito de 1870 redujo sus remesas mensuales a 400.000 soles a fin de destinar el saldo al servicio de este empréstito. Al suscribirse nuevamente otro empréstito en 1872, al Gobierno no le quedó otra alternativa que aceptar que este remanente estuviera también dedicado a su servicio. Por consiguiente, en la práctica el Estado peruano perdía las ventajas técnicas que el contrato con Dreyfus le ofrecía en comparación con el sistema de las consignaciones, particularmente en relación con la remesa ordenada de los productos de la venta del guano, al mismo tiempo que el financiamiento de sus gastos corrientes, y de los proyectos de ferrocarriles y obras públicas, quedaba atado a las vicisitudes de los títulos de la deuda externa en el mercado de capitales. Son estas las vicisitudes las que importa ahora examinar.

El empréstito de 1872, para comenzar, tuvo un destino distinto al de 1870, porque del total emitido el público se suscribió solo un valor de 230.000 libras esterlinas.[5] Las razones de este fracaso han sido explicadas de diferentes maneras. El propio Dreyfus señaló que el fracaso se debió a la carta de Carlos M. Elías publicada en el diario *La Patrie* negando validez a la operación y al cambio de régimen político que implicaba el reemplazo de Balta por Pardo en la presidencia.[66] Pero las causas fueron ciertamente más profundas. William H.

5. Dancuart, *Anales*, vol. XI: 41

6. Citado en Basadre 1961, vol. IV: 1787.

Wynne sostiene que se debió a los informes que señalaban la pronta extinción de los depósitos del guano y al cuestionamiento de la capacidad del Estado peruano para atender puntualmente el servicio de estos empréstitos.[7] Por otro lado, Watt Stewart sugirió que otra razón del fracaso fue la situación adversa del mercado monetario de Londres como consecuencia del lanzamiento de un gran empréstito francés después de la guerra franco-prusiana, operación que captó gran parte de los capitales disponibles.[8] Pero se debe a Juan Maiguashca la reconstrucción más cuidadosa de los factores decisivos del fracaso de esta operación. Según Maiguashca, tales factores se encuentran en las tendencias del mercado de capitales londinenses asociadas al comportamiento de los potenciales inversores.[9]

Maiguashca sostiene que hasta 1872 el inversor inglés prácticamente suscribía todo préstamo proveniente de Sudamérica, pero a partir de ese año su sospecha frente a la seguridad de los títulos ofrecidos lo hizo cada vez más reticente a comprometer su dinero en la compra de bonos; por tal motivo, además de los bonos tomados por Dreyfus por el valor de 4.000.000 de libras esterlinas, la suscripción alcanzó la increíble suma de 230.000 libras esterlinas en el primer intento de colocación de los bonos; esto, sin embargo, era apenas el comienzo de un conjunto de dificultades cada vez mayores.

En 1872, Pardo reemplazó a Balta en el control del Ejecutivo, luego de un periplo económico y político en el que pasó por la Alcaldía de Lima, la gerencia de la Compañía Nacional Consignataria del Guano y la jefatura del Partido Civil. Una vez en el Gobierno, en su mensaje al Congreso el 24 de septiembre de 1872, Pardo señaló que las rentas del guano eran inexistentes para el fisco porque dicha renta, estimada en 14.856.756 soles, estaba unida al pago del servicio de la deuda externa (13.927.500 soles) y al reembolso de los adelantos de Dreyfus (estimados en julio de 1871 en 16.871.368 soles). Por otra parte, Pardo indicó que los egresos de la República ascendieron, en 1871, a 112.514.952 soles, de los cuales 95.385.111 correspondían

---

7. Wynne 1951, vol. II: 117-118.

8. Stewart 1946: 273.

9. Maiguashca 1967.

al servicio de la deuda externa y 17.129.841 a gastos corrientes. Del lado de los ingresos, solo se registraron 8.677.000 soles, por lo que el déficit anual fue de 8.500.000. Finalmente, Pardo concluyó diciendo que era necesario proceder a la emisión completa del empréstito de 1872 para continuar con la construcción de los ferrocarriles y evitar de ese modo el desempleo de los trabajadores adscritos en estas obras y financiar el déficit a través de la descentralización fiscal, el control del salitre y el levantamiento de los aranceles.[10]

En función de estas metas, Pardo procedió a entablar nuevas negociaciones en marzo de 1873, las cuales no debieron ser ciertamente fáciles si se recuerda que el comerciante francés Dreyfus, en 1869 y por decisión de Balta, había arrebatado a Pardo y sus amigos el lucrativo negocio de la consignación del guano. Aún más, la propia situación de Dreyfus en ese momento era bastante incómoda debido a la situación del guano en el mercado internacional. Si bien el contrato de venta de dos millones de toneladas de guano fue suscrito en 1869, en la práctica Dreyfus pudo proceder a su venta recién en 1872 como consecuencia de los grandes *stocks* de fertilizante acumulados en los puertos de Europa; pero para ese año el nivel promedio de ventas había descendido de 451.501 toneladas vendidas en 1870 a 336.476 en 1874,[11] descenso atribuido tanto a la baja calidad del guano como a la competencia presentada por los fertilizantes sintéticos.

Por el acuerdo de marzo de 1873, Dreyfus intentó colocar de nuevo el empréstito de 1872 y comprar con sus propios fondos los bonos de 1865 para recuperar así estos adelantos con los primeros resultados del empréstito de 1872. En dicho acuerdo se señalaba, sin embargo, que en caso de que el empréstito no cubriera los fondos adelantados, Dreyfus, nueve meses después de la emisión, podía colocar bonos suficientes a precios corrientes de mercado para recuperar su capital. Al continuar la depreciación de los títulos peruanos, en septiembre de 1873 Dreyfus procedió a soltar los bonos en su poder provocando una depresión aún mayor. En marzo de 1874, los

---

10. *Anales*, vol. IX: 9-14.

11. Ibíd., p. 30.

precios de los bonos del empréstito de 1870 habían caído a 59 libras esterlinas y los de los bonos de 1872 a 48 libras esterlinas.[12]

Este fue el contexto en el cual se firmó otro acuerdo con Dreyfus, el 15 de abril de 1874, en el cual se le reconocía el derecho a vender 850.000 toneladas como saldo del convenio de 1869, al mismo tiempo que se limitaba su compromiso de atender el pago de los servicios de la deuda externa solo hasta el segundo semestre de 1875. De esta manera, se preparaba el escenario de la segunda cesación de pagos en la historia financiera del Perú del siglo XIX. Por otra parte, el 28 de julio de 1874, el ministro de Finanzas presentaba al Congreso un informe detallado de los resultados del empréstito de 1872, según el cual de los 36.800.000 libras esterlinas solicitadas el empréstito había producido 22.129.920. De este monto, como ya se indicó, el público suscribió solo 230.000 libras esterlinas mientras que el resto resultó de la compra de los títulos por Dreyfus y asociados a precios que fluctuaban entre el 60% y el 75 %. El informe señalaba además el destino que tuvieron estos recursos:

	soles
Reembolso a Dreyfus sobre adelantos de guano	7.890.411
Compra y conversión del empréstito de 1865 a 132 libras esterlinas	32.535.519
Reembolso del préstamo Chile-Perú	71.436
A la cuenta de ferrocarriles	28.045.965
Costo de emisión de bonos	5.799.248
Intereses a los bancos por pagos anticipados sobre la cuenta de ferrocarriles	119.784
Monto a disposición de la Legación Francesa	107.865
Suma colocada por el Banco del Perú en el Tesoro	126.766
Saldo en poder de Dreyfus	18.067
Total	74.715.061

o 22.129.920 libras esterlinas (45 peniques por sol)[13]

12. Maiguashca 1967: 294.

13. Clarke 1877: 19-20.

Nótese en el consolidado anterior que, en lugar de los 80.000.000 de soles que Pardo estimaba necesarios para continuar con la implementación ferroviaria del país, solo se obtuvo 28.000.000.

Un año más tarde, en 1875, por si todo esto no fuera suficiente, se publicaron los resultados de una comisión de la Cámara de los Comunes nombrada por el Gobierno británico para investigar la situación de los títulos de la deuda externa. Este informe terminaba diciendo:

> En conclusión, el Comité se siente obligado a expresar su convicción de que la mejor seguridad contra la recurrencia de la maldad que han descrito anteriormente se encontrará, no tanto en las promulgaciones legislativas como en la iluminación del público en cuanto a su verdadera naturaleza y origen. El Comité espera que la historia de los préstamos extranjeros incorporados en este Informe tenderá a iluminar al público y dificultará que personas sin escrúpulos lleven a cabo burlas como las que, en los casos en los que ha sido el deber de este Comité informar, ha terminado en tanto descrédito y desastre.[14]

Los efectos de la difusión de este informe fueron sumamente desastrosos; a tal punto que la atención de nuevos pedidos de préstamos de países como República Dominicana, Paraguay, Honduras fue suspendida por varios años.

Para el Perú, las conclusiones devastadoras de este informe no dejaron igualmente de tener un impacto significativo sobre las fluctuaciones de los precios de los títulos de la deuda externa. La brutal caída de los títulos peruanos desde el segundo semestre de 1875 hizo que los *bondholders* ingleses tomaran rápidamente en serio la alerta de los miembros de la Comisión sobre la falta de escrúpulos de quienes manejaban los lanzamientos de empréstitos. Sin duda no era este un contexto muy apropiado para que el gobierno de Pardo pudiera encontrar un reemplazante a Dreyfus tanto como vendedor de guano como encargado del pago de las amortizaciones y de los intereses de la deuda externa.

14. *Parliamentary Papers* 1875, vol. XI: 50 (traducción propia).

En el frente interno, por otra parte, el programa propuesto por Pardo para equilibrar el presupuesto no produjo los resultados esperados y más bien el déficit no dejó de aumentar. Para el bienio 1873-1874, el déficit ascendió a 21.112.322 soles;[15] para 1875-1876, a 24.638.027; y para 1878-1879, a 21.989.084.[16] Asimismo, el servicio del préstamo de 1872 fue de 2.576.000 libras esterlinas en 1875, suma que representaba cerca del 20% del ingreso presupuestado para ese año y que excedía a los rendimientos totales por la venta del guano correspondiente a los años 1873, 1874 y 1875.[17]

El Gobierno buscó enfrentar esta difícil situación mediante un doble mecanismo. Por un lado, recurrió a la banca privada nacional en busca de préstamos. Desde 1866, como consecuencia de la explotación del guano de las islas, en Lima y en las principales ciudades del interior se habían creado aproximadamente una decena de bancos,[18] cuya actividad básicamente se reducía a las operaciones de descuento, depósito y préstamos a corto plazo. Pero en septiembre de 1875, el Ejecutivo le solicitó a la banca un préstamo de 18.000.000 de soles, suma destinada al financiamiento del déficit y al pago de varias obligaciones pendientes.[19] Por otro, y en plena búsqueda de un reemplazante a Dreyfus, llegó a celebrarse un contrato, en octubre de 1875, con la Société Générale de París, por el cual la empresa accedía al monopolio de la venta del guano a cambio de atender la deuda externa durante tres semestres y adelantar al gobierno una suma equivalente a 950.000 libras esterlinas. Sin embargo, el Gobierno peruano pidió que se aumentara el adelanto a 1.500.000 libras esterlinas por lo que el contrato quedó sin efecto; así se llegó al 1 de enero de 1876 sin haber asegurado el servicio de la deuda externa. Por segunda vez desde su independencia el Perú ingresaba a una cesación de pagos.

---

15. *Anales*, vol. X: 251.
16. *Anales*, vol. XII: 61A-62A; Basadre 1961, vol. V: 2215.
17. Basadre 1961, vol. IV: 1989.
18. Camprubí 1957.
19. *Anales*, vol. X: 267.

Al fracasar las negociaciones con la Société Générale correspondió al presidente electo, Mariano I. Prado, restablecer nuevas gestiones con miras a resolver la cuestión pendiente de la deuda externa, situación sumamente apremiante dada la presión de los tenedores de los bonos peruanos. Por tal motivo, en junio de 1876 firmó un contrato de venta de 1.900.000 toneladas de guano durante cuatro años con los Sres. Raphael y otros; a cambio, el Gobierno peruano recibiría un pago mensual de 700.000 libras esterlinas. Ello le permitiría a la Peruvian Guano Co. Ltd recobrar estos desembolsos con los ingresos sucesivos por la venta del guano, reembolsar los adelantos de Dreyfus, y, finalmente, destinar el saldo a la reanudación del servicio de la deuda externa. Sin embargo, este contrato tampoco tuvo relevancia alguna dado que Dreyfus, gracias a sus *stocks*, aún controlaba el mercado del guano. Entre el 1 de noviembre de 1876 y el 31 de diciembre de 1878, la Peruvian Guano Co. había vendido solo 221.417 toneladas y figuraba como acreedor del Estado peruano por la suma de 16.597.908 soles.[20] Los *bondholders*, además de no recibir ni un solo penique a título de los pagos de dividendos e intereses de la deuda dado los magros resultados de la venta del guano, tuvieron que iniciar un juicio en torno a los derechos prioritarios que tenían con respecto al pago de la deuda externa.[21] En estas condiciones, cuando Chile le declaró la guerra al Perú en abril de 1879, el servicio de la deuda seguía suspendido, situación que imposibilitaba al Estado peruano recurrir al crédito externo para financiar la resistencia.

La caída de las finanzas públicas, a su vez, tuvo importantes efectos internos. Para comenzar, la actividad mercantil, que anteriormente dependía de los giros de los contratistas sobre los productos de la venta del guano en el mercado exterior, sufrió una significativa caída, con la consiguiente escasez de documentos de crédito, por lo que fue necesario recurrir a la exportación del circulante monetario como principal medio de pago. Se iniciaba así un proceso que culminaría con la disminución de los encajes bancarios y la circulación monetaria. En consecuencia, en agosto de 1875, la banca le solicitó

20. Basadre 1961, vol. V: 2224.

21. Clarke 1877.

al Gobierno la imposición del curso forzoso del papel moneda.[22] La disminución de la oferta del capital dinero, a su vez, generó la elevación de las tasas de interés y la contracción de las actividades de descuento. La imposibilidad de seguir recurriendo al crédito externo obligó al Estado peruano a financiar sus gastos corrientes mediante la emisión masiva de papel moneda, aumentando el circulante y empujando hacia arriba los niveles de los precios internos. De esta manera, en la década de 1870 se agravó un proceso de inflación que se había iniciado dos décadas atrás y que era el resultado (en la opinión de J. B. Martinet, uno de los mejores expertos contemporáneos en asuntos agrícolas) de la especialización de la agricultura costeña en función de la exportación, del aumento de la demanda interna asociada al crecimiento de la población y del incremento del bienestar de las masas respecto de la dieta cotidiana.[23] Tales dificultades se reflejaron en la evolución del tipo de cambio. Antes de 1876, el sol de plata y el sol billete se cotizaban a la par; pero desde el segundo semestre de 1876 esta relación fue de 1,54 a favor del primero.[24] En agosto de 1875, por otra parte, el tipo de cambio era de 40 peniques por sol billete, mientras que en diciembre de 1878 fue de 26 por sol.[25]

Antes de seguir adelante con el examen de las otras dimensiones de la crisis es pertinente resumir lo avanzado hasta aquí. Al comienzo se señaló que la razón más notable de la crisis de 1872 fue la dificultad que tuvo el Estado peruano para colocar exitosamente los bonos del empréstito de ese año; dicha dificultad, a su vez, fue resultado de la profunda desconfianza del público europeo y de la aparición de oportunidades financieras que reorientaron el capital disponible hacia otras inversiones. Cuando se va más allá de la apariencia, sin embargo, se descubre que esas dificultades no causaban asombro, pues provenían de un Estado acostumbrado a financiar sus gastos mediante el ahorro externo, el cual, a su vez, era comprensible por la simple razón de que contaba con una importante hipoteca,

---

22. *Anales*, vol. X: 265.
23. Martinet 1875-1876: 82-83.
24. Basadre 1961, vol. V: 2083.
25. Ibíd., p. 2249.

como era el guano. Pero la comercialización del guano no ocultó la profunda precariedad de una economía que funcionaba gracias a la apropiación de la renta generada por un producto que a su vez era agotable, y cuyos precios dependían de un monopolio muy vulnerable ejercido por el Estado peruano. También se indicó, finalmente, que tanto el empréstito de 1870 como el de 1872, pero sobre todo el primero, fueron levantados con el propósito de hacer realidad el anhelo compartido por una fracción de la clase dominante de ver articuladas, de manera eficiente, algunas regiones del espacio nacional con el mercado internacional a través de la colocación de líneas férreas. Por consiguiente, las preguntas que importan formular, en una perspectiva de corto plazo, son los costos del ferrocarril y de la deuda externa. Se señala específicamente la dimensión del corto plazo porque, dentro de una perspectiva más amplia, el costo del endeudamiento fue el llamado Contrato Grace; mientras que el ferrocarril fue extremadamente beneficioso para las empresas extranjeras que iniciaron la explotación intensiva de los recursos naturales del Perú desde los inicios del siglo XX.

Con relación a la deuda, los estimados elaborados por Javier Tantaleán suman 132.012.854 pesos, aproximadamente 26.000.000 de libras esterlinas, el monto de los empréstitos contraídos por el Estado peruano entre 1846 y 1878; mientras que la salida de capitales por concepto de pago de la deuda durante ese mismo periodo fue de 263.841.807 pesos, cerca de 52.000.000 de libras esterlinas.[26] Este último monto no incluye los 275.125.260 pesos, 55.000.000 de libras esterlinas, que corresponden a la deuda externa acumulada en 1878. Por consiguiente, los préstamos operaron en la práctica como una fuente de drenaje externo del excedente generado en el país. Por otra parte, los cálculos de Hunt estiman en 235.518.000 soles, 47.000.000 de libras esterlinas, el ingreso nacional en los años 1876-1877.[27] Si se recuerda, además, que la deuda externa del Perú en julio de 1878 ascendía a 36.950.500 libras esterlinas,[28] al confrontar

26. Tantaleán 1983: 206.

27. Hunt 1973: 95.

28. Clarke 1877: 7.

ambas cifras se puede percibir que el peso de la deuda representaba cerca del 77% del ingreso.

En el caso de los ferrocarriles, su construcción había demandado la inversión de 20.876.350 libras esterlinas; pero los informes sobre su rendimiento durante el segundo semestre de 1877, después de deducirse los gastos de operaciones, daban una ganancia de 350 libras esterlinas. "No es pues un resultado estimulante", fue el lacónico comentario del embajador inglés Spencer St. John.[29]

Asimismo, hay que señalar otro problema: el impacto que tuvo esta crisis fiscal en los así llamados sectores reales de la economía y en el nivel de ingresos de la población. En tal sentido resulta útil comenzar examinando la composición del comercio de exportación del Perú en 1878. Para ese año, el valor de las exportaciones fue de 25.798.236 soles, mientras que las importaciones alcanzaron los 35.287.487.[30] El déficit fue, por consiguiente, de 9.400.000 soles y, a la vez, las exportaciones comprendieron los productos y los valores aproximados siguientes:

Productos	Soles
Azúcar	12.000.000
Minerales	5.500.000
Lanas de alpaca	4.000.000
Lanas de vicuña	1.000.000
Algodón	1.000.000
Lanas de oveja	350.000[31]

De los productos arriba mencionados, la producción de algodón y de azúcar fue posible gracias a las condiciones favorables del mercado internacional desde 1860, y su financiamiento, en parte, estuvo inducido por la explotación guanera. El salitre, como veremos más adelante, fue un fertilizante que desde 1870 comenzó a desplazar

29. Bonilla 1975, vol. I: 196-199.

30. Basadre 1961, vol. V: 2250.

31. Ibíd., p. 2251.

al guano en el mercado internacional; mientras que la lana de los ovinos y auquénidos, desde 1820, se convirtió en el producto tradicional de exportación de la sierra sur peruana. Examinemos, por consiguiente, su comportamiento en el contexto de la crisis financiera desatada desde 1872.

En el caso del azúcar, la producción muestra un sorprendente crecimiento: de 4500 toneladas, en 1871, a 63.370 toneladas, en 1877.[32] En el caso del algodón, desde 1857 hasta 1873 se observa un crecimiento sorprendente medido en función del volumen de exportación a Inglaterra. En el primer año se exportaron 8765 cwt, mientras que en 1873 las exportaciones llegaron a 99.492 cwt Desde 1874 a 1878, sin embargo, se produce un descenso muy pronunciado. Las exportaciones en el último año solo alcanzaron los 37.383 cwt, pero este descenso ocurre como consecuencia de la sustitución del cultivo del algodón por el azúcar ante la recuperación de la producción algodonera de los Estados Unidos y la coyuntura favorable del azúcar en el mercado internacional.[33] En el caso de la plata, el principal mineral extraído, su producción se mantuvo estacionaria. En 1874, las minas de Cerro de Pasco produjeron 1.395.936 onzas y en 1877, 1.427.592;[34] y, si bien en la década siguiente este estancamiento originaría un irreversible declive, las razones de esta crisis hay que buscarlas más allá de las fronteras del Perú. En el caso de las lanas de alpaca, finalmente, el volumen de las exportaciones se mantuvo estancado, sin embargo, en relación con su valor se aprecia una tendencia decreciente. En 1875 se exportaron 3.982.859 libras de lanas por un valor de 528.412 libras esterlinas; mientras que en 1877, el volumen de lo exportado fue de 3.561.806 libras por un valor de 362.622 libras esterlinas.[35]

En consecuencia, los elementos hasta aquí analizados no permiten concluir, de manera definitiva, que el derrumbe de las finanzas públicas tuvo un impacto inmediato y automático sobre la producción.

---

32. Basadre 1961, vol. V: 2251.

33. Bonilla 1977: 185-186.

34. Bonilla 1975: 184.

35. Ibíd., p. 181.

En el caso del sector minero, Shane Hunt encontró que en 1875 las minas de Cerro de Pasco produjeron rendimientos negativos de -11,75% para sus propietarios;[36] sin embargo, el mismo Hunt señala que esto fue el resultado de deficiencias casi estructurales como eran la escasez de capitales y las insuficiencias tecnológicas. Uno se pregunta si es este proceso el que tenía en mente el ministro Juan I. Elguera cuando en su Memoria al Congreso de 1876 indicaba:

> Por compensación, todas las industrias, susceptibles de inmediato ensanche, han elevado considerablemente sus productos. La exportación del azúcar se ha duplicado en cuatro años. La del salitre está duplicada en el mismo periodo; y aun cuando hasta ahora no se sienten bastante los efectos de los diversos trabajos emprendidos en los ramos de la minería, ya se percibe el afanoso empeño, con el espíritu de empresa se dirige a su explotación. La exportación de los puertos del Perú, sin contar con el guano, excede hoy los cuarenta millones de soles, dos terceras partes de los cuales están representadas por el salitre y los azúcares. Obsérvese también cómo va dicha considerable mejora en la posición de muchas industrias nacionales, algunas de las que ha favorecido al Gobierno de una manera indirecta, como sucede con las fábricas de tejidos de paño y tocuyo que visten al ejército.
>
> Las exportaciones del mineral en bruto se encuentran bien protegidas por la baja de las tarifas, hasta su mínima expresión, decretada en todos los ferrocarriles del Estado.
>
> La industria vinícola, también especial objeto de la atención del Gobierno, va reemplazando cada día más en el consumo de las clases menos favorecidas de la sociedad al producto de las viñas extranjeras.
>
> Resumiendo: en esta grave crisis por la que, tarde o temprano, debía pasar el Perú y tanto había preocupado desde años atrás a todos los hombres sensatos y previsores, y en el seno mismo de desgracias inevitables, viene envuelto un grande y profundo principio de vida [...].[37]

---

36. Hunt 1973: 50.

37. *Anales*, vol. X: 268.

Con todo, no se puede obviar que la creciente escasez de capitales redujo drásticamente la fuente de crédito para las unidades productivas, particularmente las empresas azucareras cuya producción estuvo siempre financiada por el capital mercantil y por el financiero, dada la propensión de los azucareros a expatriar sus utilidades más que a reinvertirlas en las haciendas. Al respecto, Garland estima que las deudas contraídas por las haciendas azucareras frente a los bancos ascendían en 1875 a 17.500.000 soles.[38]

Desde el punto de vista del impacto de la crisis en el ingreso de la población la situación es más compleja. Para analizarla hay que partir de las estimaciones hechas por el profesor Hunt sobre el impacto de la explotación del guano entre 1854 y 1869. Según Hunt, durante esos años, en el caso de la ciudad de Lima, los salarios reales se incrementan en un 50%, a un promedio de 3% por año.[39] Sin embargo, Hunt reconoce que todos los otros indicadores del crecimiento económico, al no concordar con este incremento de los salarios reales, sugieren más bien un muy débil, y en el mejor de los casos espacialmente localizado incremento. Asimismo, hacia 1872 William Clarke, el enviado especial de una fracción de los *bondholders* ingleses, encontró que los salarios de los funcionarios se encontraban impagos a causa del déficit fiscal y que tal malestar era compartido por la población asalariada como consecuencia del efecto combinado de la devaluación y de la inflación.[40] Con relación al dramático incremento de los precios desde 1872, proceso que seguramente erosionó la capacidad adquisitiva de la población vinculada al mercado monetario, todas las evidencias de la época concuerdan.

Desafortunadamente, la inexistencia de estudios sobre la evolución y la distribución del ingreso, así como de las fluctuaciones de los precios para todo este periodo, impiden obtener conclusiones más seguras y matizadas. Por tal motivo, solo cabe sugerir dos posibilidades finales. La primera tiene que ver con el volumen de la población sensibilizada por la crisis. Sobre un total de 2.704.998 habitantes,

38. Garland 1895: 12.

39. Hunt 1973: 88.

40. Clarke 1877: 7.

de acuerdo con el censo de 1876, Hunt estima en 1.309.495 el volumen de la fuerza de trabajo.[41] No estoy en condiciones de discutir la precisión de sus estimados pero, dado el perfil de la economía peruana de la época, tal cifra parece exagerada. Pero exageraciones aparte, es necesario tener en cuenta que, antes de la guerra con Chile, una fracción importante de la población formaba parte de unidades domésticas autosuficientes, o eran trabajadores que aún mantenían los vínculos con sus comunidades campesinas y, por consiguiente, conservaban el acceso a sus parcelas de cultivo. En consecuencia, dadas esas circunstancias pudieron contar con mecanismos de protección frente a la crisis. La otra observación gira en torno a la pregunta: ¿Crisis, para quién? Como ocurre siempre, frente a las crisis las desigualdades se manifiestan y las crisis mismas profundizan estas brechas. Solo así puede explicarse las extravagancias en las fiestas de la élite en 1873.[42]

Para terminar, es necesario analizar las medidas tomadas por el Estado peruano durante el gobierno civilista para enfrentar esta crisis. Las medidas adoptadas eran aquellas sobre las que el Gobierno estaba en condiciones de operar, en algunos casos como resultado de opciones explícitas y en otros forzados por las circunstancias; sobre todo, la reducción de los gastos, pero sin que esto significara eliminar el déficit fiscal. Luego, aunque seguramente sin la obsesión de un monetarista contemporáneo, la meta era cerrar la brecha del déficit fiscal. Esta política fue subrayada con mucho vigor por Pardo desde 1872 y se convirtió en una permanente preocupación de los ministros de Hacienda que lo sucedieron, a tal punto que terminaron optando por la emisión orgánica de papel moneda frente a la reducción de las fuentes tradicionales de ingreso público. Lo anterior, a su vez, generó una dependencia muy estrecha del Estado ante la banca privada nativa, lo cual trató de corregirse mediante el intento de la creación de un Banco Central y de la intervención del sistema bancario. Finalmente, el Estado se vio obligado a suspender

---

41. Basadre 1961, vol. V: 2034.

42. Hunt 1973: 95.

la construcción ferroviaria y, como ya se ha visto, a descontinuar el servicio de la deuda externa.

Las medidas eran ciertamente contingentes. Por eso, la alternativa mejor programada frente a una crisis anunciada fue la política diseñada por Pardo en 1872 frente al salitre. Hasta 1870, el Perú exportaba salitre a Inglaterra por debajo de las 50.000 toneladas,[43] pero a partir de esa fecha tanto la producción como la exportación se incrementan en los volúmenes indicados a continuación:

Año	Producción total	Exportaciones		Precios en Europa por tonelada	
		Inglaterra (en miles de toneladas)	Europa	(libras esterlinas)	(soles)
1871	163,9	65,0	46	15	10
1872	200,9	68,3	95	15	5
1873	284,7	108,8	102		5
1874	253,7	94,7	123	12	5
1875	326,9	149,0	133	11	15
1876	320,5	153,3	142	11	10
1877	214,0	62,4	135	14	15
1878	s.d.	83,4	146	14	10
1879	s.d.	43,9	150		s.d.

Fuente: Greenhill y Miller 1973: 110.

Dada la disminución y la baja calidad del guano exportado desde 1870, la idea propuesta por Pardo de reemplazar al guano por el salitre como base de la economía de exportación era ciertamente razonable. Sin embargo, mientras que la propiedad del guano pertenecía al Estado, el salitre y las oficinas dedicadas a la extracción eran propiedad privada. Por consiguiente, para evitar que la competencia entre ambos fertilizantes influyera de manera negativa en los precios era indispensable que el Estado regulara su producción. Este objetivo se logró, primero, a través del establecimiento de los estancos en 1873.

43. Bonilla 1877: 170-171.

Dicha disposición le permitía al Estado peruano comprar el quintal de salitre a 2,4 soles, además los salitreros que no quisieran acogerse a este plan podían continuar exportando salitre a condición de pagar al Estado la diferencia entre el precio de monopolio y el precio de venta. No obstante, a fines del mismo año el plan fue suspendido como consecuencia de la oposición de los salitreros, de una crisis política y de la caída de los precios del salitre. Dos años más tarde, el 28 de mayo de 1875, se produjo finalmente la expropiación por la cual el Estado compró gran parte de las salitreras mediante la emisión de certificados a dos años, con una tasa de interés del 8% y un fondo de amortización del 4%. El control de las operaciones fue transferido a los bancos, como parte de los arreglos que el Gobierno estableció con el capital para seguir contando con su respaldo; pero aquí los factores de mercado y la competencia ofrecida por el salitre boliviano debilitaron el monopolio del Estado peruano. La casa Gibbs, la consignataria para el salitre, informó en 1877 que el fertilizante expropiado, después de deducidos los costos de producción, de transporte y de las comisiones, produjo para el Estado peruano solo 4 peniques por tonelada sobre un precio de venta de 14 libras esterlinas y 6 chelines por el mismo volumen.[44] Más bien, la situación del salitre, añadida a la cuestión de la deuda externa, se convertirá en un importante factor en el desencadenamiento de la guerra de 1879.

Luego de este análisis queda claro que la guerra de 1879 fue el desenlace casi natural de una política de permanente improvisación, generada en gran medida por la renta del guano, y en la cual la crisis de 1872 no fue sino una, sin duda la más dramática, de sus expresiones. Más allá de las contingencias que han sido analizadas en las páginas precedentes, la razón de fondo de esta crisis fue paradójicamente la misma que proyectó el espejismo de la opulencia de la era del guano. Créditos fácilmente obtenidos gracias a la existencia fortuita de un inesperado recurso, que era por lo mismo extinguible. Fácil sería, desde la perspectiva contemporánea, cuestionar el modelo de crecimiento y las opciones tomadas por la clase dominante en el

44. Greenhill y Miller 1973: 124.

pasado; pero no siempre resulta clara la separación entre la voluntad de los hombres y las exigencias de una estructura. Que por lo menos una alternativa diferente fue pensada, lo dicen las recomendaciones de Juan Copello y Luis Petriconi,[45] para quienes la solución a la crisis consistía en producir más y consumir menos; por lo que recomendaban la organización del trabajo por la iniciativa del pueblo y la protección del trabajo por iniciativa del poder público. El problema, ayer como hoy, es saber si esas recomendaciones eran factibles en el marco económico y político del Perú de 1872.

45. Copello y Petriconi 1971.

V / Dimensión internacional de la Guerra del Pacífico

El origen inmediato de la guerra es, en realidad, bastante sencillo de resumir. El 14 de febrero de 1878, el Gobierno boliviano impuso un impuesto de 10 centavos por cada quintal de salitre exportado entre los paralelos 23 y 24, en pleno desierto de Atacama, quebrando de esta manera, a juicio del Gobierno chileno, el compromiso establecido en 1872 y en 1874, por el cual el paralelo 24 había sido reconocido como frontera entre Chile y Bolivia a condición de que este último renunciara por los próximos veinticinco años, en 1874, a toda nueva imposición. La respuesta chilena fue la ocupación de Atacama exactamente un año después.

En 1873, el Gobierno peruano, por iniciativa de Bolivia, había celebrado un tratado bilateral de defensa recíproca. La decisión boliviana, esta vez, fue en respuesta a la expedición de Quintín Quevedo, armada y financiada en Valparaíso, en contra del Gobierno boliviano. Se pensaba que el respaldo del Perú evitaría la repetición de aventuras de este tipo.[1] Es difícil entender por qué Perú rápidamente aceptó esta iniciativa. Probablemente, la mejor respuesta se encuentre en la carta que el entonces ministro de Relaciones Exteriores del Perú, el

1. Querejazu 1978: 245-257.

Sr. José de la Riva-Agüero, escribiera al embajador peruano en La Paz en septiembre de 1873:

> La única política que conviene a Bolivia es definir cuanto antes su situación con Chile. Prolongar el estado actual de cosas es perder el litoral o consentir en que se explote en común para que más tarde Chile se lo anexe. La consecuencia de esto sería un grave peligro para nosotros, no de perder Tarapacá y Arica, porque creo que primero sucumbiríamos todos los peruanos antes de consentir en ello, sino de una guerra, en la que (eventualmente) Bolivia pudiese convertirse en aliada de Chile. Este temor me ha preocupado hace tiempo y es el que me ha guiado en las negociaciones hasta llegar al tratado de febrero...[2]

La motivación fundamental, por consiguiente, se debió al temor peruano de que Chile pudiera establecer un pacto militar con Bolivia que perjudicara a los intereses del Perú. Ante la ocupación militar chilena de Atacama, el Gobierno boliviano hizo que Perú asumiera el compromiso establecido en el tratado de 1873.

¿Cuál era la situación de los beligerantes en vísperas del conflicto? Bolivia, hasta 1870 aproximadamente, desde el punto de vista económico no tenía mayor significación. Pero a partir de ese año comienza una vigorosa resurrección de su comercio de exportación, particularmente a través de la producción y la exportación de la plata, convirtiéndose en uno de los primeros productores de mineral argentífero en el mundo. Esta actividad económica, localizada geográficamente en el litoral boliviano, había movilizado el flujo de fuerza de trabajo y de capitales chilenos y británicos. Una de las principales empresas era la Compañía de Salitres y Ferrocarriles de Antofagasta. Sus relaciones con Inglaterra, como consecuencia del poco interés que Bolivia tenía en el mercado internacional y en respuesta a la ofensa a uno de los funcionarios ingleses, se interrumpieron en 1853 por un periodo de cincuenta años.

En el caso peruano la situación era mucho más compleja. El Perú, desde 1840, empezó a vivir de la explotación y de la exportación del

---

2. Ibíd., p. 247.

guano. El guano había sido el garante de una extraordinaria política de endeudamiento externo. Con su hipoteca, el Estado peruano pudo levantar los empréstitos de 1849, 1853, 1862, 1865, 1870 y 1872.[3] En 1872, cuando el gobierno de Pardo emite el empréstito por 36.000.000 de libras esterlinas, el Perú se convierte en uno de los primeros deudores del mundo, con la desventaja de que ese mismo año la división latinoamericana del Stock Exchange, en Londres, decide no atender ningún préstamo en esta región. Dos años más tarde, en 1874, el agente financiero del Gobierno peruano, el señor Dreyfus, le comunica al Estado que va a atender la amortización de estos empréstitos y el pago de sus intereses solamente hasta 1876. En 1876, por consiguiente, el Perú regresa a la situación en que se encontraba en 1824: la bancarrota financiera.

Este proceso de endeudamiento se había generado como consecuencia de los ingresos derivados de la venta del guano, los cuales, en lugar de constituirse en recursos directos para el Estado, en la práctica eran recursos depositados en el Banco de Londres para atender los diferentes servicios inherentes a esta deuda. El guano, por consiguiente, estuvo enteramente hipotecado al conjunto de acreedores externos. En 1866, estos organizaron la Corporation of Foreign Bondholders, como un organismo de presión para obtener de los Estados extranjeros el reembolso de sus préstamos. Pero lejos de constituir un cuerpo homogéneo, los acreedores del Perú estuvieron profundamente divididos, particularmente sobre quién o quiénes tenían derecho prioritario en el cobro del reembolso.[4] Problema semejante separaba al conjunto de tenedores de bonos europeos, por una parte, y Dreyfus quien era, a la vez, vendedor de guano y prestamista del Perú. A todo ello se añadía otra situación. En 1875, el gobierno de Pardo monopolizó y luego expropió los yacimientos salitreros de Tarapacá, cuyos propietarios debieron aceptar "certificados" como reconocimiento de la deuda. Ellos transfirieron sus actividades a Tocopilla, Bolivia, y recibieron también el ofrecimiento

3. Bonilla 1977, vol. 5: 4-10.

4. Los aspectos jurídicos en la cuestión de la *prioridad* en el reembolso han sido ampliamente discutidos por Wynne 1951, vol. II.

del Gobierno chileno para operar en Taltal, Valparaíso. Durante la guerra presionaron en Santiago para que la bandera chilena flameara en toda la costa con salitre.[5]

En Chile, la situación era distinta. Desde el momento mismo de la Independencia, una clase dirigente había efectivamente constituido un Estado nacional. Su crecimiento económico, pese a la recesión de 1857-1861 y a los efectos de la gran depresión de 1870,[6] no había tenido el carácter errático presentado por el crecimiento de Bolivia y de Perú. Su propio crecimiento, apoyado por el capital británico, había impulsado su expansión hacia Atacama y Tarapacá. Además de los problemas fronterizos que tenía con Bolivia, el control de la Patagonia era motivo de una ardiente disputa con la Argentina. La tensión entre estos países se acentúa el 23 de julio de 1881, en plena guerra con el Perú, cuando Chile renuncia a la Patagonia y Argentina reconoce la soberanía chilena sobre el estrecho de Magallanes.[7] De allí la preocupación del Gobierno chileno, cuando sus tropas toman el desierto de Atacama, por obtener a toda costa que el Gobierno peruano renuncie, en primer lugar, al tratado de alianza secreta —que de "secreta" en realidad no tenía sino el nombre— y que, en segundo lugar, declare su absoluta neutralidad ante el conflicto.

Expuesta la estructura múltiple de intereses envueltos en la Guerra del Pacífico, importa ahora reconstruir, de manera muy puntual, el comportamiento de sus agentes a lo largo del conflicto.

Las dos tesis en el problema de la dimensión internacional de la guerra con Chile son o fueron las siguientes: la primera, expuesta por el grueso de la historiografía nacional de estos países, adjudica a la historia de los diez centavos el efecto desencadenante del conflicto. No existe, por consiguiente, una dimensión internacional. La segunda, asociada a una historiografía de signo radical, plantea por el contrario que en el fondo la guerra de Chile contra el Perú era una guerra de Gran Bretaña. En esta tesis conspiratoria, los ejércitos peruano, chileno y boliviano serían una suerte de marionetas, cuyos

5. Dermis 1967: 73-74.

6. Carriola y Sunkel 1977: 273-277.

7. Burr 1967: 155.

hilos habrían estado manipulados magistralmente desde afuera. Evidentemente, ni una ni otra son apreciaciones correctas; la realidad histórica, como siempre ocurre, es irreductible a este tipo de simplezas. Veamos por qué.

La historia de la participación francesa en la guerra con Chile está virtualmente asociada a la intervención del señor Dreyfus y de sus intereses en el conflicto; y esta se expresa en el deseo del Gobierno peruano de obtener fondos adicionales de Dreyfus para organizar la resistencia en un periodo en que el crédito externo estaba cerrado, a cambio de que el Estado reconociera formalmente su deuda con el comerciante francés.

En octubre de 1879, el presidente Prado envió a París a Manuel de Goyeneche y Francisco Rosas para negociar un nuevo contrato de venta del guano en reemplazo del que ya existía con la compañía Peruvian Guano Co. El 7 de enero de 1880, estos emisarios suscribieron un contrato con un grupo financiero, la Société Générale de Crédit Industriel et Commercial. La Société Générale, mediante el pago de una regalía, se comprometía a explotar todo el guano del Perú y a transferir el 80% del producto neto de estas ventas en favor de los tenedores de bonos de 1870 y 1872. Cuando se firma este contrato, si bien Chile ya controlaba los depósitos de guano, aún se dudaba sobre sus intenciones definitivas. Los *bondholders* (tenedores de bonos) europeos, pensando en sus intereses, decidieron no enemistarse con el Perú y apoyar el contrato Rosas-Goyeneche. Los tenedores ingleses, en cambio, lo rechazaron. Cuando Piérola reemplaza a Prado y establece la dictadura, promulga, el mismo día en que se celebra el contrato Rosas-Goyeneche-Société Générale, un decreto por el cual confisca a Dreyfus los depósitos de guano existentes en el exterior y anula los arreglos celebrados por los comisionados de Prado. Con el pretexto de que estos se habían excedido en sus poderes, procedió igualmente a confiscar sus propiedades en el Perú. Asimismo, hay que señalar que Piérola, mediante la transferencia de los ferrocarriles a los *bondholders*, prevé la consolidación de todas las anteriores deudas externas en una sola y la extinción de gran parte de ellas.[8]

8. Wynne 1951: 143.

Durante el gobierno de Prado, Dreyfus permanentemente había demandado el pago de su deuda. Debido al cierre de la división latinoamericana de la bolsa de Londres, Piérola, quien necesitaba encontrar recursos para organizar la resistencia, no tuvo otra alternativa que recurrir a Dreyfus a cambio de un reconocimiento formal del monto de la deuda. Por tal motivo, el 4 de junio de 1880, al mismo tiempo que anula el contrato del 14 de abril de 1879, le reconoce a Dreyfus una deuda de 3.214.388 libras esterlinas. La reacción del Gobierno inglés está expresada en la carta del Ministerio de Relaciones Exteriores a su embajador en Lima: "[...] constituirá (el acuerdo) una gruesa violación de los derechos de los *bondholders*".[9]

Sin embargo, ninguno de los acuerdos de Piérola con Dreyfus tuvo efectos positivos en los ingresos del Estado. Cuando, a su vez, el señor Francisco García Calderón, quien había sido abogado del señor Goyeneche, reemplazó a Piérola en el gobierno, al mismo tiempo que Rosas se convertía en embajador de Perú en París, se abrió una nueva posibilidad para que la Société Générale de Crédit Industriel et Commercial se movilizara en defensa de sus intereses. En realidad, la Société Générale y Dreyfus necesitaban que el Perú retuviera el guano y el salitre; y la única manera de lograrlo era a través de la colaboración de los Estados Unidos. Por tal motivo, estuvieron dispuestos a nombrar una casa norteamericana como encargada de la comercialización del guano. De hecho, tal agencia fue prometida al Sr. Levi. P. Morton, uno de los pilares del Partido Republicano, quien viajara a París como embajador de los Estados Unidos.[10] En adelante, se produjo una conjunción en la práctica entre los intereses de Francia y de EE. UU.

En lo que concierne a la intervención de los Estados Unidos, su premisa se basaba en los supuestos ideológicos de la doctrina Monroe. Sin embargo, a diferencia de Francia y, sobre todo, Inglaterra, quienes tenían fuertes intereses económicos tanto en Perú como en Chile, hacia 1879 las relaciones económicas entre Perú y Estados Unidos no eran muy notables. Inglaterra, con justificada razón,

---

9. Marqués de Salisbury al Mr. St. John, Londres, 16 de mayo de 1879.

10. Kiernan 1955: 14-36.

consideraba que la intervención norteamericana cubría muy mal los intereses económicos más comunes. Como lo manifestara el encargado de negocios inglés en Washington el objetivo era:

> [...] obtener el comercio de Sudamérica, ahora en manos de los países europeos, para los Estados Unidos, quienes consideran que el conjunto del comercio sudamericano debía pertenecerles... e indudablemente al congraciarse con Chile y el Perú en la actual coyuntura, confía en ganar ventajas comerciales sobre las naciones que comercian con ellos.[11]

De una manera mucho más consistente, la intervención norteamericana en el conflicto comienza el 29 de julio de 1880, cuando el secretario de Estado de Estados Unidos, el señor Evarts, al conocer las iniciativas de las potencias europeas, instruye a sus embajadores para que propongan la mediación norteamericana. En el cable al embajador Osborn en Santiago escribe:

> Presiona en el gobierno chileno nuestro deseo de ayudar en la restauración de la paz en términos honorables entre las naciones de las cuales somos sincera e igualmente amigos. Una instrucción similar es enviada hoy a Lima.[12]

Tres meses más tarde, el mismo Osborn auspicia una reunión en Arica con los representantes de Bolivia, Chile y Perú, juntamente con los embajadores norteamericanos en estos tres países a bordo del barco *Lackawanna*. Esta reunión fracasó desde sus inicios debido a las demandas del representante chileno (cesión a Chile de los territorios al sur del valle de Camarones, pago de 20.000.000 de dólares, y retención de Moquegua, Tacna y Arica), y más bien sirvió para que los delegados de Chile y Bolivia examinaran la posibilidad de una paz por separado.[13] Los Sres. Adams y Christiancy, embajadores norteamericanos ante Bolivia y el Perú respectivamente, consideraron

11. Ibíd., p. 23.
12. Senate Documents, 47th. Congress, 1st. session. vol. IV, doc. 79, p. 116.
13. Kiernan 1955: 406-418.

que la mediación norteamericana fue ineficaz por la actitud del embajador Osborn quien, a su juicio, hizo de los representantes norteamericanos meros observadores. El secretario Evarts, le reprochó esta actitud a Osborn en una carta cuya copia fue presentada a los países en conflicto.

La reacción chilena a la intervención norteamericana no se hizo esperar. El periódico *La Patria* de Valparaíso resumía en su titular "Una mediación tan absurda como peligrosa" la opinión de muchos sectores de la opinión pública chilena.

Luego del fracaso de la conferencia en el *Lackawanna*, las características de la intervención norteamericana traducen los cambios en la administración estadounidense. El nuevo presidente, Garfield, nombra a Blaine, en marzo de 1881, como secretario de Estado; mientras que Kilpatrick reemplaza a Osborn y Hurlbult a Christiancy en las legaciones norteamericanas de Chile y de Perú.

Con Blaine empieza una política mucho más persuasiva y consistente; ya que Estados Unidos intentaba lograr que el Perú restableciera la paz con Chile sin cesión territorial, para evitar así la intervención europea en el conflicto. Estos objetivos están expresados en las instrucciones remitidas por Blaine a su embajador Kilpatrick en Lima, el 15 de junio de 1881:

> [...] Sin entrar a discutir sobre las causas de la última guerra entre Chile, de una parte, y Perú y Bolivia, de otra, este gobierno reconoce el derecho que la conducta exitosa de la guerra ha conferido sobre Chile; al hacerlo, no voy a proceder a estimar el alcance hasta el cual el gobierno chileno tiene derecho de realizar sus cálculos sobre las indemnizaciones que merece, como tampoco la seguridad que en el futuro requieran sus intereses. Pero si el gobierno chileno, como lo han declarado sus representantes, busca solamente una garantía para la paz futura, parecería natural que Perú y Bolivia fueran permitidos ofrecer tal indemnización antes que se insista en la anexión del territorio, que es el derecho de conquista. Si estos países dejan de ofrecer lo que es una razonablemente suficiente indemnización y garantía, entonces es un tópico justo de consideración si tal territorio no puede ser anexado como el precio necesario de la paz... Mientras que el gobierno de los Estados Unidos no pretende expresar una opinión si tal anexión es o

no una consecuencia necesaria de esta guerra, cree sin embargo que sería más honorable para el gobierno chileno, más orientado hacia la seguridad de una paz permanente y más en consonancia con aquellos principios que son profesados por todas las repúblicas de América, que tales cambios territoriales sean evitados tanto como sea posible [...] En cualquier representación que Ud. formule, Ud. dirá que la esperanza de los Estados Unidos es que las negociaciones por la paz serán conducidas, y un arreglo final establecido, sin que cada parte invoque la ayuda o la intervención de cualquier poder europeo.[14]

Las directivas centrales de Blaine, paz sin cesión territorial o, al menos, anexión de territorio, pero no antes de haber ofrecido a Perú y Bolivia la posibilidad de pagar una indemnización, tuvieron la ocasión de ser reiteradas en el memorándum redactado por Hurlbut al Almirante Lynch el 25 de agosto de 1881.[15] Este memorándum provocó una enérgica protesta por parte de la legación chilena en Washington, al mismo tiempo que Hurlbut era amonestado por Blaine por la redacción de un protocolo para el arriendo de una estación de carbón en Chimbote y la compra del ferrocarril de la región. El ferrocarril de Chimbote debía ser adquirido por una empresa norteamericana y Hurlbut debía actuar como garante hasta que dicha compañía se formara.

En septiembre de 1881, el mismo Hurlbut en una carta a Blaine expresa su convicción de que Chile hará de la cesión de Tarapacá, una condición *sine qua non* para el establecimiento de la paz, y que el Perú solo tendrá la oportunidad de pagar una indemnización monetaria para evitar el desmembramiento de su territorio si, en la opinión del embajador norteamericano en Lima, Estados Unidos formula esta petición al más alto nivel. En esta misma carta, el funcionario norteamericano revela el porqué de la intervención norteamericana:

A mi juicio, no está en el interés de los Estados Unidos que existiera en Sudamérica un poder preponderantemente vasto, y mucho menos si

14. Kiernan 1955: 157-159.

15. Ibíd., pp. 516-517.

> tal preponderancia será adquirida, no por un desarrollo y crecimiento regular, sino por medios militares y violentos.[16]

Los esfuerzos realizados por el Departamento de Estado de los Estados Unidos para implementar su mediación entre los países en conflicto, muchas veces eran distorsionados por el comportamiento de sus representantes en Chile y Perú. Por esta razón, y como consecuencia de la enfermedad de Kilpatrick, el secretario de Estado Blaine nombró, el 30 de noviembre de 1881, al Sr. William Henry Trescot como enviado especial ante las tres naciones en guerra. Esta decisión, en favor de la intervención norteamericana, fue también un pedido del presidente francés Jules Grévy, como un paso previo para la celebración de una reunión panamericana programada para noviembre de 1882 en Washington. En las instrucciones impartidas por Blaine a su enviado especial, el secretario de Estado reiteraba, una vez más, los grandes lineamientos de la posición norteamericana en el conflicto.[17]

Esta mediación norteamericana que obedecía, como Hurlbut lo reconociera, al deseo de prevenir en el hemisferio la emergencia de una potencia que desafiara su potencial hegemonía, también reposaba en la obstinación personal de un hombre que no estaba exenta de riesgos que pudieran provocar su revisión. El asesinato del presidente Garfield y su reemplazo por Arthur, y las acusaciones a la gestión de Blaine que terminaron en su renuncia y su relevo por Frederick T. Frelinghuysen en enero de 1882, propiciaron un cambio radical en la actitud de los Estados Unidos frente al conflicto y a las modalidades para establecer la paz. En efecto, pocos días después de su nombramiento, Frelinghuysen instruyó a Trescot para que asumiera una actitud mucho más comprensiva frente a Chile. Estas nuevas instrucciones le fueron comunicadas al enviado especial directamente por el ministro Balmaceda el 31 de enero de 1882, quien se había informado del cambio de la política norteamericana mediante un

---

16. Senate Documents, 47th. Congress, 1st. session. vol. IV, doc. 79, pp. 525-526.
17. Ibíd. pp. 176-179.

cable enviado prestamente por Martínez, el embajador chileno en Washington:

> Instrucciones Blaine a Trescot publicadas. Ellas piden instrucción sobre la supresión de Calderón; las di aquí. Frelinghuysen dice por escrito que está satisfecho. Este en nuevas instrucciones, muy favorables, a Trescot revoca las instrucciones de Blaine con relación al uso de buenos oficios intervencionistas. Le ordena limitarse a una sugerencia amigable de actitud neutral, pidiéndole que no se ofenda si Chile rechaza. No dictar ni promover paz. Que no es una cuestión de justicia, ni considere exigencias, ofrecimientos de términos ni alteraciones de fronteras, tampoco quién será presidente del Perú. El Congreso Americano (Pan-American) no será convocado – M.[18]

En concordancia con estas nuevas instrucciones, el 11 de febrero de 1882, en Viña del Mar, Trescot y Balmaceda redactaron un nuevo protocolo sobre las condiciones de paz, documento que, si bien no fue aprobado por el Gobierno norteamericano, muestra, sin embargo, el nuevo espíritu con que ahora actuaba Chile. Después de dejar explícitamente establecido que:

> Los Estados Unidos eliminan de toda discusión la posibilidad de una intervención armada y que ofrecerían mediación solo en el caso que los beligerantes mostraran un deseo de obtenerlo...[19]

El protocolo establecía, entre otras, las siguientes condiciones de paz:

1.° Cesión a Chile de todo el territorio peruano situado al sur de la quebrada de Camarones.

2.° Ocupación de la región de Tacna y Arica por diez años. El Perú quedaba obligado al pago de 30.000.000 de pesos a la expiración de ese plazo.

---

18. Caivano 1904: 162.

19. Executive Documents, 47th Congress, 2nd. Session, vol. I, pp. 83-84.

> 3.º Chile ocupará las islas de Lobos, tanto como exista guano en ellas; el producto neto del guano y de las minas descubiertas y trabajadas en Tarapacá será dividido por igual entre Chile y los acreedores del Perú.[20]

En términos similares, el 13 de noviembre de 1882 el nuevo embajador norteamericano en Chile, Cornelius Logan, en una carta a Lizardo Montero le pide que acepte el ofrecimiento chileno de pagar 10.000.000 de dólares por Tacna y Arica tan rápido como sea posible. Toda demora, piensa Logan, puede motivar la cesión a Chile de Tacna, Tarapacá y Arica sin compensación alguna. Termina esta extraña carta manifestando:

> El distrito de Tacna y Arica no tiene sino un pequeño valor intrínseco —no hay guano, no hay nitratos—, salvo posibilidades agrícolas muy pequeñas. Ni siquiera es importante para el Perú como punto militar para la protección de su territorio. Aún más, Chile ofrece pagar al Perú dos tercios de la suma pagada por los Estados Unidos por un territorio incomparablemente más grande en extensión y en riqueza que Tacna y Arica.[21]

Tanto el protocolo de Viña del Mar como la carta de Logan expresan una posición muy lejana a la que inicialmente asumiera Estados Unidos, sobre todo durante la administración de Blaine. La virtual renuncia a toda mediación devuelve al campo chileno toda iniciativa sobre las condiciones de la paz con el Perú. Pero Chile, a su vez, no solo podía contar con la supremacía de sus armas, sino que debía tomar en cuenta la reacción de los múltiples intereses comprometidos en el conflicto, particularmente los ingleses. En cualquier caso, la temprana intervención norteamericana en el Perú mantuvo la esperanza sobre su apoyo, sentimiento que asociado a la irreductible actitud de Cáceres determinó la prolongación del conflicto pese a la derrota formal del ejército peruano. La bancarrota de la diplomacia norteamericana durante la guerra, uno de los capítulos más

---

20. Ibíd.
21. Executive Documents, 47th. Congress, 1st. session, vol. I, nº 1 Pt. 1, pp. 86-87.

desafortunados de su historia en la opinión de Millington,[22] fue por otra parte el resultado lógico del vacío en el que operaba y, tal vez, de la ineptitud de sus agentes. Será Spencer St. John, el ministro inglés en Lima, quien se encargará de emitir el juicio definitivo sobre la conducta de los diplomáticos norteamericanos:

> El resultado de la interferencia de estos hombres no entrenados en los asuntos internacionales, sobre los cuales no comprendieron completamente, fue una demostración de una arrogante incapacidad... La explicación es muy simple... muchos de los agentes norteamericanos que he conocido fueron directa o indirectamente comprados por los gobiernos ante los cuales estuvieron acreditados. Puedo dar detalles de nombres y circunstancias si fuera considerado útil.[23]

Queda ahora por examinar el problema de la participación de Inglaterra. Aquí es necesario establecer un límite muy preciso entre la intervención del Gobierno británico, es decir, como cuerpo político público, y la intervención de los agentes privados británicos tanto en Perú como en Chile. El punto de partida para la discusión es un artículo escrito en 1955 por el historiador inglés V. G. Kiernan, quien al comentar la célebre frase de Blaine, la cual afirmaba que la guerra contra el Perú no era una guerra de Chile sino una guerra de Gran Bretaña, concluyó lo siguiente:

> Pocas de las vastas consecuencias de la guerra podían haber sido previstas cuando estalló, hecho que contradice la idea de Blaine de que esta era una guerra inglesa contra el Perú. En la medida en que sus sospechas se refieren al capital británico establecido en los yacimientos salitreros chilenos ahí debe quedar, al igual que en problemas análogos, un elemento de duda. Este capital tuvo estrechas relaciones con los intereses políticos y financieros chilenos y a través de ellos pudo ejercer subrepticiamente una influencia del tipo que tiende a dejar pequeños rastros positivos de su actividad. El veredicto legal escocés de no probado puede ser aquí el más idóneo. La sospecha de Blaine

22. Millington 1948: 9.

23. Kiernan 1955: 33.

> sin embargo va más lejos, porque se refiere al conjunto de los intereses británicos y al gobierno británico como su representante y aquí el veredicto puede ser simple y llanamente no culpable.[24]

Esta conclusión, en la que se refiere al Gobierno británico, me parece hasta la fecha indiscutible. La intervención privada de los empresarios salitreros, de los capitalistas y de los comerciantes ingleses constituía otro problema. Después de todo, la empresa del FFCC de Antofagasta era dirigida por un inglés, Hicks; mientras que su capital pertenecía a Gibbs y Edwards Co., poderosos capitalistas ingleses. No es menos cierta la profunda simpatía de que gozaba Chile en los principales círculos de influencia inglesa. Para ellos, Chile mostraba la imagen de un país solvente, con un Estado responsable, con una deuda externa moderada y cuyos gobiernos, sobre todo, habían prontamente cumplido sus obligaciones financieras. A ello se añadía la profunda repugnancia con que los diplomáticos ingleses miraban los esfuerzos norteamericanos de intervención. Graham, el embajador inglés en Lima, con mucha sagacidad había declarado: "América para los americanos realmente significa América para los Estados Unidos". Las bases para una intervención eran, por consiguiente, evidentes. Bastaba mirar el mundo para desvanecer todo escepticismo. Cuando se inició la guerra con Chile, Inglaterra estaba en guerra en Afganistán, en 1882 ocuparía Egipto, y Francia emprendía el ataque contra China. Pero la historia de la intervención británica en la contienda del Pacífico no fue ni tan clara ni tan sencilla.

Las primeras victorias militares de Chile produjeron la ocupación de los yacimientos de guano que estaban, como se ha señalado antes, específicamente hipotecados a los acreedores ingleses. Era un recurso peruano cuya venta debía servir para pagar la amortización y a los intereses de la deuda externa. Este hecho motivó una primera intervención del Gobierno británico pidiendo que los justos derechos de sus súbditos fuesen respetados. Además, los bloqueos y la ocupación de pueblos no solo dañaron propiedades y recursos peruanos, sino también aquellos pertenecientes a neutrales y particularmente

24. Ibíd., p. 36.

ingleses. Tales incidentes, evidentemente, no permitieron un buen comienzo para cualquier entendimiento entre Chile e Inglaterra.

Ahora bien, el 23 de febrero de 1880, el general Villagrán autorizó a los acreedores ingleses a reanudar la exportación de guano mediante el pago de una regalía de 30 chelines por tonelada.[25] Esta decisión fue el resultado de las gestiones del Sr. Proctor, delegado de una fracción de los *bondholders* (aquella que consideraba preferible tratar ahora con Chile, dado el desastre del Perú, el arreglo de sus créditos). Los *bondholders*, reunidos en la City de Londres, unánimemente aprobaron esta medida. "Piden a grito herido que Chile anexe Tarapacá" dirá Augusto Matte, ministro de Trabajos Públicos de Chile, al dar cuenta de esta reunión. En ella, los *bondholders* también rechazaron enérgicamente el arreglo establecido entre Piérola y Dreyfus, caracterizándolo de "una directa violación de los derechos de los *bondholders*"; al mismo tiempo que los dos principales grupos de acreedores, los dirigidos por Croyle y Russell, decidieron en adelante reunificar sus acciones. La Corporación of Foreign Bondholders declarará finalmente:

> La asignación realizada por el gobierno chileno en favor de los *bondholders* de la principal propiedad que garantiza sus reclamos es un notable acontecimiento en la historia del endeudamiento nacional. El acto honorable de la república vencedora al preservar los derechos de sus antagonistas, pese al repudio de los últimos, quedará como un ejemplo de alta probidad nacional y, se espera, constituirá un precedente para el futuro.[26]

El Gobierno chileno, al permitir que los acreedores ingleses reiniciaran la exportación del guano y que usaran el producto de esas ventas para recuperar los préstamos otorgados al Perú, logró despertar la simpatía diplomática. El 5 de marzo de 1880, en efecto, el embajador norteamericano en Santiago escribió: "En los círculos diplomáticos de aquí la acción del gobierno chileno al permitir a los

---

25. Senate Documents, 47th. Congress, 1st. session. vol. IV, doc. 79, pp. 106.
26. *Corporation of Foreign Bondholders*, Londres, 1880: 47.

acreedores extranjeros del Perú pagarse a sí mismos con los productos del territorio conquistado es elogiosamente comentado".[27]

Pero esta autorización perseguía un objetivo aún más importante: prevenir el aprovisionamiento militar del Perú. En la misma carta del ministro chileno, Matte se afirma lo siguiente:

> La verdad es, amigo, que estos caballeros, los acreedores, han sido una poderosa palanca en Europa para evitar que los peruanos se aprovisionen de elementos de guerra y para crear para nosotros una atmósfera benéfica en la opinión de aquellos pueblos.[28]

Sin embargo, el entusiasmo de los acreedores ingleses duró muy poco. Muy pronto el Gobierno chileno comenzó a establecer un conjunto de dificultades que restringieron la decisión anterior de la guerra. Luego, objetó el nombramiento de la Peruvian Guano Co. como casa consignataria del guano. Más tarde, sostuvo que el comité de tenedores no representaba a la totalidad de los mismos. Y, finalmente, por los decretos del 10 de febrero y del 2 de mayo de 1881, nombró a la casa Gibbs como consignataria. La casa Gibbs, a petición del Gobierno chileno, tenía que depositar el producto de las ventas del guano en el Banco de Londres a orden de la sola legación chilena.

A comienzos de 1882 expiraba el plazo otorgado por Chile para que los *bondholders* embarcasen el guano de los yacimientos ocupados. El nuevo plan propuesto era mucho más favorable al Gobierno chileno, y obedecía a su necesidad de retener mayores ingresos para cubrir los gastos de la guerra y de atender las protestas del Gobierno francés quien, a instancias de Dreyfus, consideraba que el arreglo anterior favorecía a los *bondholders* a expensas de los otros acreedores del Gobierno peruano. El 9 de febrero de 1882, por consiguiente, el Gobierno decidió vender al mejor postor un millón de toneladas de guano, cuyo producto debía ser dividido por partes iguales entre el Gobierno chileno y los acreedores. Dos semanas más tarde, el 23 de

27. *Foreign Relations*, Washington, 1881: 106.

28. Bulnes 1911-1919, vol. II: 107.

febrero, se ordenó que el saldo de las ventas de guano realizadas en función de la autorización abrogada (23 de febrero de 1880), es decir aproximadamente 197.000 libras esterlinas, debía ser depositado en el Banco de Inglaterra a favor de los *bondholders*.[29]

Desde el punto de vista de los intereses de los *bondholders*, el acuerdo de febrero de 1882, si bien no les entregaba el control de la totalidad de los recursos generados por el guano, aseguraba, sin embargo, la continuidad de la explotación. Parecía entonces que los acreedores y el gobierno llegaban finalmente a un compromiso estable. Empero, al igual que antes, la fluidez de los acontecimientos provocó un nuevo cambio en esta relación. El Tratado de Ancón, firmado el 20 de octubre de 1883, ponía término a la guerra pero abría otra etapa en las relaciones de los *bondholders* con Chile y el Perú. En el tratado, Chile reconocía el compromiso asumido en febrero de 1882 con los *bondholders* y con los poseedores de los "certificados de salitre" como únicas obligaciones derivadas por la posesión de los territorios peruanos. El contenido de esta cláusula motivó que los acreedores pidieran al Gobierno británico su intervención en favor de ellos, puesto que consideraban que el Tratado los privaba de una parte de sus derechos.[30] La respuesta del Gobierno británico reconocía el derecho de los *bondholders* a invocar su intervención y el precedente establecido por los Estados que asumían las obligaciones impuestas sobre territorios conquistados, pero señalaba también la inexistencia de una ley internacional precisa sobre este asunto.[31] Más tarde, el 15 de febrero de 1884, el Gobierno británico, a pedido de Francia, terminó por asociarse a una protesta conjunta con Italia, Holanda, Bélgica y España dirigida a los gobiernos de Chile y Perú, en la que se señalaba que algunas cláusulas del Tratado liberaban a Chile de las obligaciones que gravaban los depósitos de guano y salitre.[32] Esta gestión no contó con el respaldo de los Estados Unidos. La

29. *Report of the Peruvian Bondholders' Committee*, Londres, 22 de diciembre de 1883, appendix VII.

30. Ibíd., Londres, 17 de diciembre de 1884.

31. Ibíd.

32. Aranda s/f., vol. IV: 674-675.

pronta respuesta del Gobierno peruano ante esta intervención está contenida en la nota del ministro de Relaciones Exteriores:

> El Perú... no puede aceptar intervención extraña sin lastimar su derecho de Estado soberano e independiente y sin abdicar de sus prerrogativas que él ha respetado siempre y respeta en todas las naciones constituidas: de aquí que no haya dado, ni se crea obligado a dar participación a otros países en los tratados que celebra, sin destruir las bases fundamentales de su propia existencia... Por otra parte, las deudas que motivan la protesta de V.E. traen su origen de empréstitos levantados entre particulares, a quienes el gobierno del infrascrito no creyó necesario preguntar su nacionalidad; esas deudas no han tenido nunca carácter internacional...[33]

El Gobierno chileno, a su vez, en su respuesta declaraba que el Tratado representaba la expresión del deseo soberano de dos naciones independientes y que al ser completamente aprobado no podía ser alterado, pero que:

> Estima oportuno manifestar que no rehusará, en cuanto pudiera afectarle, una inteligencia equitativa con los acreedores del Perú que puedan tener derechos atendibles nacidos de actos o contratos legalmente establecidos; sin que con esta declaración introduzca novedad alguna, por haber sido siempre está su regla invariable de conducta.[34]

El Tratado de Ancón, por consiguiente, cerraba por el momento todo reclamo, más allá de sus cláusulas, de los *bondholders* frente a Chile. Restablecida la paz, reiniciado el restablecimiento de la economía de exportación del Perú, los *bondholders* se volvieron nuevamente contra el país andino. El 26 de mayo de 1887, el Sr. Araníbar, en nombre del Perú, y Sir Henry Tayler, presidente del Comité de Tenedores de Bonos, suscriben *ad referendum* las bases de lo que después sería el Contrato Grace. La cláusula 19 de este arreglo inicial proponía la cancelación de los préstamos de 1869, 1870 y 1872 a cambio

---

33. Ibíd., pp. 652-653.
34. Ibíd., pp. 679.

de la cesión de los ferrocarriles y el derecho para que los *bondholders* explotasen un conjunto de recursos peruanos. Para esto, el Comité procedería a devolver debidamente cancelados la mitad de los bonos y retendría la otra mitad hasta obtener su cancelación de las otras partes; pero sin que ello implicara ninguna responsabilidad para el Perú.[35] Su contenido (cláusula 19) desató una vigorosa protesta de Chile, cuyo gobierno señalaba la intención de los *bondholders* de responsabilizarlo por el valor de la mitad de los bonos retenidos. Luego de insistir una vez más acerca de que sus obligaciones estaban claramente delimitadas en el Tratado de Ancón, opinaba que el arreglo entre el Perú y los acreedores ingleses significaba la abdicación de la soberanía del primero y su absorción económica por los acreedores.[36]

La oposición chilena constituía un obstáculo importante para que los *bondholders* obtuviesen la satisfacción completa de sus exigencias frente al Perú. La ocasión de quebrar esta resistencia se presentó cuando en septiembre de 1887 el Gobierno chileno solicitó en el mercado de Londres un préstamo de 1.160.000 libras esterlinas, con el objeto de hacer frente a las obligaciones nacidas de la redención de los "certificados" salitreros.[37] Una fracción de los *bondholders* peruanos vetó esta operación, señalando que Chile había rechazado asumir sus justas obligaciones frente a los acreedores extranjeros. El préstamo fue finalmente aprobado tres meses más tarde, una vez que Chile demostrara una actitud más conciliadora.[38] Los ingleses habían encontrado finalmente el camino más eficiente para doblegar la resistencia de sus oponentes.

Este extenso recuento ha tenido el único propósito de mostrar el conjunto de intereses externos envueltos en la Guerra del Pacífico y la manera cómo ellos se expresaron durante el conflicto. Ni la historia de los "diez centavos" ni la uniforme unilateralidad de las potencias europeas o de los Estados Unidos aparecen como causas desencadenantes del enfrentamiento. Estos intereses se expresaron

35. Dancuart 1902-1920, t. XVIII, doc. 21.

36. Wynne 1951: 155.

37. Ibíd., p. 156.

38. Ibíd., p. 157.

de maneras muy diversas, en función de la correlación de fuerzas en el conflicto y de las modificaciones de la política exterior de estas potencias. En el largo plazo, evidentemente, la Guerra del Pacífico permitió la consolidación de la hegemonía británica sobre el Perú, pero también sobre Chile.[39] El análisis histórico, sin embargo, no consiste solamente en hallar la racionalidad de los resultados últimos, sino también en la comprensión del eslabonamiento que los genera.

---

39. Sobre el impacto de la guerra en el desarrollo posterior de Chile, puede consultarse Blakemore 1974. Las implicaciones del conflicto sobre la estructura interna del Perú se examinan en el capítulo siguiente.

VI / El problema nacional y colonial del Perú en el contexto de la Guerra del Pacífico[1]

Patricio Lynch, el comandante en jefe de la fuerza expedicionaria chilena, visitaba en compañía del almirante francés Du Petit Thouars uno de los hospitales de Lima, luego de las batallas de San Juan y Miraflores que provocaron la ocupación de la ciudad. Lynch, tratando de explicar las causas de la derrota peruana al almirante francés, se acercó a los heridos peruanos y luego de dirigirles palabras consoladoras, les preguntó separadamente:

> "Y ¿para qué tomó Ud. parte en estas batallas?" "Yo", le contestó el uno: "por don Nicolás", y, el otro: "por don Miguel".

---

1. La documentación que sustenta el razonamiento expuesto con este capítulo proviene esencialmente del National Archives de Washington y del Public Record Office de Londres. El nombramiento como Visiting Fellow del Woodrow Wilson International Center for Scholars en el segundo semestre de 1974 y del Center for Latin American Studies de la Universidad de Liverpool entre enero y marzo de 1977, hizo posible mi acceso a estos repositorios. Quisiera agradecer a los profesores James H. Billington, Harold Blakemore, David Brading, John Fisher, Eric J. Hobsbawm, John Lynch, Rory Miller y Clifford T. Smith por su asistencia y comentarios que me ayudaron a precisar mi pensamiento. Es de mi entera responsabilidad si pese a ello persisten aún algunos errores.

Don Nicolás, era Piérola; don Miguel, el coronel Iglesias. Dirigió luego la misma pregunta a dos heridos del ejército chileno y ambos le respondieron con profunda extrañeza:

> "¡Por mi patria, mi general!"

Y Lynch, volviéndose a Du Petit Thouars, le dijo:

> "Por eso hemos vencido. Unos se batían por su patria, los otros por don fulano de tal".[2]

Cuarenta años más tarde, el escritor peruano Enrique López Albújar en un hermoso cuento, a medio camino entre la realidad y lo imaginario, describe el diálogo sostenido entre el indio Aparicio Pomares y los comuneros de Obas, en Huánuco, buscando el primero despertar la resistencia de estos campesinos en contra de la ocupación chilena:

> —Quizás ninguno de Uds. se acuerde ya de mí. Soy Aparicio Pomares, de Chupán, indio como ustedes, pero con el corazón muy peruano. Los he hecho bajar para decirles que un gran peligro amenaza a todos estos pueblos, pues hace quince días que han llegado a Huánuco como doscientos soldados chilenos. Y ¿saben Uds. quiénes son esos hombres? Les diré. Esos son los que hace tres años han entrado al Perú a sangre y fuego. Son supaypa-huachashgan y es preciso exterminarlos. Esos hombres incendian los pueblos por donde pasan, rematan a los heridos, fusilan a los prisioneros, violan a las mujeres, ensartan en sus bayonetas a los niños, se meten a caballo en las iglesias, roban las custodias y las alhajas de los santos y después viven en las casas de Dios sin respeto alguno, convirtiendo las capillas en pesebreras y los altares en fogones. En varias partes me he batido con ellos. [...].
>
> —¿Y por qué chilenos hacen cosas con *piruanos*? —interrogó el cabecilla de los Obas— ¿no son los mismos *mistis*?[3]

---

2. Bulnes 1911-1919, vol. II: 699.
3. El término *misti* es un peruanismo que designa a los blancos y mestizos con poder.

—No, esos son otros hombres. Son mistis de otras tierras, en las que no mandan los peruanos. Su tierra se llama Chile.

—¿Y, por qué pelean con los *piruanos*? —volvió a interrogar el de Obas.

—Porque les ha entrado codicia por nuestras riquezas, porque saben que el Perú es muy rico y ellos muy pobres. Son unos piojos hambrientos.

El auditorio volvió a estallar en carcajadas. Ahora se explicaban por qué eran tan ladrones aquellos hombres: tenían hambre. Pero el de Obas, a quien la frase *nuestras riquezas* no le sonaba bien, pidió una explicación.

—¿Por qué has dicho Pomares nuestras riquezas? ¿Nuestras riquezas son, acaso, las de los mistis? ¿Y qué riquezas tenemos nosotros? Nosotros solo tenemos carneros, vacas, terrenitos y papas y trigo para comer. ¿Valdrán todas estas cosas para que esos hombres vengan de tan lejos a querérnoslas quitar?

—Les hablaré más claro —replicó Pomares—. Ellos no vienen ahora por nuestros ganados, pero sí vienen por nuestras tierras que están allá en el Sur. Primero se agarrarán esas, después se agarrarán las de acá. ¿Qué se creen Uds.? En la guerra el que puede más le quita todo al que puede menos.

Pero las tierras del Sur son de los *mistis*, son tierras con las que nada tenemos que hacer nosotros —arguyó nuevamente el obasino— ¿Qué tienen que hacer las tierras de Pisagua, como dices tú, con las de Obas, Chupán, Chavinillo, Pachas y las demás?

—Mucho. Uds. olvidan que en esas tierras está el Cuzco, la ciudad sagrada de nuestros abuelos. Y decir que el *misti* chileno nada tiene que hacer con nosotros es como decir que si mañana, por ejemplo, unos bandoleros atacaran Obas y quemaran unas cuentas casas, los moradores de las otras, a quienes no se les hubiera hecho daño, dijeran que no tenían que meterse con los bandoleros ni por qué perseguirlos. ¿Así piensan Uds. desde que yo falto aquí? [...]. ¿Acaso les tendrán Uds. miedo? Que se levante el que tenga miedo al chileno [...].

Pero el viejo *Cusasquiche*, que era el jefe de los de Chavinillo, viejo de cabeza venerable y mirada de esfinge, dejando de acariciar la escopeta que tenía sobre los muslos, dijo, con fogosidad impropia de sus años:

—Tú sabes bien, Aparicio, que entre nosotros no hay cobardes, sino prudentes. El indio es muy prudente y muy sufrido y cuando se le acaba la paciencia embiste, muerde y despedaza. Tu pregunta no tiene razón. En cambio, yo te pregunto, ¿por qué vamos a hacer causa común con mistis piruanos? Mistis piruanos nos han tratado siempre mal. No hay año en que esos hombres no vengan por acá y nos saquen contribuciones y nos roben nuestros animales y también nuestros hijos, unas veces para hacerlos soldados y otras para hacerlos pongos. ¿Te has olvidado de esto, Pomares?

—No, Cusasquiche. Cómo voy a olvidar si conmigo ha pasado eso. Hace cuatro años me tomaron en Huánuco y me metieron al ejército y me mandaron a pelear al sur con los chilenos. Y fui a pelear llevando a mi mujer y a mis hijos colgados del corazón. ¿Qué iba a ser de ellos sin mí? Todos los días pensaba lo mismo y todos los días intentaba desertarme. Pero se nos vigilaba mucho. Y en el sur, una vez que supe por el sargento de mi batallón porqué peleábamos, y vi que otros compañeros que no eran indios como yo, pero seguramente de mi misma condición, cantaban, bailaban y reían en el mismo cuartel, y en el combate se batían como leones, gritando Viva el Perú! y retando al enemigo, tuve vergüenza de mi pena y me resolví a pelear como ellos. ¿Acaso ellos no tendrían también mujer y guaguas como yo? Y como oí que todos se llamaban peruanos, yo también me llamé peruano. Unos, peruanos de Lima; otros peruanos de Arequipa; otros peruanos de Tacna. Yo era peruano de Chupán... de Huánuco. Entonces perdoné a los *mistis* peruanos que me hubieran metido al ejército, en donde aprendí muchas cosas. Aprendí que Perú es una nación y Chile otra nación, que el Perú es la patria de los *mistis* y de los indios; que los indios vivimos ignorando muchas cosas porque vivimos pegados a nuestras tierras y despreciando el saber de los *mistis* siendo así que los *mistis* saben más que nosotros. Y aprendía que cuando la patria está en peligro, es decir, cuando los hombres de otra nación la atacan, todos sus hijos deben defenderla. Ni más ni menos que lo que hacemos por acá cuando alguna comunidad nos ataca. ¿Que los mistis peruanos nos tratan mal? ¡Verdad! Pero peor nos tratarían los *mistis* chilenos Los peruanos son, al fin, hermanos nuestros; los otros son nuestros enemigos. Y entre unos y otros elijan Uds.[4]

4. López Albújar 1975: 57-68.

Tanto el contenido del diálogo del coronel Patricio Lynch como el del comunero Aparicio Pomares se refieren a las actitudes asumidas por segmentos importantes de las clases populares del Perú durante la llamada Guerra del Pacífico; es decir, el conflicto militar que opuso a Chile y Perú entre 1879 y 1884. Estas actitudes son evidentemente síntomas. Apenas indicios que revelan y traducen un problema capital: la dimensión social de la Guerra del Pacífico o, si se quiere, el desdoblamiento de una guerra nacional en un conflicto interno que fue a la vez étnico y de clase. Esta guerra, como es bien conocido, terminó en el desastre militar, económico y político de la clase dirigente peruana. Pero al margen de esta tragedia, el proceso mismo brinda al historiador una oportunidad excepcional para probar la solidez de los supuestos nacionales con los que el Perú se había convertido en República sesenta años antes. Nada mejor que una situación de crisis para examinar los fundamentos de una sociedad y las motivaciones del comportamiento de sus hombres; y es justamente la exploración de este problema lo que se quiere intentar aquí. Pero antes de emprenderla es conveniente precisar, con el mayor rigor posible, el alcance y el significado del análisis que se propone.

¿Por qué, en primer lugar, *exploración*? Por la simple razón de que la Guerra del Pacífico es un proceso, al igual que otros, todavía insuficientemente estudiado.[5] Es necesaria aún una cuidadosa investigación sobre los diferentes aspectos de este conflicto bélico antes de establecer conclusiones o redactar una síntesis definitiva. La comprobación de tal carencia no está contradicha por la existencia de una densa literatura nacional sobre la Guerra del Pacífico, escrita en los tres países con fines apologéticos o exculpatorios y con una utilidad científicamente nula. Lo que aquí se intenta, por consiguiente, más que escribir la historia completa de la guerra entre Perú y Chile, es apenas abrir y sustentar una perspectiva de análisis para una de las dimensiones de dicha guerra.

---

5. Entre los trabajos sobre la Guerra del Pacífico merecen mencionarse Bulnes 1911-1919, Blanlot Holley 1910, Paz Soldán 1924 [1884], Markham 1882, Caivano 1904 [1882], Dennis 1967 [1931], Civati 1946, Sater 1973 y en particular Kiernan 1955.

Este solo hecho justifica ampliamente la necesidad de examinar el papel de las fuerzas internacionales en el desencadenamiento, en el proceso y en la conclusión de la Guerra del Pacífico. Pero este examen, a su vez, supone distinguir un doble nivel de análisis: el de la política pública de los diferentes Estados y el de la política privada de las distintas firmas que tuvieron el control de los principales recursos en Bolivia, Chile y Perú. Sobre lo primero, la política pública, y para el caso de Inglaterra, la principal potencia económica del momento, el profesor V. G. Kiernan escribió, a mediados del siglo XX, un documentado artículo cuya principal conclusión parece indiscutible hasta el momento. Según Kiernan, refiriéndose a lo expresado en 1882 por el secretario del Departamento de Estado norteamericano, "es un perfecto error hablar de esto como una guerra chilena contra el Perú. Es una guerra inglesa contra el Perú, con Chile como su instrumento"; concluye por el contrario que, "si se refiere al conjunto de los intereses británicos y al gobierno británico como su representante, aquí el veredicto puede ser simple y llanamente no culpable".[6]

¿Por qué, en segundo lugar, privilegiar la dimensión social del conflicto en lugar de otros? Es curioso comprobar, por lo menos en el Perú, que la alternativa elaborada frente a la interpretación oficial de la Guerra del Pacífico se reduce a la exposición de una tesis que puede llamarse de la conspiración extranjera. En sus términos más simples, sostiene que los actores directos en la guerra en realidad no fueron sino meras sombras, en el mejor de los casos simples marionetas cuyos hilos estuvieron indistintamente manejados desde Europa; es decir, Inglaterra y Francia, y desde los Estados Unidos. Esta fantasmagórica interpretación de la historia nacional es correcta en su intención, en la medida en que trata de situar un conflicto nacional dentro de una perspectiva más amplia,[75] pero es errada en su análisis y desprovista de la evidencia suficiente que sustente adecuadamente sus afirmaciones. A ese respecto caben aquí solo dos digresiones marginales.

---

6. Kiernan 1955: 35-36.
7. Véase a este respecto el capítulo precedente.

La Guerra del Pacífico estalla en un momento que corresponde a lo que Lenin denominara el inicio del imperialismo, es decir, una etapa caracterizada por sustantivas modificaciones en la estructura interna de las potencias europeas y en las modalidades de su expansión ultramarina.

El papel de las diferentes firmas extranjeras en el origen y proceso de la guerra, por otra parte, es aún absolutamente desconocido. Solo el análisis de la documentación privada de los distintos grupos de tenedores de bonos, de Dreyfus, de los propietarios de los yacimientos de salitre, de las casas comerciales, de los bancos; así como el de su correspondencia con los gobiernos o fracciones de gobierno de Chile, Perú y Bolivia, permitirá alguna vez su esclarecimiento; y así evitar pensar, ingenuamente, que el capital y sus agentes extranjeros apostaron de una vez y para siempre en favor o en contra de uno de los países en conflicto. Una experiencia de cerca de sesenta años de relaciones con América Latina, después de todo, los inmunizó contra semejante audacia.[8]

Lo que este ensayo provisorio intenta, en cambio, es examinar la dimensión social de la Guerra del Pacífico. Este énfasis deriva del convencimiento de que tanto el proceso como los efectos producidos por el conflicto se explican mejor por un adecuado conocimiento de la estructuración interna de la sociedad peruana.

Aparentemente, el origen y el proceso militar de la Guerra del Pacífico son bastante conocidos. En el Atacama boliviano existían importantes yacimientos de salitre, que eran explotados por capitales chilenos y británicos. Un largo conflicto limítrofe entre Chile y Bolivia sobre el control de esta zona condujo a la Convención de 1872 y al Tratado de 1874. Por la primera se reconocía como límite de ambos territorios el paralelo 24º S; mientras que por el art. IV del

8. La Guildhall Library de Londres conserva la documentación de Anthony Gibbs and Sons, Ltda.; es decir, de los *merchant-bankers* que ejercieron la comercialización del guano y del salitre. La lectura y el análisis de estos papeles es esencial para entender el rol del capital privado en la Guerra del Pacífico. Véase particularmente, L 64.22/MS 11,128 al 11,126; MS 11,470 (vols. 3 al 7); MS 11,472 (vols. 7 al 18) y MS 11,472 (vols. 1 al 4).

Tratado, Bolivia se comprometía a no aumentar en veinticinco años los impuestos a las empresas chilenas que operaban entre los paralelos 23º y 24º del territorio boliviano. Este Tratado no fue ratificado por el Congreso boliviano y, más bien, el 14 de febrero de 1878, el Gobierno boliviano estableció un nuevo impuesto de diez centavos por cada quintal de salitre exportado desde 1874. La respuesta chilena fue la ocupación militar del desierto de Atacama exactamente un año más tarde. El Perú, ligado a Bolivia desde 1873 por un "tratado secreto" de defensa mutua trató, en un primer momento, de mediar en el conflicto, pero ante su negativa de declararse neutral fue envuelto en el enfrentamiento desde el 5 de abril de 1879.[9]

La descripción del proceso militar es igualmente simple. Luego de la ocupación chilena de Atacama, la guerra virtualmente se redujo al conflicto militar entre Perú y Chile. Sus principales fases fueron, en parte, el resultado de las imposiciones geográficas. Dada la distancia entre los centros de poder y la dificultad de las comunicaciones terrestres, la guerra fue en un primer momento marítima. El combate de Angamos (8 de octubre de 1879), en este contexto, sancionó la definitiva superioridad marítima de Chile. En adelante podía contar con ella para respaldar el desembarco y avance por tierra de las tropas chilenas. En efecto, una vez abierto el frente del Pacífico, el desembarco en Pisagua (28 de octubre) permitió la toma de Iquique y Tarapacá. Y es aquí, justamente, donde empieza la descomposición política del Perú.

La crisis del Estado oligárquico: ¿guerra nacional o guerra social?

Desde 1840, la economía peruana había reposado casi íntegramente en la explotación y exportación del guano de sus islas, un fertilizante utilizado mayormente en el abono de los campos ingleses. Pero el guano no solo permitió el restablecimiento de la economía peruana luego de varias décadas de estancamiento, sino que posibilitó

---

9. Fifer 1972: 59-60.

también el restablecimiento económico y político de comerciantes y terratenientes nativos. Pese a sus fricciones internas, estos constituyeron la espina dorsal de la clase dirigente nacional. Su creciente poder económico fue nutrido sucesivamente por dudosas especulaciones financieras, por su participación en el comercio del guano, por su intervención en el naciente capital financiero y por los beneficios derivados de una excelente coyuntura agrícola. La traducción política de esta fuerza fue justamente la constitución del Partido Civil y el ascenso de su líder Manuel Pardo a la jefatura del Estado peruano en 1872. Después de cinco décadas terminaba así, al menos por el momento, el control político que errática y sucesivamente fue ejercido por innumerables caudillos militares. Cuando estalló el conflicto, otro eminente miembro de este grupo, el coronel Mariano Ignacio Prado, se desempeñaba como presidente del Perú.

¿Cuál era la solidez de este Estado oligárquico y hasta qué punto la clase dirigente nativa había logrado una efectiva cohesión nacional? ¿La amenaza externa acabaría por cerrar las brechas existentes entre las diferentes clases de la sociedad peruana, entre las rústicas oligarquías provincianas y la educada élite limeña, entre, en fin, los diferentes estamentos étnicos de un país tan profundamente heterogéneo como el Perú? o, más bien, ¿agravaría su disloque interno al quebrar sus débiles lazos de cohesión para hacer de esta dispersión uno de los factores esenciales de la victoria chilena? La simple narración de los acontecimientos encierra en sí una respuesta posible a estas cuestiones. Quisiera empezar citando el testimonio de uno de los testigos contemporáneos. Spencer St. John, el jefe de la legación británica en Lima, el 29 de octubre de 1879, escribió al marqués de Salisbury, su ministro de Relaciones Exteriores, lo siguiente:

> Tengo el honor de informar a Su Excelencia que al llegar el 9 último la noticia de la toma del Huáscar por los chilenos se produjo una crisis ministerial; renunciaron el general Mendiburu y demás miembros del Gabinete y el presidente mandó a buscar al general La Cotera para que lo ayudara a formar un nuevo gabinete. Hasta el momento nada se ha logrado sobre el particular y aunque los cargos de Relaciones Exteriores y Justicia estuvieron ocupados durante unos días, la incapacidad

> de sus ocupantes fue demasiado obvia como para que permanecieran en los mismos.
>
> En los actuales momentos no parece haber gobierno alguno. El vicepresidente está confinado en su lecho por enfermedad y no despacha ningún asunto mientras que el general La Cotera, considerado como incapaz, es el único ministro hasta ahora nombrado.
>
> Todo parece estar en el caos; no hay un general nombrado para dirigir el ejército; nada se ha hecho para reforzarlo ni para fortificar la ciudad, no obstante que se cree que los chilenos están preparando una expedición para atacar la capital.
>
> Por todo lado parece que la incapacidad se posesiona de todo lo importante, se informa que en el sur los jefes del ejército se dedican a divertirse como si la guerra no existiera [...].
>
> El Perú parece atacado de parálisis; el pueblo mismo parece tan indiferente respecto del futuro como lo están las clases gobernantes, que piensan más en sus ambiciones personales que en el bienestar del país.[10]

Dos meses más tarde, en diciembre de 1879, el mismo St. John informó lo siguiente:

> En mi despacho del 10 del presente me referí a la creciente confianza inspirada por el retorno del general Prado. Había el sentimiento general de que le daría cierta fuerza al gobierno, convocando a su alrededor hombres capaces de modo de dar confianza al país. Ninguna de estas expectativas se ha cumplido. Incapaz de conseguir la cooperación de los dirigentes políticos, mantuvo al general La Puerta, ministro incapaz, y toda dependencia gubernamental parecía paralizada cuando el martes 18 del presente, el pueblo fue sorprendido al saber que el general Prado se había embarcado en el barco inglés de correo rumbo a los Estados Unidos. Después de su partida se publicó una proclama según la cual había partido a fin de procurar los medios necesarios para asegurar la victoria final: sus amigos defendieron débilmente esta

---

10. Spencer St. John al Marqués de Salisbury, Lima, 29 de octubre de 1879, Public Record Office (en adelante PRO), Foreign Office (en adelante FO) 61/319.

> declaración, pero su partida fue generalmente considerada como una huida vergonzosa.
>
> Siempre consideré que el general Prado no merecía en absoluto su cargo: en toda ocasión importante demostró una lamentable falta de coraje personal y es de destacar que el hombre conocido en el Perú como "el héroe del 2 de mayo" sea generalmente considerado como un cobarde consumado. El 2 de mayo de 1866 es la fecha en que se rechazó a la flota española en el Callao.
>
> La reputación financiera del general Prado va a la par con la de su coraje; todos los partidos lo acusan del peor sistema de expoliación.
>
> En general, se considera que algunos jefes, ambiciosos de lograr el poder supremo, diligentemente llamaron la atención de Prado con respecto a la existencia de un complot para matarlo y que debilitada su mente por la enfermedad y ansiedad no pudo soportar tales insinuaciones y escapó ante lo que probablemente no era sino un peligro imaginario.[11]

El curioso comportamiento del presidente Prado que describe St. John ilustra, de forma extrema, la actitud asumida por el conjunto de la oligarquía civilista durante el conflicto. En el inicio mismo de la guerra, en efecto, ante la demanda de un empréstito nacional por 1.000.000 de soles, el gobierno pudo obtener solo 1.052.715,37 soles, suma básicamente aportada por las clases populares ante la resistencia de los opulentos capitalistas limeños)[12] y también como consecuencia de la escasez de liquidez monetaria.[13]

Pero la partida del presidente Prado fue apenas el preludio de una crisis política mucho mayor cuyo desarrollo podría llegar a tener incalculables consecuencias para la clase propietaria. Fue Antero Aspíllaga, el dueño de la hacienda Cayaltí, en la costa norte, quien predijo con mucha claridad los posibles resultados de esta desorganización interna:

---

11. Spencer St. John al Marqués de Salisbury, Lima, 29 de diciembre de 1879, PRO, FO 61/319.
12. Basadre 1962-1964, vol. IV: 2380-2381.
13. Greenhill y Miller 1973.

> [...] Cualquier trastorno interior sería más bien funesto, porque no faltarían imitadores de lo que pasó en Francia el 71 y podríamos tener una horrible parodia de la Comuna, que nos llenará de más males y desgracias. Esta guerra nos debe enseñar a ser más pensadores y sobre todo a tener un verdadero amor a nuestra Patria, no solo defendiéndola del enemigo extranjero sino también del monstruo devorador de la guerra civil.[14]

El vacío de poder que se produce como consecuencia de la evasión de Prado posibilitó el establecimiento de la dictadura de Nicolás de Piérola. Lo fundamental de sus actividades, además de proclamarse "protector de la raza indígena"[15] estuvo orientado a la organización de la defensa de Lima. Sin embargo, y pese a sus esfuerzos, las derrotas de San Juan y Miraflores (enero de 1881) determinaron el colapso de su gobierno y la ocupación chilena de Lima. Resulta interesante comprobar que, durante el breve gobierno de Piérola, las grietas y el conflicto social interno se hicieron mucho más profundos. Ni la invasión chilena ni el colapso económico y militar del Perú hicieron que la oligarquía civilista olvidara su odio social contra Piérola, el aristócrata arequipeño, quien como ministro de Balta, en 1868, le había arrebatado el estupendo negocio del guano para confiarlo al comerciante francés Auguste Dreyfus. "Primero los chilenos que Piérola", fue el pronunciamiento de la oligarquía civilista,[16] subordinando, de esta manera, su precaria conciencia nacional a los imperativos de su conciencia de clase. La guerra nacional entre Perú y Chile, ahora, daba paso y acompañaba a una pugna interna mucho más significativa: aquella que oponía las diferentes clases y clientelas políticas de una sociedad profundamente dividida.

Con la ocupación de Lima y la destrucción del Estado oligárquico se produjo inmediatamente una fragmentación del poder: gobiernos que se sucedían vertiginosamente o que competían entre

---

14. Antero a Ramón Aspíllaga, Hda. Cayaltí, 6 de junio de 1880; Archivo del Fuero Agrario-Lima (en adelante AFA), vol. 20.

15. Basadre 1962-1964, vol. IV: 2444.

16. Basadre 1931.

sí por imponer su autoridad respectiva. Esta guerra interna, en última instancia, no hizo sino traducir los intereses irreconciliables de los diferentes caciques y caudillos y de sus diferentes clientelas políticas. Como ninguno tuvo una base autónoma de poder lo suficientemente sólida, el resultado fue una profunda inestabilidad. El mantenimiento o la ampliación de su esfera de poder, en este contexto, dependía solo del apoyo del ejército chileno de ocupación. Los sucesivos gobiernos de Francisco García Calderón (22 de enero de 1881), Lizardo Montero (6 de diciembre de 1881) y Miguel Iglesias (30 de diciembre de 1882), tradujeron esta inestabilidad ante la perplejidad de los chilenos, quienes no sabían con quién discutir las condiciones de paz. En realidad, esta fragmentación, e inestabilidad política, encerraba la oposición profunda entre intereses contradictorios. La desaparición del Estado oligárquico, como consecuencia de la guerra, revelaba toda la precariedad de la sociedad peruana y la profunda vulnerabilidad de la cohesión obtenida por la dominación oligárquica. Las diversas clientelas políticas comenzaron a disputarse ardientemente los restos de poder, no solo en las diferentes asambleas provinciales, sino también de manera mucho más desnuda a través de enfrentamientos armados. No fue otro el significado de la convocación casi simultánea de cuatro diferentes asambleas legislativas: la de Chorrillos, por García Calderón (junio de 1881); la de Ayacucho, por Piérola (julio de 1881); la de Cajamarca, por Iglesias (diciembre de 1882); y la de Arequipa, por Montero (abril-julio de 1883).[17] Pero la elocuencia de las armas se impuso ahí donde el verbo era impotente. El combate de las tropas de Cáceres contra las de García Calderón en San Mateo y Chicla en julio de 1881;[18] contra las de Panizo en Acuchimay, el 22 de febrero de 1882;[19] contra las de Iglesias desde el "pronunciamiento" de Montán; o los sangrientos enfrentamientos entre Puga e Iglesias, fueron el resultado y los indicios de esta fragmentación y oposición internas entre los diferentes grupos de la sociedad peruana. La guerra nacional contra Chile había

17. Basadre 1962-1964, vol. VI: 2613.

18. Ibíd., pp. 2578-2579.

19. Ibíd., p. 2584.

virtualmente terminado en enero de 1881 con la ocupación de Lima, a pesar de la admirable resistencia de Cáceres y de sus "montoneras". De las cenizas humeantes de la guerra emergía ahora el conflicto de la sociedad consigo misma. Y era esto lo que tal vez importaba más en la conciencia de sus hombres.

Pero la destrucción del Estado oligárquico no solo configura una suerte de conflicto "horizontal" entre las diferentes fracciones de la clase dirigente. Ella también da paso a una oposición mucho más importante: entre la clase dirigente y el conjunto de las clases oprimidas. Y es este conflicto el que subyace en lo que fue la preocupación central de todos los gobiernos desde García Calderón hasta Iglesias: el problema de la paz con Chile.

Después de la caída de Lima, en efecto, los diferentes gobiernos que se instalaron con el apoyo del ejército chileno concordaron en que era necesario establecer la paz con Chile al más breve plazo. Sus diferencias giraban en torno a las condiciones, mas no sobre el principio. Frente a esta renuncia del conjunto de la clase dirigente, solo Andrés A. Cáceres y sus "montoneras" emprendieron, desde 1882, en las serranías andinas una obstinada resistencia, a la vez, contra la ocupación chilena y contra la actitud de la oligarquía civilista. Como dirá más tarde el mismo Cáceres:

> Chile dedicó toda su actividad a la consecución de tal propósito, valiéndose de los medios más viles e inescrupulosos. Y para mayor desdicha encontró compatricios nuestros que, inspirándose más en sus personales ambiciones que en las supremas conveniencias de la patria, tornáronse en eficaces colaboradores del invasor. Si nos cupo tan mala suerte, no se debió en modo alguno a la presión de las armas enemigas, sino que es imputable más bien al estado de desorganización en que se encontraba el Perú, a los desaciertos de sus dirigentes y a la menguada actitud de elementos pudientes que no supieron ni quisieron mantener firme hasta el último extremo la voluntad de luchar por la integridad territorial de la nación; y que, lejos de esto, coadyuvaron a la labor emprendida con inaudito refinamiento por el enemigo, dejando al ejército patrio no solo sin apoyo alguno sino restándole el que podían haberle proporcionado.

> En el Sur, el ejército de Arequipa, fuerte de más de 4000 hombres, y sin haber prestado ningún servicio a la patria, se dispersó sin combate. En el Norte, se proclamó la paz a todo trance aceptándose las cláusulas de paz del invasor. En la capital de la República, gente acomodada que al comienzo deseaba la guerra abominaba la resistencia armada y solo pensaba en poner a salvo sus personas y sus bienes con el advenimiento de la paz.[20]

Pero ¿cuáles fueron los intereses sociales comprometidos en la demanda de una paz inmediata? Su exigencia respondía, sin duda, al reconocimiento de la debilidad militar del Perú y a la inutilidad de continuar con la guerra en tales condiciones. Empero también se debió a consideraciones mucho más urgentes. Con las sucesivas victorias del ejército chileno no solo se quebraron los tenues lazos de cohesión a escala nacional, sino que esta desorganización fue probablemente mucho más intensa dentro de cada región. Terratenientes y comerciantes, es decir, el conjunto del caciquismo local, de repente se encontraron en la más absoluta impotencia para mantener el control de sus subordinados. También aquí, al saltar irremediablemente los lazos de sujeción social y política, se produjo lo inevitable: el saqueo, el pillaje, la destrucción de personas y propiedades. Nada mejor que el testimonio de un terrateniente para revelar el significado de estos acontecimientos:

> Todo Chiclayo ha sido vergonzoso no por los chilenos, sino, ¡pásmense!, por los robos de los mismos hijos de Chiclayo, la plebe más imbécil y degradada. No solo formaban cola tras de los chilenos cuando incendiaban y sacaban muebles y artículos del país como arroz, maíz, y luego los del pueblo chiclayano barrían y recogían con todo, sino que se han ocupado en denunciar, ¡ellos mismos!, al Sr. Lynch y a los jefes, quiénes eran los hijos del país que tenían fortuna; en fin todos los trapos sucios de la casa los mostraron.[21]

---

20. Cáceres 1973: 250.
21. Antero a Ramón Aspíllaga, Hda. Cayaltí, 18 de octubre de 1880; AFA, vol. 20.

A un oligarca limeño o a un altivo terrateniente serrano no le fue muy difícil decidirse entre Chile o el despojo de sus propiedades por turbas exaltadas que no solo habían sido secularmente sus explotados, sino que, para el colmo, ¡eran negros, chinos e indios! Es este profundo miedo social el que explica la ansiedad del alcalde de Lima por la pronta ocupación de la ciudad por el ejército chileno,[22] así como el deseo de la clase propietaria de que continuase la ocupación. Spencer St. John dirá por esto:

> Ciertamente el temor al retorno del gobierno de Piérola propiciado, como es, por las clases inferiores, quienes la otra noche cometieron tales excesos, que hacen desear a quienes poseen propiedades la prolongación de la ocupación chilena hasta que se calme la excitación.[23]

Del mismo modo, García Calderón, quien organizó en Magdalena el gobierno que sucedió a Piérola, luego de acusarlo de sembrar "la anarquía en las clases sociales",[24] expresó en su "Proclama" al pueblo el 20 de febrero de 1881:

> Con la guerra han sufrido aquellos que tenían fortuna, mucho más que aquellos que no vivían sino de su trabajo... Las devastaciones causadas por el enemigo han generado la pérdida de centenas de haciendas y casas que representaban millones de soles. Si estas haciendas no se cultivan, si estas casas no se reconstruyen, el honesto trabajador que vive de sus brazos no encontrará a nadie para darle su subsistencia. Los males que sufre nuestra patria desde hace dos años, no terminarán sino con el trabajo, y no habrá trabajo en tanto que no habrá paz. ¿Acaso aquellos que se llaman ricos, si existen todavía, son responsables mientras son saqueadas sus haciendas y sus casas? Ciertamente no. La causa de nuestros males es la guerra, guerra que por desgracia nuestra no podemos continuar.[25]

---

22. Favre 1975: 58-59.
23. Spencer St. John al Conde Granville, Lima 22 de enero de 1881; PRO, FO 61/333.
24. Favre 1975: 60.
25. Ibíd., p. 59.

En esta misma "Proclama" García Calderón pasará más adelante de la justificación de la paz a una clara advertencia a los "trabajadores honestos":

> Uds. serán víctimas del desempleo si los hombres a quienes llaman ricos pierden su fortuna; estos hombres tienen los mismos intereses que Uds., y sin ellos Uds. sufrirán. Solo aprovecharán el desorden los individuos perversos que siembran el grano funesto de la discordia.[26]

Fácil es imaginarse, dentro de este contexto, el profundo alivio que significó para la clase dirigente peruana la enérgica demanda de paz lanzada desde Montán por el coronel Miguel Iglesias. Un alivio traducido en el apoyo militar a Iglesias, en el desconocimiento a las autoridades nombradas por Cáceres, la heroica figura de la resistencia, y en el subsidio al ejército chileno de ocupación. Nada quedaba ya ni de sus sueños nacionales ni de su promesa de 1821. La decidida adhesión al ejército del general chileno Martiniano Urriola, en el mismo momento en que combatía contra este el pueblo de Huanta, al mando de Miguel Lazón, probablemente constituya el más trágico epitafio de la historia política de la clase dirigente peruana.[27]

Pero el urgente reclamo de paz, la renuncia a la resistencia, el miedo y desprecio a las clases populares fueron los rasgos del comportamiento no solo de la clase dirigente limeña, sino también de las diferentes oligarquías regionales. En la costa norte, por ejemplo, Antero Aspíllaga escribe en una carta lo siguiente:

> Ahí tienen los intransigentes con la paz el resultado de su inicua y su antipatriótica propaganda. Es inicua porque la pregonan sin desearla ni poderla hacer; y antipatriótica, porque cavan más el abismo en el cual nos hundimos todos los peruanos desde los memorables desastres de San Juan y Miraflores.

---

26. Ibíd.
27. Basadre 1962-1964, vol. VI: 2637-2638.

> Por supuesto los que nada tienen no pierden nada. Y por desgracia de estos hombres inconscientes se componen los grupos que gritan la guerra imposible, siguiendo a Piérola y a sus partidarios.
>
> Será difícil encontrar un país que haya tenido suerte más negra que nuestra desgraciada patria, y en ningún país habrán contribuido más sus propios hijos a escarnecerla y destrozarla como en el Perú.
>
> En fin si la política interior cambia y todos se desengañan que solo en el Gobierno Provisorio está nuestra salvación, este malestar cambiará y cesará la recia tempestad que nos destroza.[28]

Un recuento periodístico de la expedición del ejército chileno sobre esta región, por otra parte, permite conocer algunos de los rasgos del comportamiento político de esta oligarquía regional:

> Durante el día (24 de setiembre de 1880), el prefecto recibió una nota del jefe de la expedición, señor Lynch, en la que se exigía la entrega pacífica de la plaza, imponiéndole a la vez un cupo de no sé cuántos miles de soles de plata. La respuesta del Prefecto nos es desconocida, pero se nos asegura que ella estaba concebida en términos convenientes y patrióticos y que comprometían de manera seria su patriotismo. Sin embargo, a pesar de esto, dicho funcionario, determinó abandonar la estación de Monsefú y a las 10 p. m. se dirigió con toda su gente a Chiclayo, de cuyo lugar salió en tren especial a la hacienda de Pátapo para dirigirse de allí a Chongoyape. Esta población se quedó, pues, completamente sola, abandonada de las autoridades y resguardada únicamente por la guardia urbana compuesta de extranjeros; pues hasta el Alcalde Municipal y la mayoría de sus colegas habían abandonado la ciudad.[29]

Esta misma actitud describe Lynch, el jefe de la expedición chilena, en una carta a Adolfo Salmón, prefecto de La Libertad:

---

28. Antero a Ramón Aspíllaga, Hda., Cayaltí, 9 de mayo de 1881, AFA, vol. 24.
29. *El Nacional*, Chiclayo, 24 de octubre de 1880, National Archives, Washington, Microfilm Publications en adelante NAW, MPT, 393, 3.

> Tengo el placer de decirte que en mis incursiones tú eres el único jefe que ha comprendido su deber. He visto con pena en todas partes que lugares merecedores de mejor tratamiento están gobernados por individuos cobardes que nada saben de las modernas leyes de la guerra. Ningún Prefecto ni Gobernador se ha quedado en su puesto, a pesar de mi pedido urgente de que así lo hicieran. Todos han huido a las montañas, atemorizando a la gente que vive en los lugares por donde pasan, aprovechando la situación para quitarles algo. En Paita pude detener al comandante Pardo de Zela y lo dejé tranquilamente en su puesto. [...] No sé, mi amigo, que me asombra más, si la riqueza increíble de esta parte del Perú o la inenarrable indolencia de sus habitantes. Yo envidio para mi país la belleza y fertilidad de los valles despreciados por tus compatriotas. Hay mucho que hacer en el Perú para que la belleza que la naturaleza le ha concedido no se pierda. Estoy sorprendido de la ignorancia de las clases bajas, que parecen no saber sus deberes para con ellos y su nación. Trabaja amigo mío por tu rico e infortunado país y haz uso de la penosa misión que te ha dado esta guerra, que estoy seguro que tu nación se levantará de nuevo próspera y feliz.[30]

Es cierto que el Gobierno peruano amenazó con penas severas a quienes aceptasen las demandas del ejército de ocupación, como también destituyó y enjuició al prefecto de Lambayeque, José Manuel Aguirre, y al de La Libertad, Adolfo Salmón. Pero, y esta es la cuestión capital, ¿podía efectivamente un casi inexistente "gobierno nacional" doblegar la resistencia de una clase consciente de sus intereses y temerosa de perder las bases de su fortuna?

Finalmente, ¿cuál fue el costo material de estas curiosas alianzas clientelísticas y de estas "desalianzas" nacionales? Debe recordarse que los dos objetivos centrales perseguidos por el ejército chileno eran, por una parte, la apropiación de los yacimientos de guano y de salitre y, por otra, la destrucción de los recursos económicos más significativos para evitar que el Perú pudiera continuar la guerra o resistir la ocupación. Lo primero fue obtenido prácticamente al

---

30. Patricio Lynch a Adolfo Salmón, San Pedro, 14 de octubre de 1880, NAW, MP, 393, 3.

comienzo mismo de la guerra; mientras que la expedición de Lynch al norte peruano (el área de las importantes plantaciones algodoneras y azucareras) obedecía precisamente a la necesidad de debilitar económicamente al Perú, tanto a través del control directo de estas unidades productivas como de la imposición de onerosos "cupos" de guerra. La clase terrateniente del norte, frente al avance de Lynch, no solo se limitó a buscar la protección del ejército chileno ante el desbande y el ataque generalizado de sus esclavos chinos, sino que recurrió a la transferencia real o ficticia de sus haciendas a ciudadanos extranjeros, a fin de que, ahora como propiedad de neutrales, estuviesen al abrigo de la destrucción y de las imposiciones de guerra. Algunos ejemplos permiten ilustrar esta situación.

Cuando el ejército chileno ocupa la hacienda Cayaltí, el 7 de octubre de 1880, y amenaza arrasarla, es Antero Aspíllaga, a nombre de Prevost y Co., quien formula una firme protesta, aduciendo el carácter neutral de la propiedad. Sin embargo, como explica el mismo Antero en una carta privada a su hermano Ramón:

> La determinación de transferir en la forma de arrendamiento Cayaltí y sus capitales a Prevost & Co., hacía de este fundo propiedad americana, lo que nos ha salvado y nos salvará en el futuro de mayores perjuicios. Es lo mismo que hace meses pedimos que se hiciera y que por los consejos del abogado se demoró hasta vernos cerca de la última extremidad.[31]

Pareciera que transacciones similares ocurrieron con las haciendas Leche,[32] Chiclín[33] y Galindo,[34] en La Libertad; Puente y Palo Seco en Chimbote; y, San José en Nepeña.[35]

---

31. Antero a Ramón Aspíllaga, Hda., Cayaltí, 10 de octubre de 1880; AFA, vol. 24.
32. S. C. Montjoy a William Hunter, Second Assistant of State Secretary, Lambayeque, 25 de enero de 1881, NAW, MPT, 393, 3.
33. Ibíd.
34. S.C. Montjoy a William Hunter, Second Assistant of State Secretary, Lambayeque, 6 de mayo de 1881, NAW, MP, 393, 3.
35. Spencer St. John a Patricio Lynch, Lima, 11 de septiembre de 188, NAW, MP, 393, 3.

Evidentemente, esta cadena de transferencias contrariaba los planes de Patricio Lynch, quien tuvo que dictaminar, junto con sus oficiales, qué haciendas pertenecían efectivamente a extranjeros y cuáles habían sido objeto de transacciones muy recientes o simplemente representaban cesiones ficticias. Esta tarea de depuración documental, que sin duda alguna despertaría la envidia de cualquier historiador contemporáneo, no estaba, sin embargo, exenta de serias complicaciones. En efecto, gran parte de estas haciendas pertenecían formalmente a peruanos, pero al mismo tiempo estaban gravadas por importantes hipotecas como consecuencia de la imprevisión y del derroche de sus propietarios.[36] El control de las operaciones y sobre todo de los beneficios era, por consiguiente, ejercido por bancos y casas comerciales inglesas, francesas o norteamericanas. En cualquier caso, fue a través de este mecanismo que inició la desnacionalización de la propiedad agraria en la costa norte y la fusión de muchas unidades agrícolas, proceso que se intensifica y culmina poco después del término de la guerra con Chile.

Cambios similares en la propiedad de la tierra ocurrieron también en la serranía andina. En la región de Huancavelica, por ejemplo, el desarrollo agrario hasta 1883 estuvo caracterizado por una permanente fragmentación de los grandes latifundios. Este proceso, totalmente opuesto a lo que ocurría en la mayor parte de las áreas rurales del Perú, fue consecuencia de las peculiares condiciones económicas y sociales de Huancavelica durante la Colonia. Ahora bien, la consolidación de la mediana propiedad fue detenida y su proceso invertido, al plegarse estos pequeños hacendados al ejército chileno en busca de protección, también esta vez, frente a la amenaza de las montoneras campesinas de Cáceres o del levantamiento de sus siervos, indios. Este hecho, al igual que en el norte, abrió el camino a una drástica concentración de la tierra en los años inmediatamente posteriores a la guerra con Chile.[37]

---

36. Garland 1895.

37. Favre 1967: 240-242.

Conciencia étnica y conciencia de clase en el contexto de una guerra nacional

Carey Brenton era un lugarteniente inglés adscrito a la jefatura de campo del ejército peruano durante la defensa de Lima en enero de 1881. En un informe elevado a su comandante William Dyke Carey Brenton describe detalladamente la composición y las características del ejército peruano encargado de la defensa de Lima, de su armamento, su vestimenta, a la vez que deja constancia de su admiración por el trabajo desplegado por las "rabonas"; es decir, las humildes mujeres que inseparablemente estuvieron al lado de los soldados peruanos a lo largo de todas estas contiendas. Sobre la composición de este ejército escribe lo siguiente:

> [...] La mayoría de oficiales especialmente los superiores, los descendientes de los antiguos colonos españoles y, en consecuencia, tienen muy poco en común con sus hombres. Se desconoce el *Esprit de Corps*; y aunque invariablemente el grito de "Viva el Perú" lo diera el soldado peruano antes de atacar o de huir del enemigo, probablemente no es consciente de su significado y simplemente lo grita porque se le ha ordenado hacerlo. Muchos de ellos ignoraban totalmente la causa por la que peleaban, imaginaban que era una revolución, siendo las partes contendoras, respectivamente, el general Chili y Piérola; mientras que por un oficial, también he sido informado que muchos de los soldados han sido escuchados cuando expresaban que "no iban a ser fusilados en beneficio de los blancos".[38]

Los acontecimientos ocurridos durante la sombría noche del 16 de enero, luego de la derrota de Miraflores, y en la víspera del ingreso de las tropas chilenas a Lima, fueron igualmente detallados por el ministro inglés Spencer St. John. En una parte de su extenso informe escribió:

---

38. Report of Proceeding of Lieut. Carey Brenton whilst attached to the Headquarters Staff of the Peruvian Army, engaged in the defense of Lima against Chilians; PRO, FO 81/337, fol. 156.

> [...] Sin embargo, tan pronto como la obscuridad cayó sobre el pueblo comenzaron a escucharse tiros por todos lados y a estallar incendios; uno de los mayores en el mercado y calles adyacentes. Las turbas cobardemente asaltaron a los desprevenidos tenderos chinos, a quienes fácilmente dieron muerte; se supone que los muertos fueron de 70 a 80. El movimiento estuvo encabezado por oficiales peruanos uniformados, conocidos por los chinos. Fue una angustiosa noche, puesto que nadie sabía en Lima cuantos sobrevivían del derrotado ejército de 30.000 hombres y por momentos el tiroteo era fuerte. El ambiente en la legación inglesa era de tristeza. En las habitaciones se apiñaban alrededor de 700 señoras y niños de las mejores familias; temiendo no solo enterarse de la muerte de sus familiares en las recientes batallas sino también el ataque de las turbas. Para todos fue una noche sobrecogedora, pese a la presencia del vicealmirante y sus oficiales, quienes con sus cinco chaquetas azules, inspiraban confianza.[39]

Los acontecimientos relatados por los observadores ingleses constituyen una buena introducción a un problema cuya discusión constituye la segunda parte de este capítulo. Este problema es el de la fractura y el conflicto étnico dentro de una guerra nacional. En la primera parte se vio cómo la destrucción del Estado oligárquico, como consecuencia de la invasión chilena y de la ocupación, provocó el enfrentamiento directo entre, por un lado, la clase dirigente contra el conjunto de las clases subordinadas y, por el otro, entre las diferentes fracciones de esta clase y entre, también, las distintas clientelas políticas dirigidas por los múltiples caciques y caudillos locales. Pero el conflicto armado contra Chile generó además, como se pasará a mostrar en las páginas siguientes, otro tipo de enfrentamiento que, en cierto modo, atravesaba las líneas de clase para oponer, entre sí, al conjunto de los estamentos que integraban la sociedad peruana.

El Perú, como bien se sabe, es un país étnicamente heterogéneo. Ahí reside justamente uno de los legados contemporáneos de la colonización hispánica. La división/oposición entre blancos, indios y negros fue una consecuencia y una de las condiciones del mantenimiento de la dominación colonial. Esta fractura no solo no fue

---

39. Spencer St. John a Granville, Lima, 22 de enero de 1881, PRO, FO 61/333.

resuelta cuando se estableció el Estado nacional, sino que la oligarquía civilista, básicamente limeña y blanca, tuvo la prudencia y el suficiente tino de no plantear siquiera su discusión. La cruel derrota que sufrieron las masas indias con el aplastamiento de la rebelión de Túpac Amaru, su debilidad y su dispersión posterior, facilitaron seguramente su control social y político por parte de los poderosos caciques locales. En el caso de los negros, por otro lado, su debilidad numérica, el escape que le brindaba el "cimarronaje" frente a su condición opresiva, asociado a una dispersión semejante a la de los indios, eran condiciones que igualmente restaban toda peligrosidad a la presencia de dicho grupo ante la dominación de los blancos. Este mosaico racial se complica aún más cuando la oligarquía criolla se vio obligada a importar masivamente cerca de 92.130 chinos entre 1849 y 1874, como respuesta a la crisis interna de mano de obra y a la movilización de la economía peruana producida por la explotación del guano, de los ferrocarriles, del algodón y de la caña de azúcar.[40] Pero también aquí, la dispersión del grupo chino en estas diferentes unidades productivas atenuaba grandemente la peligrosidad de sus revueltas en contra de la explotación de que eran víctimas. Estas rebeliones no fueron nunca más allá de un estricto marco local.[41] Con la destrucción del Estado oligárquico, la dispersión del ejército y la desorganización de la sociedad peruana, el encuadramiento de esta sociedad entre 1879 y 1884 presentaba ahora características totalmente diferentes a las que ofrecía en las décadas anteriores. Examinemos el impacto de esta desorganización en el desencadenamiento y en el carácter de la movilización de estos diferentes segmentos étnicos.

Los chinos, desde el arribo del ejército de Lynch a las plantaciones del norte, se plegaron rápidamente a sus filas, participando activamente en el saqueo de las propiedades de sus antiguos amos y revelando los lugares donde se habían ocultado las maquinarias e instrumentos de la hacienda. Este comportamiento, obviamente, no se traduce ni en lealtad ni en adhesión a Chile o a su ejército. Tampoco

---

40. Derpich 1976: 158-162.

41. Stewart 1951.

puede hablarse de un "patriotismo chileno" de los chinos ni de una "traición" hacia el Perú. Sería exagerado suponer que un culi chino de la época fuera capaz de distinguir un chileno de un peruano. Los chinos, simplemente, fueron sometidos a una atroz explotación por parte de los terratenientes nacionales, y la inserción de ellos dentro de las filas del ejército chileno fue la manera más lógica de traducir y expresar el contenido odio social contra sus antiguos explotadores. ¿Fenómeno único? De ninguna manera. Después de todo, el audaz Pizarro pudo derribar con un puñado de hombres el impresionante Imperio de los incas porque supo aprovechar y captar la adhesión y la complicidad de las etnias mal sometidas por el Estado inca. El problema para los chinos, por lo menos, fue que su adhesión al ejército chileno no modificó en nada su situación material y social. Parte de ellos fueron remitidos por Lynch para trabajar en las salitreras y depósitos de guano en el sur.[42] Otros 2000 chinos, por órdenes del ministro de Guerra Vergara, y pese a la oposición de Lynch y otros oficiales chilenos, fueron incorporados al ejército y encargados del entierro de los muertos y el cuidado de los heridos.[43] Durante la ocupación de Lima, finalmente, el ministro inglés Spencer St. John constató que:

> [...] El 31 de marzo sufrieron iguales maltratos de parte de los chilenos. So pretexto que algunos ladrones se habían refugiado en el Teatro Chino, los soldados chilenos quemaron sus puertas e irrumpieron en él, arrestando a los espectadores. Se dice que algunos chinos les dispararon, hiriendo a dos, por lo que la oficialidad chilena pidió refuerzos, capturando aproximadamente a 500 hombres y saquearon las casas y establecimientos chinos de ese barrio.[44]

Cuando Lynch llega a Guadalupe, en la provincia de Pacasmayo, se plegaron a su ejército entre 600 y 800 chinos, quienes se dedicaron

---

42. Montjoy a Hunter, Lambayeque, 3 de noviembre de 1880, NAW, MP 393, 3.
43. Favre 1975: 68.
44. Spencer St. John a Granville, Lima, 3 de mayo de 1881, PRO, FO 61/333.

al saqueo de haciendas y casas particulares.[45] Este saqueo continuó también en Casagrande, en el valle de Chicama. En la hacienda Pátapo, en la provincia de Chiclayo, los peones chinos abandonados por sus amos denunciaron a Lynch el escondite de las locomotoras del ferrocarril local.[46] Después de observar el desbande de los chinos de las haciendas de la región y juzgar que "todo esto es pues de sacar de quicio al más tranquilo", Antero Aspíllaga explica el porqué de la relativa tranquilidad de los chinos de Cayaltí:

> Cuando llegaron los enemigos a Ucupe, llamamos a todos los chinos de esta hacienda, les hicimos presente el peligro y las amenazas que teníamos, pero que confiábamos en su lealtad y en el aprecio que hacían de nosotros. Con satisfacción les diremos que su respuesta nos llena de orgullo y de agradecimiento; todos dijeron que ninguno se separaría, que estaban contentos, que el patrón era bueno, mejor que en todas las haciendas y que no tuviéramos cuidado. Su conducta, en efecto, ha sido y es satisfactoria y debemos premiarla para que sea estímulo y confianza en el porvenir. Desde este pago les aumentamos cincuenta centavos a su quincena. En efecto, ¿qué son diez chinos prófugos entre 354 que tenemos bajo contrata?[47]

Cuando Lynch descendió al sur, en diciembre de 1880, se plegaron a su ejército cerca de 1000 peones chinos en el valle de Cañete.[48] Tanto en el sur como en el norte, la adhesión de los chinos al "Príncipe Rojo" (el sobrenombre de Patricio Lynch) y su ejército traducía el desquite que ahora tomaban contra sus amos:

> Los libró el príncipe rojo / a los chinos de Cerro Azul, / los libró el príncipe rojo, / se acabó la esclavitud, / y marcharon en legiones / tras el gran Patricio Lynch / dejando las plantaciones, / lo siguieron hasta el fin.

---

45. Ibíd.
46. *El Nacional*, Chiclayo, 24 de octubre de 1880, NAW, MP 393. 3.
47. Antero a Ramón Aspíllaga. Hda., Cayaltí, 10 de octubre de 1880, AFA, vol. 24.
48. Basadre 1962-1964, vol. VI: 2506.

> ¡A coltal cabeza, diablo!, / gritaba Liotang Sinchin (bis) a comel los liñones / con palillos de malfil (bis).
>
> Se cubrieron con macarrones / y avanzaron pa' Lurín / con banderas de dragones / siguiendo a Liotang Sinchin / y corriendo por las calles / entraron a la ciudad / mucho antes que lo hicieran / las tropas del general.
>
> Con furor vengaron los chinos / a los chinos de Cerro Azul / rompiendo así sus cadenas / se acabó la esclavitud. / Ello fueron la avanzada / para el gran Patricio Lynch / y murieron cual valientes / siguiendo a Liotang Sinchin. ("Los chinos de Cerro Azul", canción popular chilena; letra de Jorge Inostroza)

La evasión y el enrolamiento de los chinos agravaban aún más la ya deteriorada situación de muchos de los latifundistas norteños. Resulta interesante comprobar a este respecto la preocupación de la clase dirigente y de muchos terratenientes por su situación material en medio de la profunda crisis que afectaba al país. No es otro el sentimiento que expresaba el prefecto de La Libertad, Adolfo Salmón, en una carta dirigida al cónsul norteamericano Montjoy:

> [...] ya que los pueblos del norte han abdicado de su soberanía y su dignidad, saliendo al encuentro del invasor con la bolsa de rescate en lugar de recibirlos a balazos, aquí reivindicaremos a todo el norte, y no tema Ud. que arruinen Chicama, porque sin un quintal de azúcar, la chinada remitida bajo custodia al interior, las máquinas desarmadas y sus principales piezas en lugar seguro, apenas podrían quemar los cascos en el caso de que los dejara tranquilos día y noche la gente que bajo mis órdenes tengo resuelta a defender su hogar. En vez de esa tarea tendrán la más urgente de defenderse como puedan. Lo que sí me duele es que se lleven los chinos después de causar un gran desorden y cuando de nada pueden servirles, haciéndonos a nosotros tanta falta. Si usted pudiera, de un modo reservado, conseguir de Lynch que los vendiera de nuevo a los hacendados, yo se los pudiera comprar a peso de oro. Trabaje usted en ese sentido que tanto me interesa [...][49]

---

49. Adolfo Salmon a Santiago Montjoy, Malabrigo, 15 de octubre de 1880, NAW, M.P, S93, 3.

En los desórdenes que acompañan la ocupación de Lima en enero de 1881, por otra parte, empiezan a surgir los signos inequívocos de la eclosión de un nuevo tipo de conflicto étnico. Esta vez no se trata del levantamiento del oprimido grupo chino contra el opresor grupo blanco, sino de indios y mestizos del ejército peruano que, en medio del desbande y de la confusión de la guerra, procedieron al saqueo de tiendas y a la matanza de sus propietarios chinos en Lima. Estas destrucciones, avaluadas en 364.777 libras esterlinas por el Comité de Comerciantes Chinos,[50] se produjeron también en Cañete, obligando a la colonia asiática de Pisco a pedir la protección diplomática de Inglaterra.[51]

Este dramático cuadro de descomposición y de conflicto étnico en el seno de las masas populares alcanza una mayor intensidad en diciembre de 1879 y en febrero de 1881. En 1879, los negros de Chincha inician una rebelión contra los terratenientes blancos de la región;[52] mientras que en 1881 los negros de Cañete aprovecharon la desorganización para asaltar propiedades, matar propietarios blancos y peones chinos, pese a que con este último grupo compartían la misma situación objetiva de dominación. Spencer St. John calcula entre 700 y 1500 chinos asesinados por los negros durante esta revuelta.[53] En esta guerra racial, a manera de compensación, seguramente se proyectaron hacia los otros grupos dominados las frustraciones y las humillaciones a que secularmente había sido sometida la población negra esclava. La segmentación y opresión colonial no solo impedía la articulación de los intereses del conjunto de la población oprimida, sino que también ahora, como antes y después, ocultaba al enemigo, desplazaba el conflicto y permitía la autodestrucción de las masas populares. Se requieren todavía los estudios necesarios sobre la estructura de las relaciones interétnicas en la sociedad peruana para

50. Jim Yutings, P. A. Ponky, E Git Sang, L. Quen Tong a Spencer St. John, Lima, 1 de julio de 1881, PRO, FO 81/334.

51. La Colonia Asiática al Excmo. Sr. Enviado Extraordinario y Ministro Plenipotenciario de Su Majestad Británica, Pisco, 7 de marzo de1881, PRO, FO 177/168.

52. Cuche 1975: 159.

53. Spencer St. John a Granville, Lima, 3 de mayo de 1881, PRO, FO 61/333.

explicar las razones profundas de este modelo de protesta. Incluso, el recurso de la psicología social para descifrar el significado del ritual de las matanzas. Por su valor como descripción de este problema, aquí se reproducen fragmentos del testimonio de Juan de Arona sobre el levantamiento negro en el valle de Cañete:

> La acción más heroica y original de nuestra colonia china en esos aciagos días, y que se quedaría en el olvido si no la sacáramos ahora a la luz, fue el sitio improvisado que resistió por tres meses contra las fuerzas sublevadas del valle de Cañete. Los negros y cholos de ese lugar, llevaban treinta años de odio gratuito por esos infelices inmigrados; y aprovechando de la acefalía en que quedaron los pueblos con la ocupación de Lima por los chilenos efectuada el mes anterior, se levantaron en febrero de 1881 a matar chinos. El fútil pretexto inmediato fue una reyerta habida entre un chino y una negra, por haberlo mojado esta a aquel en el juego de carnaval. El carnaval fue de sangre, y el *Miércoles de Ceniza* de cenizas sin cuento, porque los negros y cholos al mismo tiempo que mataban chinos, incendiaban los cañaverales de las haciendas escuetas, en las que ellos habían seguido viviendo manumisos parásitos desde 1855. La primera operación quedó terminada poco menos que en un día, la segunda fue larga: acabar con los vastos cañaverales de ocho haciendas, muchos de los cuales seguían creciendo después de quemados, agotar por un robo lento y cotidiano sus inmensas existencias de azúcar, ron, ganados, elementos, destruir la obra de una civilización secular, y por manos de torpes hasta la devastación, no era tan hacedero [...].
>
> La turba de negros y cholos armados, montados y sin pueblo que los contrarrestara, porque ellos solos habían sido siempre en realidad toda la población del valle, se precipitaron sobre las haciendas una por una. Los asiáticos sorprendidos, indefensos, ignorantes de su culpabilidad, eran muertos a palos, a machetazos, a pedradas, a cuchillo, de mil maneras. Algunos dependientes subalternos, únicos que por entonces tenían a su cargo los abandonados fundos, al ver llegar las hordas, creyendo cargarse de razón, encerraban a los perseguidos en sus grandes galpones; los asaltantes quemaban, echaban abajo las puertas y ejecutaban a discreción a los inocentes.
>
> A los que buscaban su salud introduciéndose en los albañales más o menos largos, los esperaban en los registros de entrada y salida y

> conforme iban apareciendo les daban muerte. Otros infelices creyendo todavía en el tradicional sagrado, se asilaban en la Escuela Casagrande, en la que ya no se velaba la sobra de los ausentes años; allí también eran ultimados por los forajidos, ávidos de venganza y de rapiña, pues de paso se llevaban de encuentro muebles, vidrios, puertas, papeles, destruyendo todo y haciendo con los fragmentos *autos de fe* en hogueras que encendían en el centro mismo de las habitaciones de sus antiguos y al parecer *queridos amos*.
>
> Los cadáveres de los chinos eran arrojados fuera, al medio del patio señorial, en donde antes que de pasto a las aves, servían de profanación báquica y canivalesca a las mujeres y a los muchachos. Las mismas negras que habían compartido el contubernio regalado de las víctimas, escarnecían sus cuerpos mutilándolos y poniéndolos por irrisión en la boca entreabierta, figurando un cigarro, los miembros sangrientos y palpitantes que les amputaban.
>
> ¡Déjame ese para mí! gritaban las negras, disputándose las víctimas, ebrias de sangre como las mujeres que descuartizaron a Penteo [...].[54]

En este proceso de descomposición y conflicto se puede observar que las solidaridades étnicas se quiebran, a su vez, por la aparición de nuevas desavenencias alimentadas por oposiciones económicas y sociales en su interior. En suma, un entrecruzamiento múltiple en el que las relaciones y oposiciones étnicas y de clase aparecen apoyándose mutuamente. Esta reversión, que ocurre en el seno de los estamentos étnicos, no es en realidad nada inusitado, pues los distintos grupos ya estaban internamente diferenciados. Su solidaridad, pese a estas brechas internas, era resultado de la explotación que los blancos ejercían sobre el conjunto de los grupos étnicos. El ejemplo siguiente muestra con bastante precisión estas oscilaciones sociales en la naturaleza del conflicto.

Un chino llamado Cheng Isao Ju escribió al encargado de negocios de Su Majestad británica, William Barrington, pidiéndole que averiguara si el gobernador de Cantón estaría dispuesto a asegurar la custodia en Hong Kong y la remisión posterior a Cantón de diez secuestradores

54. Arona 1971: 99-102.

chinos, quienes en condición de prisioneros serían embarcados desde el Callao por la legación china. En 1881 y 1882, escribe Cheng Isao Ju, estos chinos se habían dedicado al secuestro de sus propios compatriotas recurriendo a varias artimañas para luego venderlos a los propietarios de diferentes haciendas peruanas. Esta venta de chinos oscilaba entre 3000 y 4000. En 1883 y 1884, según el mismo Cheng, cambiaron sus tácticas y se dedicaron a prestar dinero a sus coterráneos para que se dedicaran al juego. Al no poder cancelar sus deudas, cerca de 2000 chinos se vieron obligados a venderse a sí mismos.[55]

A la movilización independiente de chinos y negros se añadió pronto el levantamiento de la población andina. Esta nueva fractura de la sociedad peruana tuvo evidentemente un alcance más amplio, por el solo hecho de que dicha población era numéricamente superior. De ahí también la preocupación de la clase dirigente por captar su adhesión, sentimiento simbolizado en la autoproclamación de Piérola como "Protector de la raza indígena", el 22 de mayo de 1880. Durante la Independencia, la población indígena había sido marginada de la construcción de la nación peruana; en 1879 se le convocaba para defender la patria en peligro. Luego de seis décadas, ¿era posible esperar que los indios pasaran de la exclusión al compromiso?

Entre 1879 y 1885, al igual que en 1821, la presencia indígena era innegable. Después de todo es imposible imaginar la constitución del ejército peruano sin el enrolamiento forzado de la población nativa. El sentido y los intereses que esta participación traduce son, sin embargo, problemas que requieren una indagación más cuidadosa. La caída de Lima y la destrucción del Estado oligárquico generaron en toda la zona andina diversos levantamientos de indios, cuyo desarrollo fue paralelo a las acciones militares desarrolladas por Cáceres y sus célebres "montoneras". Como ya se ha mencionado, Cáceres asumió en las serranías andinas una heroica y admirable resistencia contra la ocupación chilena, en los momentos en que la oligarquía civilista debatía las condiciones de paz. En realidad, las "montoneras" caceristas constituyeron el encuadramiento militar relativamente

55. Cheng Isao Ju a William Barrington, Lima, 13 de octubre de 1884, PRO, FO 177/183.

ordenado de la población andina en contra de la ocupación chilena. Pero las acciones de los indios expresadas en movilizaciones independientes, o a través de las "montoneras" de Cáceres, obedecen no solo a los objetivos señalados por este, sino que traducen también, o simultáneamente, reivindicaciones sociales y políticas mucho más concretas, referidas a su propia condición.

Al igual que los chinos y los negros, los indios de las serranías andinas constituían el segmento más explotado de la sociedad rural. Como comuneros, siervos o jornaleros agrícolas ellos generaban el excedente económico o brindaban la fuerza de trabajo necesaria para el sostenimiento y la reproducción del sistema de dominación regional. La profunda segmentación de esta población en diferentes unidades productivas había facilitado hasta aquel momento su control por la clase dirigente. Pero ahora la guerra no solo dislocaba estos lazos de poder y control sino que estimulaba la movilización de los indios. En efecto, la expoliación en contra de la población campesina en cada una de las correrías del ejército chileno, el arrasamiento de sus pueblos, los cupos de guerra impuestos, la destrucción de sembríos, y la confiscación de ganado y bienes agravaron indudablemente la condición económica de esta población. Estos hechos actuaron como detonantes adicionales para desencadenar y sostener su rebelión. Pero había más. La defensa del país iniciada por Cáceres militarizó a los campesinos. Y estas armas no solo estuvieron dirigidas contra los chilenos sino que, naturalmente, se volvieron también contra sus más antiguos y más directos opresores.

En agosto de 1882, el cónsul inglés Graham informaba sobre el movimiento de las "montoneras" en los alrededores de Lima y el apoyo que recibían sus acciones por parte de los indios. Estos últimos:

> [...] han sido llevados a la desesperación por los ultrajes que les han sido infligidos por los invasores, y ahora padecen hambruna, al igual que todo el interior está derruido en su longitud, siendo imposible recoger las cosechas este año, pues ha sido saqueado todo el grano del ganado, el forraje y los animales, etc., por un bando o por el otro.[56]

56. M.E. Graham a Granville, Lima, 4 de agosto de 1882, PRO, FO 61/340.

En noviembre de 1883, Alfred St. John se refería igualmente a que "los indios en el departamento de Ayacucho se levantaron contra los blancos y están cometiendo atrocidades",[57] y que:

> [l]a agitación entre los indios debe ser atribuida al estado de anarquía que ha prevalecido en los departamentos del interior durante los últimos tres años.
>
> Las exacciones de las varias expediciones chilenas, que han saqueado estos distritos, han servido asimismo para levantarlos en armas.
>
> No hay duda [de] que esta desafortunada gente ha sufrido inmensamente a lo largo de la guerra entre el Perú y Chile.
>
> Ellos están naturalmente inclinados a acusar a las clases superiores de este país, de haber sido los causantes de las desgracias que han caído sobre ellos, y tal vez sus quejas estén bien fundadas, pues los sucesivos gobiernos peruanos nunca han tratado seriamente de mejorar la condición de las razas indígenas.[58]

Pero es en la denominada "campaña de la Breña", admirablemente dirigida por Andrés A. Cáceres, en la que se pueden encontrar los indicios precisos sobre la naturaleza del comportamiento del campesinado andino durante la guerra con Chile. Apoyándome en un breve pero notable estudio del profesor Henri Favre sobre el conflicto de clases en el Perú durante este periodo, quisiera precisar el sentido de esta rebelión.

Andrés A. Cáceres probablemente nunca quiso que el movimiento de resistencia que encabezaba en contra de los chilenos desembocara en una lucha social de naturaleza distinta. Su objetivo, al dirigirse a la sierra, era solamente diluir las fuerzas chilenas y obligarlas a combatir en un terreno mucho más propicio para sus "montoneras".[59]

---

57. Alfred St. John a Granville, Lima, 13 de noviembre de 1883, PRO, FO, 61/348.
58. Ibíd.
59. Favre 1975: 60.

Las guerrillas, que se organizaron en el espacio formado entre Huancavelica, Huanta y Huancayo, fueron básicamente campesinas y sus centros de encuadramiento fueron los pueblos de esta región. Étnicamente eran pueblos integrados por indios y por *mistis*, es decir, la población no india. Esta última no era homogénea; pero, en todo caso, una gran distancia la separaba de los terratenientes de la región. Arrojada en el seno de estos pueblos por las oscilaciones desfavorables de la coyuntura económica y política, la subsistencia del grupo *misti* dependía de la explotación de la población india o del ejercicio del comercio regional. Los jefes de la resistencia local emergieron de este grupo; estos líderes, por el control económico y político que ejercían sobre los indios, pudieron rápidamente constituir las célebres "montoneras" que apoyaron a Cáceres. Su acción les permitió, a la vez, reforzar su autoridad sobre los indios y mejorar su posición frente a la capa de terratenientes de la región.[60]

Las guerrillas que ellos animaron, actuaron muchas veces con gran independencia, obviando las decisiones del propio Cáceres; y, al mismo tiempo que combatían contra el ejército chileno, no vacilaron en tomar tierras, cosechas y ganado de los propietarios locales a fin de sostener la resistencia. En Colca, un pueblo en las alturas de Huancayo, la guerrilla local organizada por Tomás Bastidas, José Guerra y Manuel Echavaudis, tres poderosos *mistis* del pueblo, procedió inmediatamente a la ocupación de la hacienda vecina Tucle.[61] Las fronteras de esta hacienda se habían extendido justamente a través de la anexión de las tierras del pueblo de Colca.

En 1882, nuevamente, la guerrilla ocupó las haciendas contiguas a La Virgen, Antapongo e Ingahuasi, liquidando de esta manera todo el sistema de latifundio de la región. Pero, observa Favre, tal iniciativa no correspondió más a los *mistis* sino a las tropas indígenas, quienes buscaban así emanciparse del control de los primeros. Frente a Bastidas, Guerra y Echavaudis, en efecto, emergen tres líderes indios, Laymes, Vílchez y Santisteban quienes, juntamente con

60. Ibíd., p. 69.

61. Ibíd.

los otros guerrilleros indios, proceden al ataque y a la captura de las propiedades de los blancos y de los propios *mistis*:[62]

> Todos los indios de Huanta y Huancayo, están sublevados. Los pocos con quienes pudimos entrar en contacto, declararon que su objetivo no era combatir a los chilenos, ni a los partidarios peruanos de la paz, sino toda la raza blanca.[63]

El resultado de este levantamiento indio contra blancos y *mistis* fue que toda la población no india, frente a la amenaza de sus vidas y de sus bienes, se inclinara por la colaboración con los chilenos, cuyo ejército representaba su única posibilidad de salvación.[64]

La guerra de razas que describe Favre se prolongó hasta mediados de 1884 sin que Cáceres, quien seguramente conocía su desarrollo y sus características, hiciera nada por reorientar la movilización de las guerrillas detrás de los objetivos inicialmente fijados. En febrero de 1884, incluso acusa al *misti* Tomás Bastidas de fomentar la discordia entre los patriotas, cuando este buscaba desesperadamente retomar Colca y desarmar a los perseguidores de Laymes.[65] Las razones que explican la actitud de Cáceres frente a los indios, en esta coyuntura específica de la guerra, quedan abiertas a la explicación histórica.

Con el fin de la guerra, la resistencia contra Chile perdió obviamente su sentido, pero ello no significó la contención del movimiento campesino. Más bien lo impulsó en algunas regiones. Por otra parte, Cáceres, quien aspiraba al control político del Estado, rápidamente logró el apoyo de la clase dirigente, cuyos miembros veían en él al militar con el suficiente prestigio y poder como para restablecer el orden. Aquí el problema radica en cómo se frenó la acción de las "montoneras" directamente dirigidas por Cáceres. Según Favre, en el caso de Colca, la resistencia de las "montoneras" terminó con la captura de sus líderes. En junio de 1884, Laymes, Vílchez y Santisteban

---

62. Ibíd., p. 62.
63. Ibíd., p. 63.
64. Ibíd., p. 64.
65. Ibíd.

fueron convocados a Huancayo para recibir de manos de Cáceres la recompensa por su comportamiento durante la resistencia. Pero a su regreso a la ciudad fueron capturados por una unidad del ejército regular, juzgados sumariamente por una corte marcial y fusilados en la plaza de la Catedral.[66] Cáceres, en una carta citada por Favre, justifica el hecho diciendo lo siguiente:

> Estos individuos, olvidadizos de la noble misión que debían cumplir, lejos de garantizar la vida y los bienes de la población cometieron horribles asesinatos, incendiaron y saquearon pueblos enteros, ejercieron terribles venganzas personales... la misma monstruosidad de sus crímenes que se denunciaba, me hacía dudar de su realidad y me obligaba a reunir todas las pruebas de acusación.[67]

La actitud de Cáceres frente a sus antiguos seguidores era apenas el preludio de cambios más sorprendentes en el comportamiento de este militar. Como si el Perú de estos tiempos no estuviera dispuesto a perdonar gestos como el suyo y como si fuera necesario cobrarle la revancha por su indomable resistencia, por una de esas crueles ironías de las que solo la historia conserva el secreto, el mismo Cáceres se vio, en efecto, obligado, un poco más tarde, a pactar con la clase dirigente; es decir, con aquella que había sido también el blanco de sus ataques durante la guerra con Chile. Y por si esto fuera poco, Cáceres, quien había sido precisamente el terco defensor de la integridad del territorio, tuvo que firmar el célebre Contrato Grace que consolidaba la colonización económica del Perú, luego de tres asambleas legislativas y de haber expulsado del Parlamento a todos sus oponentes.

La desmovilización de la población campesina en otras áreas del interior peruano no fue, sin embargo, tan fácil como había sido en esta región. La proclamación de Iglesias como "regenerador" de la República en diciembre de 1882, el retiro después del Tratado de Ancón de las fuerzas chilenas que eran el sustento militar de este

66. Ibíd., pp. 64-65.

67. Ibíd., p. 65.

gobierno, y la abierta disputa por el poder entre Iglesias y Cáceres hasta 1886, fueron procesos decisivos que en nada facilitaron la reimposición de un control social sobre la población indígena. El retiro de las fuerzas chilenas, sobre todo, fue percibido con un particular espanto por la clase propietaria, ya que sus soldados habían sido durante esos años de crisis los únicos garantes de sus bienes, frente al ataque de las masas populares. Ante la desorganización del ejército peruano, las tropas chilenas eran igualmente la única fuerza de contención de la movilización campesina. Por esto, paralelamente a su retiro, el levantamiento de los campesinos adquiere mayor intensidad y amplitud. Aquí solo quisiera citar algunos ejemplos.

En abril de 1884, Nemesio Viaña encabezó en Cerro de Pasco un levantamiento de 400 indios, aprovechando que el prefecto del departamento, Pedro Más, y una tropa de 200 soldados abandonaron la ciudad para ayudar al sofocamiento de una rebelión en Huánuco.[68] Viaña se levantó en nombre de Andrés A. Cáceres, mientras que Más era uno de los prefectos designados por Iglesias. El levantamiento fue muy breve y terminó con la derrota del primero.[69] En mayo de 1884, el campesinado indígena se rebeló en la provincia de Huánuco, mientras que las "montoneras" tomaban Chincha Alta.[70] Un mes más tarde, junio de 1884, levantamientos similares ocurrían en el Cusco, Vilcabamba (Junín) y Cajamarca.[71] En agosto del mismo año, finalmente, Puga y sus "montoneras", después de consolidar su poder en Cajamarca, pasaron a ocupar Lambayeque, extendiendo así su dominio al conjunto del norte peruano.[72] En suma, la profunda debilidad del gobierno de Iglesias y la ausencia de todo control por el retiro sucesivo del ejército chileno, generaron una revuelta

68. Gr. E. Steel a Alfred St. John, Cerro de Paseo, 12 de abril de 1884, PRO, FO177/182.

69. Suplemento del Registro Oficial NU 13, Cerro de Pasco, 9 de abril de 1884, PRO, FO 177/182.

70. Alfred St. John a Granville, Lima, 7 de mayo de 1884, PRO, FO 67/3/3.

71. Alfred St. John a Granville, Lima, 5 de abril de 1884, PRO, FO 671/353.

72. British Vice Consul a William Barrington, Lambayeque, 16 de agosto de 1884, PRO, FO 177/182.

generalizada a lo largo de todo el país. Alfred St. John comprueba en efecto que:

> Este país está enteramente abandonado a la anarquía y todos sienten que la autoridad del General Iglesias solo durará mientras él tenga el soporte de las bayonetas chilenas.[73]

Desafortunadamente, no se conocen las condiciones precisas en que una nueva *pax andina* fue impuesta al campesinado rebelde. Pero, en cambio, sí es posible argumentar acerca de las consecuencias que tuvo la guerra sobre el campesinado andino. En la guerra con Chile, el campesinado andino aprendió, aunque seguramente de una manera todavía errática, a tomar conciencia de su situación y a establecer lazos de solidaridad más amplios que los impuestos por los estrechos marcos de sus comunidades tradicionales. Es esta toma de conciencia la que llevó, por ejemplo, a los asentamientos dispersos de las altas punas de Huancavelica, surgidos como respuesta al incremento demográfico y al fraccionamiento de la propiedad de la tierra en las comunidades de los valles, a organizarse y a romper los nexos de subordinación que mantenían con estas últimas; es decir, con comunidades enteramente dominadas por los blancos.[74] Todo esto alentó más tarde el extraordinario movimiento dirigido por Atusparia, el alcalde de indios de Huaraz, en la sierra norte, movimiento que, por otra parte, no es sino el preludio del renacimiento de un fantástico ciclo de revueltas campesinas que atraviesa el centro y sur del Perú.

Frente al contacto directo y desnudo de la agresión y expoliación impuesta por el invasor extranjero por más de 4 años, la conciencia hasta entonces étnica del campesinado andino comenzaba, tal vez, a transformarse en un sentimiento de solidaridad nacional como consecuencia del destino común de un pueblo por ahora vencido. "Y como oí que todos se llamaban peruanos, yo también me llamé peruano... Aprendí que Perú es una nación y Chile otra nación", es la

---

73. Alfred St. John a Granville, Lima, 5 de junio de 1884, PRO, FO 61/353.

74. Favre 1972: 10-11.

expresión patética del indio Aparicio Pomares en el relato de Enrique López Albújar. Pero este es un problema a dilucidar en otro libro.

En las páginas anteriores se ha tratado de mostrar, de la manera más precisa posible, el impacto de la Guerra del Pacífico en la descomposición interna de la sociedad peruana. Ahora a manera de epílogo y para trabajos posteriores, es conveniente dejar anotadas algunas reflexiones acerca del significado de este conflicto en la posterior historia económica y política del Perú contemporáneo, y sobre el nuevo carácter que paralelamente revisten las relaciones étnicas y de clase. A falta de indicadores más específicos, las notas escritas por Clavero, en 1896, permiten una primera evaluación del impacto del conflicto en la estructura interna de la sociedad peruana. Sus observaciones están resumidas a continuación:[75]

	1870	1894
Millonarios	18	
Ricos	11.587	1725
Acomodados	22.148	2000
Mendigos		500.000
Obreros	1.236.000	345.000

La palabra "colapso" es probablemente la que mejor expresa la situación del Perú después de la guerra. Colapso, en este caso, traducido en la alteración significativa de la estratificación social. No es otro que el significado de la desaparición de la cúpula oligárquica y el enorme incremento en la pauperización de las clases populares. A este cuadro de base se añade la paralización de la economía peruana inmediatamente después de la guerra. Se sabe, en efecto, que el valor de las importaciones en 1885 ascendía a 8.181.000 soles, mientras que las exportaciones solo llegaban a 2.400.000 soles.[76] Pero aquello no era todo. La crisis política nacida por la destrucción del control y

75. Clavero 1896: 51.

76. Basadre 1962-1964, vol. VI: 2695.

del Estado oligárquicos, coronaba el desequilibrio social y el estancamiento de la economía peruana.

La forma como el Perú se "reconstruye", es decir, el nuevo alineamiento interno de sus diferentes fuerzas sociales; así como la nueva naturaleza que reviste su inserción en el mercado internacional, hacen de los años inmediatos de la posguerra el punto de partida del ordenamiento del Perú contemporáneo. Brevemente, la recuperación de la economía peruana fue el resultado de tres procesos convergentes: la monopolización de los recursos, su desnacionalización y el flujo creciente, en nuevas modalidades operativas, del capital extranjero. La creación de la Peruvian Guano Co. en 1890, al cancelar la deuda externa peruana mediante la entrega a los tenedores de bonos (*bondhalders*) ingleses de los principales recursos productivos del país, es el acto obligado que permite la recomposición económica del Perú. Salvo algunas pero poco significativas excepciones, los enclaves imperialistas se convierten así en los agentes del reactivamiento de la economía peruana. Ellos canalizan las inversiones directas del capital extranjero hacia la explotación de los principales recursos naturales y configuran los nuevos espacios económicos. De este modo, se crean las bases para la explotación intensiva del azúcar, cobre y petróleo.

De manera paralela a la reconstrucción de la economía peruana, se hizo necesario proceder al reordenamiento institucional de la sociedad y al restablecimiento de un control político que fuese compatible con las nuevas exigencias de la economía internacional. Pero esta vez el proceso político fue menos lineal, por lo que la década de 1885-1895 es apenas el inicio balbuceante de una solución definitiva.

La guerra no solo había volatilizado toda la estructura del control impuesta por la oligarquía civilista, sino que la había dejado en absoluta incapacidad para restablecer su dominio. Después del Tratado de Ancón y hasta 1886, los militares Miguel Iglesias y Andrés A. Cáceres son quienes se disputan el poder político. Para la oligarquía civilista, luego de su desencanto con Iglesias, Cáceres era el único caudillo con el prestigio y la autoridad suficientes como para imponer el orden interno necesario al restablecimiento de sus negocios. Pese a que sus miembros habían sido combatidos por el mismo

Cáceres durante la guerra, no vacilaron en apoyar su gobierno en función de estas exigencias materiales. Es este pacto, renovado en 1890, el que le permitió a la oligarquía civilista el espacio necesario para su restablecimiento como clase y para prepararse a fin de compartir el poder, en 1895, con Nicolás de Piérola; es decir, con otro de sus más decididos adversarios.

Sin embargo, si bien la reconstrucción económica y política apuntaba, por un lado, hacia la estabilidad del sistema, no podían dejarse de generar efectos contrarios. En tal sentido, una nueva pax *andina* en el seno del campesinado fue la más difícil de obtener. La guerra con Chile había permitido una impresionante movilización del campesinado andino, la cual además se había intensificado a medida que las tropas chilenas abandonaban el territorio peruano. La reconstitución del caciquismo regional significó la represión de estas rebeliones andinas, pero aquella fue una victoria muy precaria. La casi inmediata implantación de los "enclaves" capitalistas en la minería y la agricultura, al proletarizar y pauperizar a segmentos importantes de la población campesina, volvió a encender las llamas de la rebeldía en las brasas aún humeantes dejadas por el conflicto de 1879. Pero lo que en adelante producirá este detonante serán *rebeliones* campesinas más que rebeliones de indígenas. Por si esto fuera poco, el conflicto con Chile, al revelar lo que González Prada llamara "las llagas purulentas" de la sociedad peruana, inspiró el nacimiento de las ideologías radicales que cuestionarán la esencia y la legitimidad de la dominación oligárquica.

VII / El campesinado indígena y el Perú en el contexto de la guerra con Chile

En 1978 publiqué un trabajo destinado a explorar el papel de las clases populares, y particularmente el de sus segmentos étnicos, durante la guerra entablada entre Perú y Chile en los años 1879-1883 por el control de los yacimientos de salitre existentes en Atacama y en el litoral sur peruano. Esos cuatro años de conflicto bélico, en los que diversas regiones del territorio peruano fueron ocupadas por fracciones del ejército chileno, eran excepcionalmente propicios para analizar los límites alcanzados por el Perú en sus esfuerzos de construcción nacional a casi seis décadas de la cancelación de su condición de colonia de la metrópoli española; y también para entender el significado de la cuestión nacional en el contexto del siglo XIX.[1] Apoyado en las reflexiones pioneras de Henri Favre,[2] en la documentación consular británica y americana, en los partes oficiales chilenos, en la correspondencia de algunos terratenientes de la costa, y en testimonios literarios donde el realismo superaba la imaginación, pude mostrar, con toda la provisionalidad que caracteriza a los planteamientos iniciales, que la participación de negros, indios y chinos en ese conflicto no obedecía a motivaciones nacionales ni

1. Bonilla 1978: 92-112.
2. Favre 1975: 55-81.

nacionalistas; y más bien traducían las fracturas coloniales que el Estado, ahora independiente, no había logrado y, probablemente, no había querido cerrar.

Desde esa fecha, y en parte como resultado de un renovado debate y reflexión sobre el así llamado "problema" nacional en el Perú, el papel de los grupos populares en una crisis como la de 1879 ha motivado muchos estudios traducidos en artículos y libros; entre los últimos figuran los escritos por Nelson Manrique (1981) y Florencia Mallon (1983). Las evidencias y las reflexiones incorporadas en esos trabajos brindan una nueva oportunidad para profundizar el conocimiento del vínculo existente entre el campesinado indígena y la cuestión nacional en el Perú del siglo XIX. Porque si bien los hallazgos de ambos autores sugieren un compromiso más amplio por parte del campesinado de la sierra central, no queda, sin embargo, muy claro cuál debería ser la adecuada traducción conceptual de este comportamiento, ni mucho menos cuán extendible resulta tal compromiso respecto de otras fracciones del campesinado ubicadas en el territorio peruano, aunque en zonas diferentes a la sierra central. Pero antes de discutir este problema conviene recordar rápidamente sus datos básicos.

En 1821 el Perú era una de las últimas colonias españolas en alcanzar la separación de España, luego de una serie de ambivalencias y gracias al decidido respaldo militar de las tropas argentinas y colombianas. Tal apoyo, entre las pocas alternativas existentes, fue el compromiso que mejor se acomodaba a los intereses de la clase dominante colonial.[3] Pero el Estado que se estableció como consecuencia de la disidencia era "nacional" solo en su sentido más retórico, al mismo tiempo que carecía de los medios necesarios para ser efectivamente soberano. Para no referirse a su profunda fragilidad, la cual le impidió obtener una efectiva legitimidad nacional. En ese "Estado", conviene recordarlo, unos cuarenta caudillos ejercieron esporádica y sucesivamente un poder limitado entre 1821 y 1840. Con gobiernos cuya duración promedio era de un semestre, resultaba virtualmente

3. Bonilla, 1981: 13-69.

imposible esperar que se respaldara la integración nacional de una excolonia.

En el terreno de la economía, la situación no fue ciertamente mucho mejor. Los sectores más dinámicos de la economía colonial, como el minero y el agrícola de la costa, vieron deteriorarse su situación como consecuencia de los desórdenes introducidos por la guerra de la independencia. Al éxodo de los capitales y la destrucción de los mecanismos de asignación de la fuerza de trabajo indígena, las guerras generaron la destrucción física de empresas agrarias y mineras. El resultado más inmediato de todo este proceso fue el retroceso de la mercantilización alcanzada durante la época colonial, a la vez que los espacios y circuitos mercantiles constituidos se redujeron de manera muy significativa. Es este el fenómeno al que algunos historiadores aluden con los términos "ruralización" y "feudalización" de la economía peruana en la primera mitad del siglo XIX, y que en términos políticos quiere decir la atomización aún más fuerte de las lealtades y de las solidaridades campesinas. A la antigua articulación de los intereses y de las adhesiones étnicas que fracciones importantes del campesinado andino desarrollaran en respuesta a la dominación colonial ejercida por los españoles, en la primera mitad del siglo XIX se asistía a una "parroquialización" en función de sus intereses y del horizonte alcanzado por su conciencia.

Es sobre el trasfondo de esta realidad fragmentada y atomizada que la economía peruana reingresa con fuerza al mercado internacional a través de la masiva exportación del guano de las islas, al ser requerido este producto como fertilizante para los campos europeos. Pero la naturaleza de la explotación guanera[4] no era la más adecuada para cerrar las brechas internas existentes. A pesar de que el Estado peruano mostró una gran habilidad para retener la propiedad de los yacimientos guaneros y para alcanzar una participación cifrada en cerca del 70% de los rendimientos generados por la venta del guano,[5] los efectos inducidos sobre la estructura de la producción fueron virtualmente nulos. El guano, que era extraído de las islas del litoral del

4. Levin 1960, Hunt 1973, Bonilla 1974.

5. Hunt 1973.

sur del Perú, declarado en las aduanas de exportación a juicio de los transportistas, y consumido en los mercados europeos, sirvió, vía el gasto público, para la expansión de la burocracia y para aumentar la demanda agregada interna. Sin embargo, ahora sabemos que esta expansión de la demanda lejos de estimular la producción doméstica fue canalizada hacia el sector externo, incentivando el crecimiento de las importaciones. Y si bien la reactivación de algunas empresas agrícolas especializadas en la producción del algodón y del azúcar fue financiada con algunos capitales provenientes del comercio guanero a partir de la década de 1850,[6] este tipo de crecimiento generó la ampliación de la segmentación económica y social del país. Los eslabonamientos creados por el algodón y el azúcar desde el punto de vista de su producción no fueron más allá de un radio regional; ya que, efectivamente, casi la totalidad de la producción estaba destinada al mercado internacional, lo cual limitaba enormemente los vínculos que estas regiones podían generar con el diminuto mercado interno.

Probablemente, las implicaciones más importantes de la explotación guanera se ubican en el campo de la política, debido a que las rentas generadas por el guano respaldaron el proceso de centralización del capital por parte de grupos vinculados al comercio internacional, a las grandes propiedades de la costa y a las finanzas limeñas; proceso a partir del cual pudieron recomponer las bases materiales de su ascenso y consolidar esta emergencia a través del acceso al control político del Estado peruano. No fue otro el significado del civilismo, aquel partido que se organizara en 1871 para traducir los intereses de las familias vinculadas al comercio, a la banca y a la agricultura; y que un año más tarde llegará al poder con Manuel Pardo para terminar de esta manera cinco décadas de sucesión casi ininterrumpida de control militar del Estado. De 1872 hasta las vísperas de la guerra con Chile, por consiguiente, se establecieron en el Perú las bases de un nuevo control político, pero ello tampoco logró que el Estado civilista acortara la distancia que lo separaba de la sociedad civil. Sea por su breve dominio o por su funcionamiento basado en

6. Burga 1976.

la exclusión explícita de las clases subalternas, el Estado de esta plutocracia costeña continuó siendo tan poco "nacional" como lo había sido bajo el control de los rústicos caudillos militares.

Es evidente que esta apretada síntesis del proceso económico y político entre 1821 y 1879 no muestra adecuadamente las variantes y los matices existentes. Pero estas, como en el caso de la sierra central (que se verá más adelante), no alteran los términos básicos del contexto en el cual estalla la crisis aparejada a la guerra con Chile.

Cuando explota la guerra a raíz de la negativa peruana de declarar su estricta neutralidad en el conflicto que ya oponía a Chile y Bolivia, el Perú era un territorio fragmentado, en el cual los ejes dinámicos de su economía estaban representados por las plantaciones de la costa norte y central, los yacimientos de plata relativamente importantes como los existentes en Cerro de Pasco, y los casi exhaustos yacimientos de guano. El apogeo del guano había prácticamente terminado y los esfuerzos desplegados por el gobierno de Pardo para reemplazarlo con el salitre no dieron los resultados esperados. Las diferentes clases sociales, por otra parte, no habían alcanzado una configuración definida, y más bien se evidenciaba la presencia de estamentos étnicos de naturaleza colonial (blancos, negros e indios), a los cuales se agregaban unos 100.000 culis chinos resultado de la movilización internacional de este tipo de trabajadores como consecuencia de los requerimientos introducidos por el guano desde la década de 1840.[7] Y aunque el Estado, por las razones anotadas, no pudo establecer una solidaridad nacional entre las diferentes clases y los distintos estamentos, tampoco estos últimos eran grupos cuyos miembros compartieron una solidaridad y una conciencia común. Ni lo "peruano" ni lo "indio", como conceptos genéricos, pudieron tener vigencia en el contexto del Perú de la guerra con Chile; más bien, filiaciones étnicas segmentadas en función de la adscripción a territorios o a unidades aisladas, operando con la conducción de un poderoso local.

7. Stewart 1951.

El proceso militar de la guerra en sus dimensiones más significativas está ahora suficientemente documentado,[8] y de él voy a aislar solo aquellas coyunturas que me parecen las más pertinentes en función del problema aquí planteado. Entre el inicio formal de la guerra, abril de 1879, y las batallas decisivas de San Juan y Miraflores, enero de 1881, que inmediatamente precedieron a la ocupación de Lima y la caída de la dictadura instaurada por Piérola, lo esencial de la victoria militar de Chile había sido conseguido. La Marina y el Ejército peruano habían sido sucesivamente destruidos, no obstante esporádicas victorias y actos de pundonor de algunos combatientes peruanos, y el gobierno civilista había terminado con la poca decorosa conducta de sus líderes más prominentes. La rápida desintegración del Estado, y del gobierno, pese a la euforia y el optimismo reinantes al comienzo, daba ahora paso al abierto enfrentamiento en el marco de una guerra nacional de dos fracciones rivales de la clase dominante peruana: civilistas y pierolistas. Por otra parte, la destrucción del ejército nacional, es decir, del garante de ese peculiar ordenamiento político y de la subordinación de las clases populares, colocaba a los propietarios peruanos frente a la amenaza combinada del ejército chileno y del levantamiento generalizado de las masas populares, urbanas y rurales, integradas por esos diversos estamentos étnicos. Y si pese a esta situación la guerra pudo prolongarse hasta la firma del Tratado de Ancón, en octubre de 1883, la continuación del conflicto fue debido a la resistencia obstinada que Cáceres enarbolara en la sierra central y el sur del país, y a la promesa del respaldo norteamericano en favor de una paz con Chile que no implicara la amputación del territorio peruano.[9] Pero es el problema de la resistencia de Cáceres y de las montoneras campesinas lo que interesa examinar aquí a fin de dilucidar el significado del compromiso de estos últimos.

Producida la ocupación de Lima y la instalación del gobierno de Francisco García Calderón con el respaldo de las bayonetas chilenas, Cáceres llegó a la sierra central, en abril de 1881, con el propósito

8. Basadre 1962-1964, Bulnes 1911-1919.

9. Bonilla 1979: 415-434.

de iniciar la resistencia al ejército invasor. Contaba para ello con un terreno muy poco familiar al ejército chileno y, sobre todo, con un contingente apreciable de campesinos indígenas que esperaba movilizar. Las investigaciones realizadas por Manrique (1981) y Mallon (1983) concluyen que durante los tres años que el caudillo permaneció en esta región no solo vio sus expectativas colmadas, sino que, incluso después de que el Tratado de Ancón se suscribiera, pudo advertir cómo el campesinado de la sierra central daba inicio a una movilización armada cada vez más independiente de su encuadramiento y de su mando militar. Pero no se trata, dicen ambos autores, de cualquier tipo de movilización. Se trató de una conducta nacionalista afirma Manrique,[10] mientras que Mallon nos dice que:

> [...] partiendo de esta confrontación, desarrollar una comprensión de las políticas nacionales y un intenso sentido nacionalista, a pesar de que ninguno de estos dos sentimientos serían reconocidos como tales por los integrantes de las capas altas o por observadores modernos. Su nacionalismo, por ejemplo, no fue un sentimiento generalizado o simbólico de su pertenencia a una nación, sino un sentimiento basado en algo mucho más concreto: su amor al terruño —por el lugar donde habían nacido, "bajo el sol y la tierra", por la tierra que cultivaban. De esta manera los chilenos no eran enemigos por ser chilenos; sino porque invadieron y destruyeron ese terruño, el bien más preciado del campesino, la fuente de su vida y su subsistencia.[11]

Manrique[12] piensa incluso que la conciencia indígena no se mantuvo inmutable a lo largo de la guerra y que tres cortos años fueron suficientes, dada la aceleración del tiempo histórico, para que sucesivamente esta pasara por cinco coyunturas: i) la indiferencia frente a la guerra, ii) una limitada lealtad durante la campaña de Lima, iii) una conciencia antichilena radical a raíz de los atropellos impuestos por el invasor en la sierra central y la formación de una alianza nacional con los terratenientes de la región, iv) una conciencia "patriótica"

---

10. Manrique 1981: 378.
11. Mallon 1983: 90-91.
12. Manrique 1981: 379-380.

expresada en la sanción a los terratenientes colaboracionistas, y v) una conciencia de clase antiterrateniente en respuesta a la represión anticampesina que finalmente implementara Cáceres. En otras palabras, lo que aquí se nos propone es una experiencia en la cual el campesinado de una región es capaz, en el contexto de una ocupación extranjera, de trascender los límites de su conciencia grupal y adoptar, de manera decidida, una conducta nacionalista. Pero las implicancias de este hallazgo van aún más lejos. Si se asume que en un país como el Perú de 1879 la clase que históricamente enarbola la bandera del nacionalismo, es decir la burguesía, aún no existía, y que incluso cuando esta se constituye, su consolidación significa ser cada vez menos nacional, resulta entonces que en tal contexto le correspondió al campesinado andino iniciar un peculiar nacionalismo que desafortunadamente quedó trunco como consecuencia de la ausencia de aquella clase burguesa cuyo concurso era esencial para que esa promesa, parafraseando el título de un célebre libro, deviniera en una posibilidad. Todos estos planteamientos son ciertamente sugerentes, mas ¿cómo reconciliarlos con la teoría que hasta aquí no hizo sino subrayar lo contrario? Porque ciertamente no basta, como sugiere Manrique,[13] reivindicar la primacía de la práctica sobre la teoría y decir que no es la realidad la que se equivoca... sobre todo si esa realidad, reconstruida sobre la base de evidencias no muy convincentes, puede ser *leída* de una manera completamente opuesta y cuando, al final de cuentas, la historia comparada por las experiencias que contiene es el terreno apropiado para ponderar los *impasses* de la vinculación del campesinado con la cuestión nacional.

Tanto Mallon (1983) como Manrique (1978) han demostrado que la sierra central del Perú, y particularmente las comunidades campesinas situadas a lo largo del valle del Mantaro, era una región con características que, incluso antes de 1879, la singularizaban del resto de las regiones del país. Dicho territorio tenía una mayor y muy temprana vinculación mercantil con Lima, a través del flujo de bienes de consumo remitidos, de una división social del trabajo

---

13. Ibíd., p. 381.

bastante profunda cuya expresión era la presencia de comunidades campesinas especializadas casi exclusivamente en la producción de cierto tipo de bienes, y finalmente, de la poca significación de las grandes propiedades como unidades de explotación y de dominio. Estas habrían sido las bases para un temprano proceso de mestizaje de parte de la población indígena. Dichas precisiones son importantes en la medida en que otorgan una connotación muy precisa a la participación de ese campesinado durante el conflicto con Chile, e impiden generalizar los hallazgos hacia otras regiones del país, las más aisladas y con mayor población indígena. Ahora bien, y como se ha señalado, el nacionalismo de este campesinado habría sido despertado gracias a la convergencia de una doble situación: las extorsiones impuestas en el área por el ejército chileno de ocupación, por una parte, y el esfuerzo desplegado por Cáceres al organizar la resistencia de ese campesinado, por la otra. Las evidencias en las cuales se fundan estas afirmaciones son cartas intercambiadas entre líderes y reclutas, y en decisiones tomadas en reuniones de campesinos. También en el caso de la sierra central, como se preguntara Lucien Bianco a propósito de la China, ¿es el odio el camino más corto para acceder a la conciencia nacional?[14] En este contexto, es indiscutiblemente cierto que la opresión impuesta por un ejército extranjero sobre la población nativa constituye un elemento muy poderoso para incentivar la resistencia y la movilización de esta última en contra de los "otros", y para que esta movilización pueda plantearse en un lenguaje nacionalista. Un ejemplo que ilustra adecuadamente este proceso es la experiencia del campesinado chino durante la ocupación japonesa. Pero al mismo tiempo resulta necesario reconocer que lo ocurrido en la sierra central en 1879 no es comparable ni en envergadura ni en duración a lo ocurrido en China en 1937; y que además, incluso si se omiten estas obvias diferencias, el nacionalismo del campesinado chino no nace espontáneamente, se origina, más bien, como respuesta a la brutalidad de la agresión japonesa y la agitación activa de los cuadros del partido comunista.[15] En el caso de la sierra peruana, las

---

14. Bianco 1967: 257.
15. Johnson 1962: 26-27.

evidencias mostradas por quienes postulan el nacionalismo campesino no permiten determinar claramente los límites entre la natural reacción campesina frente a la agresión extranjera a través del lenguaje proporcionado por Cáceres; o si se trata de un sentimiento y de una conciencia más genuina. Los "nacionalismos" espontáneos son, en realidad, muy poco convincentes, y en ese sentido sería sumamente importante indagar a qué aluden los campesinos cuando escriben o pronuncian palabras como "patria", "país", "nación".

Cuando, por otra parte, se menciona el levantamiento de los campesinos sin que hayan sido objeto de una agresión previa, como en Comas, con el propósito de evidenciar que su sentimiento nacional no fue desencadenado por las extorsiones del ejército chileno,[16] se omite el hecho decisivo de que en un contexto de guerra, con comunidades entrelazadas entre sí y con el desplazamiento continuo de gentes, bastaba conocer lo que estaba ocurriendo a los vecinos, sin tener que compartir la misma experiencia, para empezar a movilizarse.

Que campesinos y terratenientes de la sierra central formaran a comienzos de la resistencia un frente contra el invasor chileno, no se entiende bien pues parece algo sorprendente e inusitado. Uno estaría tentado a decir que lo sorpresivo sería justamente lo contrario. Porque por muy grande que haya sido la integración de esa región con Lima, e intensos los cambios económicos en el interior de la región, esos procesos no comprometieron los mecanismos a disposición de la clase propietaria para asegurarse la lealtad y la disciplina de los campesinos subordinados de manera directa e indirecta bajo su mando. Pero es en la ruptura de esta alianza y en la ocupación de las haciendas de sus anteriores aliados por parte de los campesinos que Mallon y Manrique encuentran otra evidencia del patriotismo de estos últimos. Se nos dice, en efecto, que los terratenientes eran castigados no por ser terratenientes sino por colaborar con el ejército invasor, y varias cartas efectivamente aluden a esa situación. Sin embargo, el mismo Manrique reconoce que el distinguir entre los que colaboraban y los que no lo hacían en el contexto "era muy complicado

16. Manrique 1980: 154.

[dado] que la sola permanencia de los invasores en los centros poblados implicaba directamente al conjunto de sus habitantes en su sostenimiento".[17] Pero admitamos por un momento que pese a toda esta distinción haya sido posible que los campesinos lograran ocupar las haciendas localizadas al sur del valle del Mantaro, como castigo a la conducta prochilena de sus propietarios. No se requiere, sin embargo, de mucha suspicacia para interpretar esa conducta como la reparación de viejos agravios, con la ventaja adicional de camuflar esta revancha, en medio del caos general, con el manto de una sanción moral a una conducta poco decorosa. En tal sentido, y para que la explicación fuera más convincente, hubiera sido indispensable una reconstrucción más precisa de las relaciones establecidas entre terratenientes y campesinos dentro y en el entorno de las haciendas afectadas para ser comparadas con aquellas que prevalecieron en las haciendas exentas de los ataques campesinos. Y también aludir de manera más explícita a los personajes que casi siempre permanecen en la penumbra: los peones de esas haciendas y su comportamiento en el contexto de la guerra.

Finalmente, en la medida en que la clase terrateniente optó de manera más decidida por renunciar a la resistencia y pasar a la colaboración o a la búsqueda de la paz con Chile a cualquier precio, etapa que efectivamente se apertura con la enérgica demanda del hacendado Iglesias en Montán el 31 de agosto de 1882, los campesinos de la sierra central comenzaron a despojarse del manto nacionalista y más bien iniciaron un abierto ataque contra el conjunto de la clase propietaria, pero esta vez por su propia condición de clase. El engranaje propuesto es ciertamente cautivante, pero confieso no haber sido capaz de detectar en la reconstrucción ofrecida del proceso bélico los mecanismos concretos a partir de los cuales tal transición fue efectivamente posible. No resulta nada sorprendente que, ante la amenaza combinada del ejército invasor y de la nueva actitud de sus antiguos aliados, sobre todo si estos están ausentes, el campesinado en su movilización reivindique y tome tierras. Lo que queda

17. Manrique 1981: 348.

por demostrar, de manera más convincente, son los cambios que este nuevo comportamiento traduce en los niveles de conciencia del campesinado.

Este sui géneris nacionalismo campesino, se nos dice, se desvanece con la misma rapidez con la que aparece, aunque esta vez se atribuye su caída a la ausencia de una clase externa capaz de conducir el nacionalismo hasta su plena realización. Manrique sostiene que un movimiento campesino aglutinado por la guerra, pasa a "disgregarse" cuando desaparecen las fuerzas de ocupación y termina por adquirir un "carácter crecientemente local",[18] es decir, vuelve a fragmentarse. Mallon, en términos mucho más metódicos, analiza que el desenlace de la guerra produjo en el movimiento campesino de la sierra central una doble situación en función de lo ocurrido durante los años en los que se desarrolló el conflicto. En la parte norte del valle del Mantaro, donde la alianza entre terratenientes y campesinos fue más durable, tuvo éxito una política de cooptación de los rebeldes mediante la cual se crearon demarcaciones distritales que en adelante podían mediar entre sus intereses y los del Estado; en el sur, sin embargo, tal arreglo no fue posible por el nivel de conciencia alcanzado por los campesinos de esa parte del valle. Más bien, como ocurriera con la federación de distritos animada por Comas desde enero de 1888, los campesinos buscaron la constitución de asociaciones regionales más cercanas a sus intereses, mostrando así una disposición a respaldar cualquier plataforma nacional-burguesa siempre y cuando existiera una clase o un partido con la capacidad y la decisión de viabilizarla.[19] En esa anticipación histórica radicaría, por consiguiente, su fracaso.

Atomizados o prematuros, poco importa. La lección esencial de la experiencia campesina de la sierra central en el contexto de la guerra con Chile es justamente que ese "nacionalismo" campesino careció de todo fundamento sólido y su emergencia como sentimiento, aunque rápidamente disipado, obedeció al impulso de la guerra y a las extorsiones del ejército chileno. Al no existir aquellas bases materiales y espirituales que efectivamente forjan y hacen irreversible

18. Manrique 1981: 368.

19. Mallon 1983: 101-123.

una conciencia nacional, al desaparecer las fuerzas que momentáneamente soldaron un sentimiento de nuevo tipo, este "nacionalismo" terminó por diluirse.

Con todo, y este es un problema sobre el cual se volverá luego, inclusive con las conexiones señaladas, la movilización alcanzada por los campesinos de la sierra central con las características mencionadas, no ocurrió con las otras fracciones del campesinado ubicado en el territorio peruano ni en las otras regiones del país. En el caso de los trabajadores culis chinos, ellos más bien aprovecharon la crisis de 1879 para vengar viejos y recientes agravios.[20] En el caso de la población campesina negra establecida en el valle sureño de Cañete, la guerra volvió a abrir resentimientos étnicos muy mal contenidos.[21] Finalmente en Cajamarca, la evidencia reunida hasta ahora parece sugerir el enfrentamiento de caciques rivales con sus huestes respectivas en el marco de un profundo caos social.[22] En consecuencia, la movilización campesina en la sierra central fue efectiva en el respaldo a la resistencia enarbolada por Cáceres debido a que la región contenía una población más integrada a Lima cuyo campesinado, al participar de relaciones mercantiles más intensas era ya el menos indio en la segunda mitad del siglo XIX. Pero es sobre el contenido de esa movilización que importa ahora reflexionar.

Una de las barreras esenciales que impide una correcta comprensión de la vinculación de los campesinos con la cuestión nacional es el hecho de nuestra completa ignorancia de lo que significan conceptos como "nación" y "patria", para campesinos que tienen una filiación étnica que no ha sido vulnerada por una adscripción nacional. Si esa mezcla de sentimientos que Manrique y Mallon reconstruyen son las expresiones de un "nacionalismo" campesino en el contexto cultural de los Andes, entonces no cabe sino suscribir sus afirmaciones. Pero de esa manera, el riesgo que se corre es el de incluir en el concepto "nación" las más disparatadas de las expresiones, y ya no

20. Bonilla 1978: 107-110.

21. Ibíd., pp. 109-110.

22. Dammert 1983.

es posible establecer un deslinde analítico con otras lealtades que no son precisamente nacionales.

Hasta aquí, la mayoría de los análisis sobre el problema nacional y el nacionalismo han estado de manera implícita o explícita inspirados por la experiencia europea del siglo XIX. Reconocen, en primer lugar, que su portador es la burguesía en ascenso y que cuenta para su realización con un mercado nacional integrado y con un Estado para transformar la conciencia de su clase en ideología nacional. ¿Pero qué ocurre, como en el Perú de la guerra con Chile, cuando no existen burguesía ni mercado nacionales, y cuando el Estado a duras penas puede obtener la lealtad solo de la clase dominante? Como hemos visto, la respuesta de Mallon y Manrique es que existe un "nacionalismo" precapitalista, esta vez encarnado en los campesinos de una región privilegiada como la de la sierra central. Aun admitiendo hipotéticamente que esto fuera cierto, solo para continuar la discusión, ¿cuáles son en este caso las bases para la emergencia y la reproducción de este sentimiento? Y en última instancia, ¿hacia qué apunta ese nacionalismo? Sobre estas cuestiones capitales, los autores solo tienen frases vagas y, en el mejor de los casos, son sus impresiones las que nos son dadas como el contenido de la conciencia nacional campesina. Es el poético "amor del terruño", en el caso de Mallon, o la confesión de duda, en el caso de Manrique,[23] de que el nacionalismo de ellos (los campesinos) sea el mismo que el nuestro, para afirmar después que el mensaje del nacionalismo del campesinado de la sierra central buscaba "consolidar la autarquía de las comunidades y consolidar los particularismos".[24] No es otra cosa que aquello que los antropólogos llaman tribalismo.[25] Para profundizar esta cuestión conviene tal vez, a estas alturas, remitirse a las enseñanzas de la historia comparada:

> En lo que concierne al campesinado, evidentemente, ello no significa que ningún segmento marginal haya sido incorporado activamente al movimiento nacionalista o que en la medida en que el nacionalismo

23. Manrique 1981: 383.
24. Ibíd.
25. Sahlins 1968.

avanzaba y se afianzaba el campesinado no haya llegado a aceptarlo. Pero por lo general, las masas rurales han mostrado indiferencia frente a las nuevas corrientes. En el mejor de los casos y casi siempre con retraso, fueron adherentes pasivos del credo nacionalista.[26]

Con estas palabras, Emerson resume los hallazgos básicos de la investigación y de los testimonios sobre campesinado y nacionalismo en Europa, Asia y África realizados hasta los comienzos de la década de 1960. Antes, en el contexto de la Segunda Internacional, respecto de este mismo problema Anton Pannekoek escribía:

> A menudo se califica a los campesinos de fieles e inconmovibles preservadores de la nacionalidad. Pero al mismo tiempo Otto Bauer los califica de tributarios de la nación que no tienen participación alguna en la cultura nacional. Esta contradicción ya indica que lo "nacional" del campesinado es algo totalmente distinto a lo que constituye las naciones modernas. Por cierto que la nacionalidad moderna salió de la campesina, pero a pesar de ello ambas son en esencia completamente diferentes.[27]

No tengo la impresión de que el debate y las investigaciones recientes, como la reseña de Arnold al libro de Hardiman sobre el nacionalismo del campesinado hindú lo demuestra, hayan alterado las conclusiones básicas acerca de las dificultades existentes para que el campesinado asuma un verdadero compromiso nacional.[28] Y cuando la integración nacional del campesinado finalmente se produjo, este fue el resultado de un proceso enteramente distinto del que Mallon y Manrique muestran para el caso de la sierra central peruana.

En el caso del Japón, por ejemplo, esa integración nacional del campesinado surgió del papel eficiente jugado por el Estado-nación. Pero, a su vez, la acción del Estado no hubiera sido posible de no existir premisas favorables como las derivadas de las reformas del

26. Emerson 1962: 195.

27. Pannekoek 1978: 264.

28. Hardiman 1981. La reseña de Arnold sobre el libro de Hardirnan está en *The Journal of Perasant Studies* 1982, vol. 10: 119-121.

periodo Meiji y del Tokugawa: sistemas feudales altamente centralizados a escala regional; el aislamiento que permitió la homogeneidad racial, cultural y religiosa; intermediarios efectivos en el ámbito de las comunidades rurales para recepcionar e implementar las políticas del gobierno.[29] En el otro extremo, en el caso de Francia del último tercio del siglo XIX, se ha convincentemente argumentado que la nación no fue una realidad dada, sino un *work in progress*; y que en ese proceso las décadas 1880-1910 fueron decisivas, pues se convirtieron en el escenario para la construcción de caminos y ferrocarriles, la difusión del lenguaje de la cultura dominante a través de las escuelas y el reclutamiento militar que incluso llevó esas enseñanzas al hogar,[30] rompiendo de esta manera y de modo irreversible el aislamiento de las poblaciones rurales de las diversas regiones francesas. A la luz de esa experiencia no es posible sino concluir que la integración nacional del campesinado en el contexto del Perú es aún, como muchas otras, una promesa incumplida.

29. Yamasaki 1982: 132-45.

30. Weber 1976: 485-496.

VIII / Bolivia: los dilemas de su participación en la Guerra del Pacífico, 1879-1884[1]

La llamada Guerra del Pacífico enfrentó militarmente a Bolivia, Chile y Perú entre 1879 y 1884, y fue uno de los conflictos más sangrientos ocurridos en América del Sur durante el siglo XIX. Si bien sus causas fueron múltiples, la razón fundamental fue el control de los importantes yacimientos del guano y del salitre existentes en Atacama y Antofagasta, derivado de la ambigüedad existente en torno a lo que eran las fronteras efectivas entre Bolivia y Chile. Como ocurre con todos los conflictos que estallaron en el continente, su proceso y su desenlace atrajeron el interés y la curiosidad de la historiografía nacional, siendo sobre todo sus dimensiones bélicas y políticas las más intensamente exploradas. Solo en años recientes sus componentes económicos y sociales han sido objeto de investigaciones más precisas, principalmente en el contexto del Perú[2] y, en menor medida de Chile.[3] Ese sesgado énfasis en la política y en la guerra, además, está cubierto por una pesada carga ideológica, donde la victoria o la derrota se celebran o se subliman, para convertir sus diferentes episodios en los parámetros fundamentales de una

1. Publicado en: Bonilla, Heraclio. *La metamorfosis de los Andes. Guerra, economía y sociedad*. La Paz: Centro de Estudios para la América Andina y Amazónica, 2014.

2. Bonilla 1978a, Manrique 1981[1978], Favre 1975, Mallon 2003.

3. Pinto 2003.

memoria colectiva considerada como sagrada, lo cual constituye un obstáculo fundamental para el avance del conocimiento. Pero en el caso de Bolivia, la situación es aún peor, porque, salvo excepciones muy puntuales, su historia durante esta coyuntura está por escribirse.

Este ensayo intenta, apenas de forma exploratoria, examinar algunas de las dimensiones de la participación de Bolivia durante la guerra, y en particular las cambiantes expresiones de su compromiso con el Perú, tanto en el ámbito diplomático como en el militar. Está basado enteramente en fuentes secundarias, y su única justificación es intentar formular unas preguntas que nacen del contraste cuando se compara el proceso boliviano con lo ocurrido en Chile y Perú.

Como bien se sabe, la guerra en sus inicios no envolvió al Perú, sino que fue un conflicto limitado a Chile y Bolivia. El Perú ni siquiera tenía una frontera común con el primero, mientras que los linderos entre Chile y Bolivia fueron motivo de disputas frecuentes. Y si el Perú se vio inmerso en la guerra, su territorio ocupado (lo que no ocurrió con Bolivia), la razón fundamental fue el llamado Tratado "secreto" de alianza defensiva entre Perú y Bolivia, suscrito el 6 de febrero de 1873 por José de la Riva-Agüero, canciller del Perú, y don Juan de la Cruz Benavente. El porqué de esta alianza es aún motivo de controversia. La interpretación más piadosa ha sido formulada por José Pardo y Barreda, hijo del presidente del Perú, quien en un libro recién publicado en 1979 señala que el Gobierno peruano lo hizo motivado por razones de justicia; mientras, Roberto Querejazu Calvo, un historiador boliviano, señala que estuvo inspirado por el deseo de evitar mayores agresiones de Chile,[4] como la expedición liderada desde este país por Quintín Quevedo, un exiliado quien en agosto de 1872 buscó derrocar al presidente Morales. Más allá de las razones de cada quien, esta alianza, que fue precedida por la Confederación Perú-Boliviana de 1836 a 1839, estuvo inspirada por el temor de los gobiernos de Perú y Bolivia ante la expansión territorial de Chile hacia el norte, y en el caso específico del Perú, por el riesgo que significaba que al no firmar el tratado, Chile y Bolivia se convirtieran en una amenaza conjunta contra el

4. Querejazu 1979: 115.

Perú. El artículo primero de este tratado vinculaba a ambos países para "garantizar mutuamente su independencia, su soberanía y la integridad de sus territorios", mientras que el cuarto señalaba que "declarado el *causas foederis* las Altas Partes Contratantes se comprometen a cortar inmediatamente sus relaciones con el Estado ofensor". Para dar mayor solidez a esta unión, se buscó infructuosamente la adhesión de la Argentina, país que a su vez tenía discusiones no resueltas con Chile en torno a la posesión de la Patagonia.

Las tensiones entre Chile y Bolivia no se limitaban a las aventuras de Quevedo, sino que se remontaban a varias décadas atrás por la cuestión limítrofe, avivada por el descubrimiento de importantes yacimientos en Atacama explotados mayoritariamente por capitales y mano de obra chilenos. En 1878 había en Antofagasta 6554 chilenos, 1226 bolivianos y 727 personas de otras nacionalidades;[5] mientras que la principal empresa que operaba en la región era la Compañía de Salitres y Ferrocarril de Antofagasta, creada en 1872 con un capital de 2.900.000 pesos, dos tercios de los cuales fueron aportados por los chilenos Agustín Edwards y Francisco Puelma, y el tercio restante, por la empresa inglesa Gibbs. No se trata de contar otra vez esta densa y complicada polémica, que va desde la aseveración que Atacama nunca formó parte de Chile, como lo afirma Caivano,[6] mientras que Sergio Villalobos, un historiador chileno, escribe que "Bolivia nació a la vida republicana sin costa".[7] Basta recordar que esta tensión alcanzó un arreglo, que parecía definitivo, con el tratado que suscribieron Chile y Bolivia el 6 de agosto de 1874, complementado por el del 5 de julio de 1875, por el cual el paralelo 24 en el litoral y el *divortium aquarum* en la cordillera de los Andes, fue fijado como el límite entre ambos países. Un nuevo tratado establecía que los derechos de exportación sobre los minerales perdurarían durante veinticinco años. Pero el nuevo gobierno de Hilarión Daza, inaugurado en 1876, impuso el 14 de febrero de 1878 a la Compañía de Salitres un impuesto de diez centavos por

5. Villalobos 2002: 132.

6. Caivano 1978 [1904], vol. II: 45.

7. Villalobos 2002: 85.

cada quintal de salitre exportado. Un año más tarde, el 11 de febrero de 1879, suspendía la decisión anterior pero a la vez rescindía el contrato de 1873 y anulaba la concesión de terrenos salitreros a la compañía. Tres días más tarde, el 14 de febrero, la respuesta chilena fue la ocupación de Antofagasta por su ejército. Daza, enterado de los preparativos de guerra de Chile y de la ocupación por su ejército de Antofagasta y Caracoles, tuvo una reacción tardía, ocultando la información a su pueblo y prefiriendo culminar la celebración de los carnavales.[8]

¿Qué motivó la decisión de Daza? Sin duda la penuria fiscal, aunque Querejazu sugiere que fue el descubrimiento fortuito del texto del tratado de alianza secreta, perdido en un armario de la cancillería boliviana, el que lo envalentonó.[9] Sin embargo, en opinión del barón d'Avril, representante de Francia en Santiago, habría sido el gobierno del Perú el que habría inducido el establecimiento del impuesto, a fin de elevar el precio del salitre y dificultar su competencia con el de Tarapacá, de la misma manera que, a través de Juan G. Meiggs, promovió el arrendamiento de las estacas de salitre del Toco.[10] Cabe recordar que en julio de 1873, el gobierno de Manuel Pardo había expropiado las salitreras de Tarapacá ante el agotamiento de los depósitos del guano, como una medida para atenuar los efectos negativos sobre su precio derivado de la competencia recíproca que podían entablar empresas de propiedad privada.

La tensión creciente sobre Antofagasta desató dos iniciativas diplomáticas opuestas por parte de Bolivia y Chile en relación con el Perú. Serapio Reyes Ortiz fue enviado a Lima como plenipotenciario para invocar la alianza y ofrecer, como compensación al Perú, la cesión de la región salitrera por un siglo; mientras que Joaquín Godoy, el diplomático chileno, solicitaba al presidente Prado el envío a Santiago de un mediador. Se eligió a José Antonio de Lavalle, quien partió del Callao el 2 de febrero de 1879 en una misión infructuosa como consecuencia de las sospechas de los dirigentes chilenos sobre

---

8. Querejazu 1979: 275.
9. Ibíd., p. 328.
10. Villalobos 2002: 127-130.

los alcances del tratado de 1873, y por las propuestas formuladas en su mediación: la evacuación de Antofagasta a cambio de la suspensión de la decisión de 1878. Chile, por su parte, insistía en que la abrogación del tratado de 1874 restituía la situación anterior a 1866, con el control por su parte del territorio hasta el paralelo 23. El fracaso de la mediación, la declaratoria de guerra de Bolivia a Chile el 18 de marzo y la negativa del Perú de declarar su neutralidad, generaron la respuesta chilena de guerra a los aliados el 2 de abril de 1879.

Al inicio de la guerra, Bolivia contaba con una población estimada entre 1.200.000 y 2.350.000 habitantes, en el marco de una economía estancada. Su ejército, mayormente indígena, tenía 2232 hombres, de los cuales 330 eran oficiales, 55 cadetes y 826 sargentos, divididos en tres unidades de infantería, de los cuales hicieron parte los afamados colorados; además de una guardia nacional de 54.000 hombres, que solo existía en el papel, todos muy mal armados. Asimismo, no contaba con ninguna fuerza naval.[11] Chile, por su parte, tenía una población estimada en 2.200.000 habitantes, con una economía más estable, y con un ejército de 2440 hombres, de los cuales 405 eran oficiales. Tenía cinco batallones de infantería, dos de caballería y uno de artillería. Su fuerza radicaba en la Marina: contaba con los buques *Cochrane* y *Blanco Encalada*, ordenados de Inglaterra en 1873, además del *Chacabuco* y el *O'Higgins*, y de las corvetas *Esmeralda*, *Magallanes*, *Covadonga* y *Abato*, con un total de 1137 marinos.[12] El Perú tenía una población calculada en 2.699.945 habitantes, con una economía en declive luego de la euforia guanera, una infantería de 3539 hombres, una caballería de 833 y una artillería de 869; es decir, un total de 5241 hombres. Su fuerza naval estuvo integrada por la fragata *Independencia*, el monitor *Huáscar*, las corvetas *Unión* y *Pilcomayo* y los monitores *Atahualpa* y *Manco Capac*.[13]

El primer escenario de la guerra fue el mar, donde Chile contaba con una ventaja evidente. Al mes siguiente de iniciado el conflicto, el 21 de mayo, en el combate naval de Iquique, el Perú perdió la

---

11. Phillips 1973: 93-95.
12. Ibíd., pp. 102-103.
13. Ibíd., pp. 105-106.

Independencia, su buque más poderoso, y el 8 de octubre, en Angamos, fue capturado el *Huáscar* por el adversario, lo que aseguró a Chile el dominio absoluto del frente marítimo, el que en adelante fue utilizado como respaldo al avance de su ejército por tierra. Estos tempranos desastres fueron apenas la premonición de lo que ocurriría más tarde. Apenas unos meses después de haber iniciado el conflicto, las batallas de Iquique (21 de mayo de 1879), Tarapacá (27 de noviembre de 1879), San Francisco (19 de noviembre 1879), Tacna y Arica (25 de febrero de 1880), Mollendo (9 de marzo dc 1880), Los Ángeles (22 de marzo de 1880), Tacna (26 de marzo de 1880), Arica (7 de junio de 1880) fueron los hitos que marcaron la marcha irreversible de las tropas chilenas. Pero eso no fue todo. El 4 de septiembre de 1880 Patricio Lynch, el jefe chileno, inició su expedición al norte del Perú, y el 20 de noviembre de ese año las tropas chilenas alcanzaron Pisco, para ocupar Lima el 17 de enero de 1881, luego de las victorias decisivas de San Juan (13 de enero de 1881) y Miraflores (15 de enero de 1881). Estos desastres no solo fueron militares. Las tempranas derrotas del ejército aliado en el sur motivaron que el presidente Mariano Ignacio Prado se fugara del país el 18 de diciembre. Su fuga y su posterior renuncia a la presidencia propició el inicio de la dictadura de Nicolás de Piérola; asimismo, la emergencia del gobierno de La Magdalena de Francisco García Calderón con el respaldo del ejército chileno de ocupación, quien el 6 de noviembre de 1881 es detenido y posteriormente deportado a Chile por negarse a suscribir una paz con cesión territorial; el reemplazo de García Calderón por el contraalmirante Lizardo Montero; y, finalmente, el pronunciamiento de Miguel Iglesias, el 31 de agosto de 1882, exigiendo la paz con Chile a cualquier costo y abriendo de esa manera el camino a la firma del Tratado de Ancón el 20 de octubre de 1883. La resistencia a ultranza fue planteada, con coraje y convicción, por Andrés Avelino Cáceres y sus seguidores indios; pero el desastre de Huamachuco, el 1 de julio de 1883, hizo inviable la continuación de ese heroísmo. Por si todo esto fuera poco, antes y después de la ocupación de Lima, la guerra "nacional" del Perú contra Chile dio paso a un conflicto interno mucho más radical y decisivo, donde clases antagónicas representadas por los seguidores de Piérola, por una parte, y del civilismo, por otra, se enfrentaron; a la vez, ello produjo el estallido de una guerra racial abierta entre blancos, negros, indios y mestizos.[14]

La pregunta aquí es qué ocurrió y qué hizo Bolivia durante el conflicto, o de manera más precisa, su(s) gobierno(s); porque al igual que lo ocurrido en gran parte del Perú, en Bolivia, según afirma Querejazu "los indios, marginados de la vida política, diezmados, hambrientos y enfermos, ignoraron el drama internacional. Se dedicaron a alistar sus arcaicos arados, acompañando con lágrimas de alegría las lluvias, que ese verano, iban regando sus diminutas parcelas".[15] Esta pregunta es pertinente, pues más allá de los temores que la fuerza chilena inspiraba en los gobernantes del Perú, el conflicto inicial solo enfrentó a Chile y Bolivia. Su ingreso a la guerra fue el resultado inequívoco del compromiso adquirido con Bolivia en virtud del tratado de alianza de 1873, del mismo modo que su derrota frente a Chile implicó varios años de ocupación territorial, experiencia de la que se libró Bolivia. No se intenta aquí ofrecer una versión más a los ya incontables relatos que nutren la historiografía nacional de Perú y Bolivia, con sus luces de heroísmo y de sombra por la miseria moral de muchos de sus protagonistas, sino indicar los hechos más destacados de su participación en la guerra y en el campo diplomático, en la espera de investigaciones decisivas sobre el comportamiento de sus clases y estamentos étnicos dentro de la sociedad boliviana, problema que aún queda por conocer.

Declarada la guerra, el ejército boliviano salió de La Paz, el 17 de abril de 1879, con destino a Tacna, ciudad a la que llegó trece días más tarde. Sus gastos, de acuerdo con el protocolo firmado el 15 de abril, debían ser financiados con la mitad de los ingresos producidos por las aduanas de Arica y Mollendo y por las rentas de la venta del salitre, mientras que la otra mitad fue ofrecida en pago de los gastos peruanos durante la campaña, además de un préstamo de 100.000 soles libre de intereses. Estos términos fueron, posteriormente, modificados a favor de Bolivia. El ejército boliviano estuvo

14. Bonilla 1978b.

15. Querejazu 1979: 280-281.

mal equipado y los esfuerzos para fortalecer su armamento fueron decepcionantes, porque las armas compradas por Narciso Campero para un ejército de 2000 hombres, reunidos en Cotagaita, tenían municiones defectuosas o no eran del calibre apropiado.[16] Además muchos de los soldados no entendían las razones de su participación en la guerra, y quienes sí lo sabían, no comprendían por qué tenían que morir por el Perú.[17] En Tarapacá, el ejército aliado tenía concentrado 10.993 hombres, pero no pudo evitar su derrota el 2 de noviembre de 1879 por un ejército chileno de 4890 soldados,[18] y más bien la derrota provocó el levantamiento indígena en Conchas Blancas, cuya población fue movilizada por José María Soto, comandante chileno en Calama, con la promesa de supresión del tributo y de más independencia.[19]

Después de la derrota, el comando del ejército aliado decidió que Daza se dirigiera hacia el sur y asumiera el mando del ejército en Tarapacá. Daza abandonó Tacna con destino a Arica, el 4 de noviembre, al frente de 3000 hombres, incluida una artillería desarmada. En su travesía por el desierto, el ejército enfrentó muchos problemas, siendo uno de los principales el agua, carencia resuelta con vino en sus cantimploras...[20] Esa travesía, sin embargo, concluyó en Camarones el 14 de noviembre, decisión controvertida y cuyas causas aún se disputan, llegando a afirmar José Rosendo Gutiérrez, uno de sus generales, que Daza nunca decidió atacar a los chilenos por temor a perder la guerra, y por consiguiente el poder; mientras que por otro lado Buendía aseveraba que Daza desertó porque no confiaba en Prado.[21] Las noticias del retiro de Daza de la contienda afectó la moral del ejército antes de la batalla de San Francisco, o Dolores, el 18 de noviembre, donde fueron derrotados ante la pasividad de las tropas bolivianas, cuyos soldados, cuando abrían fuego, lo hacían

---

16. Phillips 1973: 132.
17. Ibíd., p. 134.
18. Ibíd., p. 146.
19. Ibíd., p. 147.
20. Ibíd., p. 149.
21. Ibíd., pp. 151, 156.

sobre las tropas peruanas más que sobre el enemigo, como resultado de la indescriptible confusión.[22] Spencer St. John, el representante de Inglaterra en Lima, en sus despachos al Foreign Office del 20 de noviembre y del 1 de diciembre de 1879, describe con asombro las peripecias de esta guerra:

> El único evento importante es la aparente conducta desleal del general Daza. Al saber de la lucha en Pisagua se propuso avanzar con su ejército. Salió de Tacna con 3500 hombres. Se detuvo cinco días en Arica. El 11 avanzó para atacar el flanco chileno, pero después de marchar unas veinte leguas se detuvo y luego ordenó la contramarcha sobre Bolivia (20 de noviembre)...[23]

Y continúa:

> El 10 de noviembre 10.000 peruanos y bolivianos avanzaron a atacar las fuerzas chilenas en las faldas de un cerro, pero el ataque fue tan mal dirigido que los aliados entraron en confusión y se replegaron. Cuando llegó la noche se dividieron en fracciones. Tres mil bolivianos parece que han regresado a su país en desorden... La cuestión más importante es la futura posición de los bolivianos. La dispersión de los fugitivos después del ataque chileno a Pisagua, la contramarcha del ejército del general Daza en el desierto, la huida de tres mil bolivianos después de la batalla de San Francisco y los disturbios en La Paz, a fines del mes pasado, han atraído la atención pública del Perú, y aunque hay esperanzas de que los bolivianos se mantendrán leales, no se confía mucho en su ayuda (10 de diciembre).[24]

Quienes sobrevivieron retornaron a La Paz.

Los temores de Daza se confirmaron, pues el 27 de diciembre fue depuesto como presidente, y fue reemplazado por Narciso Campero. Y si bien la actitud de este frente a la guerra contrastaba con la de Daza, su apoyo no tuvo mayores consecuencias en alterar su

---

22. Caivano 1978, vol. II: 284-285.
23. Citado en Querejazu 1973: 370-371.
24. Ibíd.

curso. El próximo escenario fue el Alto de la Alianza, cinco millas y media cerca de Tacna, donde la quinta división boliviana al mando de Campero llegó el 18 de abril de 1880. El ejército aliado contaba con 13.650 hombres, de los cuales 8500 eran peruanos y 5150 bolivianos, mientras que Chile tenía 14.500 en el valle de Sama, 1500 en Ilo y Hospicio, y 4000 en Tarapacá. Su ventaja no radicaba solo en el tamaño de su ejército, sino en la artillería (43 piezas frente a 23), además de contar con un abastecimiento de mulas y caballos.[25] La derrota del ejército aliado fue seguida por la ocupación de Tacna la tarde del 26 de mayo de 1880. El retorno de Campero a La Paz luego del desastre, el 10 de junio, fue diferente al de Daza, siendo más bien aclamado como héroe, elegido como presidente constitucional y promovido al rango de brigadier general; mientras que sus tropas por el contrario eran recibidas fríamente, incluso con vivas a Chile.[26] Finalmente, una semana antes de la firma del Tratado de Ancón tuvieron lugar los incidentes de Arequipa, donde Lizardo Montero y 3000 soldados intentaron en vano defenderla. El 23 de octubre los desastres de Jamata y Huasacache doblegaron su tambaleante deseo de resistir, y en lugar de defenderla, como había prometido, terminó huyendo a la Argentina. Ante la fuga, la población arequipeña, al igual que los campesinos de la sierra central, asumió la resistencia. Campero había prometido en La Paz, en diciembre de 1882, el envío de 1000 hombres a Arequipa, pero estas fuerzas apenas llegaron a la frontera. Campero no cumplió sus promesas porque le preocupaba que el desplazamiento de sus tropas alentara nuevas rebeliones internas y que Bolivia quedara desprotegida frente a una potencial invasión chilena. El juicio categórico de Tomás Caivano donde indica que "Bolivia nada hizo por socorrer, de manera activa y eficaz a la histórica ciudad del *Misti,* como pudo y debió hacerlo, ni mucho menos por alentar siquiera, con la presencia de sus tropas y banderas, el espíritu de una población que sufría, hace tres años, la ruda prueba de fatigas excesivas y de sacrificios más cruentos aún",[27] contradice

25. Phillips 1973: 184-185.
26. Ibíd., p. 189.
27. Caivano 1978, vol. II: 174.

la aseveración de Dante Parodi,[28] quien afirma que la alianza Perú-Boliviana fue efectiva hasta el 25 de octubre de 1883. La retórica de Campero de sostener esta alianza hasta el final no se tradujo en hechos de guerra efectivos, salvo el envío de algunas municiones.

Que el territorio boliviano no fuera invadido por el ejército chile no impidió, como en el caso del Perú, que estas derrotas militares lo convirtieran en un polvorín interno de dimensiones incalculables. Ello no significa, por cierto, que no se produjeran tensiones en el interior de las fracciones de la clase política boliviana, y de manera particular entre sus dirigentes. Estas tensiones, como se señaló, obligaron a que Daza abandonara la guerra luego de Caracoles, por temor a ser desalojado del poder. Poco más tarde, el 1 de marzo de 1880, Miguel Antonio Suárez se rebeló en Santa Cruz; luego el 12 de marzo de 1880, Campero, entonces presidente provisional, tuvo que huir de La Paz a Oruro cuando José Manuel Guachalla al frente del batallón Murillo ocupó dicho territorio en lugar de dirigirse a Mollendo para reforzar a los aliados. La decisión de Guachalla obligó a Campero posponer para un mes más tarde la Convención Nacional, inicialmente convocada para el 25 de abril. Pese a ello, los motines continuaron el 12 de abril en Tarapaya, cerca de Potosí.[29] En términos institucionales, además, esta división se tradujo en la emergencia de dos facciones que posteriormente se convirtieron en partidos: los "guerristas" (liberales más tarde), y los "constitucionales" (luego conservadores). Los primeros apoyaban a Campero y eran partidarios de continuar la guerra contra Chile; los segundos, eran partidarios del federalismo, y estaban a favor de una paz con Chile, de manera separada.[30]

Otra expresión de estas tensiones fue el acercamiento intentado por algunos dirigentes de Bolivia hacia Chile, en busca de romper la alianza contraída con el Perú y establecer una nueva con el adversario chileno. Esos intentos se desarrollaron pese a los esfuerzos, otra vez frustrados, de establecer una confederación entre Perú y Bolivia; los

---

28. Parodi 2001: 13.
29. Phillips 1973: 175-177.
30. Ibíd., p. 210.

protocolos iniciales de esta fueron firmados por Melchor Terrazas, a nombre de Bolivia, y Pedro José Calderón, el canciller peruano, el 11 de junio de 1880. Piérola sometió el protocolo a consideración de su Consejo de Estado, el cual consideró que la cuestión era demasiado importante como para tomar una decisión por sí solo y sugirió realizar una consulta popular para comprobar su viabilidad. La idea concluyó ahí, mientras que otro proceso distinto comenzó a desarrollarse paralelamente. Ya en abril de 1879, desde los mismos inicios de la guerra, los chilenos Manuel Vicuña y Joaquín Walter Martínez, quienes habían ofrecido ayuda para que Casimiro Corral desalojara a Daza y para que Bolivia obtuviera Tacna y Arica a cambio de su renuncia al litoral, a su regreso a Chile informaron impresionados que la respuesta conseguida había sido positiva. Luego de la derrota de Calama, los chilenos capturaron al coronel Belisario de Canseco quien supuestamente convenció a Emilio Sotomayor, comandante de las fuerzas chilenas en Antofagasta, que Daza podía canjear el litoral a cambio de Tacna y Arica; mientras que el 8 de abril Justiniano Sotomayor, un ingeniero y excónsul de Chile en Corocoro escribía a su amigo Daza que Chile podía ayudar a Bolivia a sacudirse del yugo peruano y convertirse en una gran nación al asegurarse del control de sus puertos naturales Arica, Ilo, Mollendo o Islay. Domingo Santa María, uno de los asesores cercanos del presidente Pinto, proponía acuerdos similares a algunos bolivianos que vivían en Chile, como Gabriel René Moreno, el historiador, y Luis Salinas Vega. El primero lo negó, pero Salinas Vega aceptó transmitir las propuestas a Daza. El protocolo firmado el 15 de abril, y por el cual Bolivia se comprometía a asumir todos los gastos de la guerra, creaba un contexto adecuado para estas tempranas negociaciones. Salinas Vega afirmaba que Chile era el más fuerte y que el enemigo real era el Perú. Al término de su primer encuentro con Daza este le manifestó a Salinas que estaba dispuesto a un arreglo con Chile a cambio de Tacna y Arica, dos barcos de guerra y dinero, además, pedía que Moreno fuera el encargado de tratar los términos del arreglo con Chile; al mismo tiempo, su duplicidad le hacía transmitir a Lima la carta de Sotomayor asegurando su rechazo a la propuesta. Esos acercamientos hicieron que el Gobierno peruano reconsiderara los protocolos del

15 de abril y del 7 de mayo al concederle a Bolivia un préstamo de 100.000 soles; pero la desconfianza que inspiraban estas tratativas hicieron que Prado se trasladara al escenario de la guerra y asumiera el comando efectivo de las tropas aliadas.[31]

A su retorno a Santiago, el 18 de mayo, Salinas se reunió con Gabriel René Moreno, quien a su vez le solicitó al ahora canciller Domingo Santa María una propuesta formal. En respuesta, el 29 de abril Chile garantizaba la posesión de Bolivia hasta el paralelo 23 a cambio de reajustar sus límites y otorgarle los medios de comunicarse con el Pacífico. Con esas propuestas, Moreno partió hacia Tacna, mientras que Chile pensaba que, luego de su victoria en Iquique, Daza cambiaría sus lealtades. El 10 de junio Moreno se entrevistó con Daza, quien luego de leer las propuestas de Chile las rechazó, y más bien las utilizó como un chantaje para obtener mayores concesiones del Perú: los aliados firmaron un tercer protocolo el 15 de julio, según el cual los gastos de la guerra serían asumidos por partes iguales.[32] El Gobierno boliviano continuó presionando para cambiar los términos financieros de su compromiso con el Perú en términos aún más favorables, e instruyó en ese sentido a su enviado Melchor Terrazas. En respuesta, el 17 de junio el Gobierno peruano exoneró a Bolivia de las deudas reconocidas al Perú en el protocolo del mes anterior.[33]

Pero el acercamiento más importante se produjo a principios de diciembre de 1881 en Tacna, cuando el influyente Mariano Baptista, con la aprobación del presidente Campero y con el pretexto que se dirigía a Panamá a la reunión convocada por Colombia, recibió del chileno Eusebio Lillo un "Memorando de bases para un arreglo de paz definitivo con Chile", el cual proponía la cesión de los territorios de Tacna, Arica y Moquegua a cambio del litoral boliviano hasta Camarones para Chile. Además, Chile prometía dar libre tránsito a perpetuidad a las mercancías bolivianas exportadas e importadas por todos los puertos desde Camarones hasta el paralelo 24, y se

31. Ibíd., pp. 112-116.

32. Ibíd., pp. 118-120.

33. Ibíd., p. 215.

comprometía a establecer una línea férrea la cual, partiendo de Iquique, Mejillones o Antofagasta, conectaría con la altiplanicie boliviana, a fin de servir a los intereses comerciales e industriales del sur de Bolivia. Se estipulaba una tregua en las acciones militares como un paso previo a la firma del tratado definitivo. Baptista envió el documento a La Paz y solicitó plenos poderes para pactar la tregua. En espera de esas credenciales, mencionó las dificultades que tenía Bolivia de llegar a un acuerdo sin la intervención de Perú, a lo cual Lillo respondió que no se podía tomar en cuenta a una nación "que carecía de unidad, de gobierno con autoridad nacional y de instituciones estables. Prescinda Bolivia, de una vez por todas, de su aliado; mire, al fin, sus propios intereses, sin amarrarse mas tiempo a las diversas formas de putrefacción que está viviendo su vecino".[34] Lillo terminó por recibir sus credenciales, mas no Baptista, quien al reiterar la urgencia del envío expresaba con elocuencia su conocida oposición a la alianza y a la guerra. Estos planes se frustraron por el cambio en la diplomacia norteamericana, y por una actitud más enérgica de los Estados Unidos en relación con el curso bélico. El nuevo presidente Garfield nombró, en marzo de 1881, a James G. Blaine como secretario de Estado, quien a su vez envió a Santiago a William Henry Trescott para exigir la reposición de García Calderón y el reconocimiento de su gobierno por parte de Chile,[35] con la amenaza de una ruptura de relaciones en caso de que no se acatasen ambas exigencias. Le pedía, además, expresar

> en lenguaje tan firme como sea posible con el respeto a una nación independiente, el desagrado que sentirían los Estados Unidos si Chile insistiese a tener derecho a arreglar sus dificultades con el Perú, sin intervención amistosa de otro país, y oponerse a la formación de un gobierno peruano que no acepte cesiones territoriales.[36]

34. Citado en Querejazu 1979: 657.
35. Bonilla 1978b: 415-435.
36. Citado en Querejazu 1979: 659.

Charles Adams, representante norteamericano en Bolivia, tuvo la oportunidad de entrevistarse con Trescott a su paso por el Callao y a su regreso a La Paz; al saber de las negociaciones entre Baptista y Lillo escribió a la cancillería boliviana el 1 de enero de 1882:

> Como resultado de una conferencia que hemos tenido en el Callao entre el Sr. Trescott y yo, el 23 de diciembre último [...] me comprometí con él a requerir de Bolivia la continuación del actual statu quo, hasta que la opinión e intenciones de Chile sean plenamente comprendidas [...] Tengo, pues, el honor de pedir al gobierno de Vuestra Excelencia, que no tome ninguna medida definitiva hasta que yo sepa el resultado de las negociaciones del Sr. Trescott en Santiago.[37]

Pero no solo Chile y Bolivia vieron frustrados sus deseos de llegar a un arreglo con abstención del Perú como consecuencia de la actitud de Blaine, sino que la política norteamericana hacia los aliados cambiará radicalmente a raíz del asesinato del presidente Garfield y su reemplazo por Arthur, con la consiguiente remoción de Blaine y su sustitución por Frederick T. Frelinghuysen, como nuevo secretario de Estado, quien más bien impulsará una política de "amistosa neutralidad".[38]

Luego de la ocupación de Lima, el presidente Campero en su proclama del 1 de febrero de 1881 señalaba que no sabía lo que haría el Perú, pero que Bolivia se mantendría fiel a su alianza, a la vez que buscaba el fortalecimiento de su ejército. Sin embargo, la creciente oposición interna a la guerra, a la vez que explicaba su inmovilismo, lo obligó a tomar medidas para silenciarla. Una de esas medidas fue el exilio del vicepresidente Aniceto Arce, uno de los más opuestos a continuar con el conflicto debido a sus intereses —era uno de los principales propietarios de los importantes yacimientos de plata de Huanchaca—;[39] el mismo que en un acto de deslealtad hacia Campero reintegró a la tropa licenciada por este como consecuencia de

37. Citado en Querejazu 1979: 660.

38. Bonilla 1978b: 425.

39. Mitre 1981.

su sedición. En su manifiesto, con motivo de su destierro el 11 de marzo de 1881, escribió: "El Perú es una nación sin sangre, sin probidad y sin sentimientos sinceros con sus aliados. Firmó la alianza con el solo y deliberado propósito de asegurarse su preponderancia sobre Chile".[40] Sin embargo esto no aplacó a la oposición, pues Mariano Baptista, uno de los que dificultaron la adhesión de Argentina al tratado de alianza defensiva y receptor del abortado protocolo de tregua propuesto por Eusebio Lillo en 1881, ahora en su condición de presidente de la Convención, expresaba también elocuentemente su negativa a que Bolivia continuara inmerso en la guerra y mantuviera la alianza. En el Congreso de 1883, en el marco de un áspero debate sobre la guerra y la paz, expresó en su intervención: "si se me permite el uso de una vulgaridad, es tiempo para Bolivia de liberarse del pongueaje del Perú".[41] Finalmente, luego de firmada la paz entre Chile y Perú, y ante el temor de que el primero invadiera Bolivia, Belisario Boeto, parlamentario, y Belisario Salinas, segundo vicepresidente, firmaron con el presidente Domingo Santa María una tregua el 2 de abril de 1884, que estipulaba el control, por parte de Chile, del territorio entre el paralelo 23 y 25 durante todo el periodo, la devolución por ambas parte de las propiedades confiscadas y el pago de una indemnización.[42] El 8 de agosto sus términos fueron aprobados formalmente por el gobierno de Campero y ratificados por el Congreso el 20 de septiembre. El mejor epitafio de todo este proceso fue escrito por Gustavo Adolfo Otero en su libro *Abaroa* (1927):

> La guerra del Pacífico fue para Bolivia y su aliado una comedia de errores. Cada esfuerzo era tardío. Los gobiernos del Perú y de Bolivia eran médicos que se limitaban a firmar certificados de defunción.[43]

Tal vez la palabra "dilema" no sea la más adecuada para designar el comportamiento del Gobierno boliviano y de algunos de sus

---

40. Citado en Phillips 1973: 241-242.
41. Ibíd., p. 308
42. Ibíd., pp. 316-320.
43. Ibíd., p. 328.

dirigentes durante la Guerra del Pacífico. Su irresponsabilidad y su aislamiento les impidieron percatarse a tiempo de las enormes riquezas que encerraba su lejano litoral, y cuando lo hicieron no fue sino para descubrir con asombro y fastidio que esos recursos eran explotados con provecho por hombres y capitales chilenos. Dada su debilidad, buscaron oponerse con el respaldo del Perú, cuya clase política, a su vez, compartía los mismos temores que su vecino del Altiplano y confrontaba sus mismas dificultades como consecuencia del inepto manejo de los fabulosos recursos generados por el guano de las islas de Chincha. Pero muy pronto estos dirigentes descubrieron que tal alianza nacida de la impotencia y la desesperación, esa comedia de equivocaciones a la que alude el escritor boliviano Otero, no conducía a ninguna parte, de modo que trataron, con algunas notables excepciones, de entenderse directamente con Chile y de liberarse de ese compromiso con el Perú, convertido ahora en una pesada carga para el desarrollo futuro de sus negocios privados. La historia, sin embargo, les brindó la coartada y el triste consuelo de saber que sus pares peruanos, con la notable excepción de Cáceres, pedían igualmente a gritos una paz inmediata con Chile, al ver el derrumbe de sus particulares intereses, y que Miguel Iglesias, sin mucho parlamento, terminó imponiendo un tratado de paz con completa prescindencia de la opinión boliviana. Pudieron hacerlo porque sus gobiernos, al final de cuentas, solo representaban sus intereses, excluyendo completamente al resto.

Consideraciones finales

Bolivia, Ecuador y Perú a comienzos de este nuevo milenio constituyen realidades políticas opuestas: las dos primeras bajo el control de gobiernos progresistas, contando incluso la primera con un gobernante indígena; mientras que en el caso de Perú la política económica persiste en su estricta adhesión a la ortodoxia neoliberal. La historia política reciente de Bolivia cuenta con la revolución nacional, la nacionalización de las minas y la reforma agraria de 1952, hechos que significaron avances sociales muy importantes en su momento, pese al retroceso posterior y a su profunda inestabilidad política hasta el advenimiento de Evo Morales. En el caso del Ecuador, su trayectoria no fue diferente hasta el ascenso de Rafael Correa, habiendo sido la revolución liberal de 1895 la que contribuyó en parte a su modernización. En el Perú, el hecho más notable fue la "revolución" que en 1968 implementaron los oficiales peruanos liderados por Juan Velasco Alvarado, y cuya trascendencia es innegable pese a sus avances y retrocesos. Se trata de países modernos, que cuentan incluso con altas tasas de crecimiento, con democracias formales, y en los que el peso de la población rural e india es cada vez menor. Pero los frutos de ese crecimiento están altamente concentrados, con amplios sectores sumidos en la pobreza y en la miseria, quienes recurren a una dinámica economía "informal" como una forma de sobrevivencia.

Aludir al peso del pasado y a la relevancia de la significación andina parecieran en ese contexto coordenadas desprovistas de importancia. Los rostros de la muchedumbre urbana aparentan traducir el derrumbe de los antiguos anclajes de segmentación y de exclusión. Pero esas apariencias no logran ocultar la persistencia de barreras de separación no solo entre la clase propietaria y los sectores populares, sino también en el interior de estos últimos.

Mundos desagregados y atomizados que dificultan toda acción colectiva, al extremo que en situaciones tan extremas como la guerra de 1879, una experiencia de cohesión potencial terminó en un múltiple enfrentamiento interno que condujo a la derrota militar de Perú y Bolivia frente a Chile.

En ese conflicto sus dirigentes, cuando no abandonaron el país, se enfrentaron con mayor convicción entre ellos que frente al ejército chileno. Esta clase propietaria, por ende, prefería a los chilenos en lugar de sus nacionales subalternos, opción acompañada de conflictos y matanzas entre las poblaciones populares según su color y su raza. En ese contexto, la alianza defensiva de los ejércitos de Bolivia y Perú fue el resultado de un malentendido, y dio más bien paso a la búsqueda unilateral de un arreglo con el vencedor. Desgarramientos que empiezan a ser rigurosamente documentados por la investigación social actual; pero que en un pasado no muy lejano fueran evocados por la literatura social de un Ciro Alegría en *El mundo es ancho y ajeno*,[44] cuyos personajes pensaban que en el conflicto se enfrentaban los generales "Chili" y "Pirú"; de un Enrique López Albújar quien en sus *Cuentos andinos*[45] registraba el rechazo del "cabecilla" de Ornas, en Huánuco, de organizar la resistencia contra el invasor chileno porque para él la explotación de los *mistis* blancos era la misma; o la extensa crónica de Jorge Inostrosa *Adiós al séptimo de la línea*[46] que narra las desventuras del general Daza encargado de la defensa de Bolivia y de la alianza de su ejército con el del Perú. En el caso de Chile, el resultado de su victoria se debió a razones muy diferentes, en el largo y corto plazo. Un espacio económico y social más reducido e integrado, una clase propietaria que contó, por lo menos en las pampas de Atacama, con la adhesión de los sectores populares, quienes manejaron sus identidades de clase y de etnia en función de sus intereses cambiantes y las subordinaron una a otra al compás de las fluidas coyunturas de la guerra, fueron procesos que gravitaron en contra de la fragmentación, a diferencia de Bolivia y Perú, y explican el desenlace final favorable a Chile. La lección fundamental de ese conflicto es que debiera evitarse su reproducción a través del establecimiento de vínculos de solidaridad entre países y del diseño de políticas internas incluyentes fundadas en la reciprocidad, una de las expresiones más reconocidas del mundo andino.

La profecía precisa del futuro es ajena a la práctica histórica pero nadie puede garantizar que guerras internacionales, por absurdas que sean en el contexto de la región, no vuelvan a estallar. Después de todo porque conflictos en la periferia son preferibles para quienes dominan desde el centro, porque favorecen a los mercaderes de la muerte en el negocio de las armas, y porque al final de cuentas utilizar la real o supuesta amenaza del enemigo externo fue una útil coartada empleada por los gobernantes para reprimir la insatisfacción doméstica. Pero las victorias aleatorias del conflicto suelen ser victorias pírricas.

---

44. Alegría 2007.
45. López Albújar 1975[1920].
46. Inostroza 2002.

Chile terminó trasladando la propiedad de las salitreras que ganó al capital extranjero y los "rotos" chilenos no tardaron mucho en darse cuenta de que su situación seguía siendo la misma pese a la sangre que derramaron en el enfrentamiento, con la cual contribuyeron más que nadie al desenlace del conflicto.

Cien años de soledad es el título de una espléndida novela centrada en una realidad que supera a la ficción. Pero en el mundo de hoy, perdurar y avanzar implica salir de este aislamiento a través de articulaciones políticas y económicas, las que son posibles cuando se comparte un espacio de consenso pese a las decepciones del pasado. Su realización implica, por otra parte, que las brechas internas se corrijan, desafío inmenso porque las fortunas de los pocos se asientan en la miseria de todo el resto. La convicción de que no será posible una convivencia perdurable tal vez aliente esta búsqueda.

Epílogo

Es necesario detenerse un momento en el itinerario emprendido hasta aquí a fin de establecer las conclusiones más relevantes. Uno de los propósitos esenciales de los trabajos anteriores fue tratar de explicar el porqué del atraso económico del Perú del siglo XIX, pese a los considerables recursos generados por el guano, fertilizante que a su vez era propiedad del Estado peruano. La respuesta a esta interrogante demandó la reconstrucción del mecanismo encargado de frenar la expansión de esta economía, señalándose que este era externo e interno a la economía peruana, cuyo funcionamiento permitió, externamente, la captación de excedentes e, internamente, la contracción del mercado interno. Ambas funciones eran necesarias y totalmente compatibles. Veamos cómo.

Durante casi todo el siglo XIX, de manera más precisa entre la Independencia y la Guerra del Pacífico, la función del Perú dentro del ámbito internacional fue la de servir como mercado para la realización de la plusvalía, a través de la compra de mercancías extranjeras, particularmente británicas. Este hecho tuvo una doble consecuencia. Por una parte, significó que el débil mercado interno fue sustraído para la producción masiva, y más bien fue directamente articulado a las necesidades de la producción europea. Como consecuencia de este hecho, por otra parte, se estableció un sistema que amalgamó el capitalismo europeo con la economía peruana precapitalista, fortaleciéndola, sin necesidad de establecer relaciones de producción idénticamente capitalistas. Esta situación aparentemente paradójica se explica porque la realización de la plusvalía, como la captación de excedentes, son funciones que el capitalismo puede desempeñar sin tomar en cuenta los modos de producción con los que se articule. Para ello solo son suficientes la ampliación de la producción mercantil y una monetarización más amplia de la economía. A partir del último tercio del siglo XIX, la situación empieza a cambiar radicalmente, debido a las nuevas necesidades de acumulación del capitalismo internacional las cuales hacen indispensable el establecimiento de relaciones capitalistas y de producción en las áreas periféricas.

El debilitamiento y la sustracción del mercado interno tienen otras concomitancias con relación a la estructura de clases de la sociedad peruana. Al no existir más un mercado nacional integrado por los productores nativos, estos o bien no tienen los estímulos necesarios para desarrollar la producción o bien, cuando los incentivos aparecen coyunturalmente, esta se encuentra destinada al mercado internacional. Las bases materiales de esta naturaleza son las que generaron la debilidad política y la subordinación económica de la clase dirigente. Pero esto no es todo. Puesto que existió una absoluta compatibilidad entre el precapitalismo de la economía peruana y el capitalismo internacional, es decir, no hubo ninguna necesidad de alterar sustantivamente la estructura económica y social heredada de la Colonia, y dado que no existían las bases materiales para hacer de la economía peruana un todo articulado, la clase hegemónica no solo estuvo incapacitada para desarrollar un proyecto nacional, sino que no pudo convertirse, hasta ese momento, en una clase genuinamente burguesa. Pero esta incapacidad, resulta conveniente recordarlo, no solo es material, sino también social y política.

Es sobre este trasfondo económico y social que, en la década de 1840, aparece inesperadamente el Estado peruano como propietario de un prodigioso recurso: el guano. Este contexto es el que explica por qué los sucesivos gobiernos despilfarraron los recursos generados por la venta del abono peruano, en lugar de emplearlos para fines productivos. Al no poder utilizarlo en la generación interna de capital, el Estado se vio obligado a emplear el guano como garantía para los sucesivos y sorprendentes empréstitos solicitados al exterior. Estos capitales, una vez más, solo sirvieron para la expansión y el fortalecimiento de una densa clientela de los gobernantes de turno y, en el mejor de los casos, para un intento de modernización de la estructura interna del Perú; pero, y es esto lo fundamental, evitando su radical transformación. Esta política obtuvo así un resultado opuesto: una mayor vulnerabilidad de la economía peruana frente a las crisis del capitalismo internacional.

La élite dirigente, fortalecida con las especulaciones financieras, la participación en los negocios del guano y el desarrollo bancario, no pudo, por estas mismas razones, iniciar y emprender la modificación sustantiva de este país. Ella prefirió invertir sus capitales en préstamos a un Estado sediento de dinero, deviniendo así en una clase rentista y parasitaria. Cuando circunstancias externas, totalmente excepcionales, la llevaron a modernizar y tecnificar la agricultura costeña, tal decisión será en respuesta a las exigencias de una presión externa y, por consiguiente, en función del mercado internacional. Se trata, en suma, de una situación muy provisoria y precaria, y su inserción en la estructura productiva no modifica de manera significativa la naturaleza de esta clase. El monopolio del capital financiero constituía la fuente fundamental de sus beneficios. Ello les permitió, por ejemplo, ser los verdaderos beneficiarios de la prodigiosa expansión azucarera que se inicia en la década de 1870, al ser los acreedores de una deuda por más de 30.000.000 de soles contraída por los propietarios de las plantaciones.

La persistencia del carácter colonial del Perú del siglo XIX tuvo también otro fundamento. El Perú, a diferencia de otros países de América Latina, no tuvo ni tiene una población étnicamente homogénea. Como consecuencia de la conquista, el ordenamiento social interno entre blancos, indios y negros fue un ordenamiento colonial, asimétrico, sustentado en la pertenencia al grupo colonizador o al colonizado. Tres largos siglos de control colonial abrieron una brecha profunda entre estos estamentos, oponiéndolos mutuamente y fragmentando internamente la sociedad peruana. El resultado no es solo división y oposición. En la percepción de la clase dirigente, aquello se tradujo en desprecio y humillación, es decir, los sentimientos que subliman y compensan un profundo miedo social hacia la población sometida. Ahora bien, dada la fragilidad política de la élite peruana, la erradicación de las bases coloniales de la economía peruana hubiese requerido la adhesión y el apoyo de las clases populares a un eventual proyecto de la clase dirigente. Pero ello no ocurrió ni podía ocurrir así, porque toda movilización de las clases populares implicaba un grave riesgo para la clase dominante, pues esta no disponía ni de la cohesión ni de la fuerza para mantener la movilización de los oprimidos detrás de objetivos muy precisos y delimitados. En un sociedad étnicamente homogénea, una movilización de las clases populares por las clases dominantes puede obtenerse, pese a las barreras de clase, siempre y cuando estas últimas logren invocar ciertos valores o propongan ciertos objetivos que puedan sensibilizar a las clases populares. En el Perú de la Colonia y del siglo XIX tal situación no existía. En una palabra, no había absolutamente nada que pudiese ligar a un aristócrata limeño con un indio sumido en la miseria: ni su historia ni sus valores ni sus ideales. Cuando se buscó el apoyo popular no fue en función de un proyecto solidario, sino como una manipulación, con una promesa paternal e incierta de una felicidad futura. Un suceso ocurrido durante la campaña electoral de Manuel Pardo por la presidencia, relatado por Paulino Fuentes Castro, ilustra elocuentemente esta situación:

> Ricardo Espiell, otro de los secretarios privados de Pardo, inteligente y astuto, vecino de Abajo el Puente, en cuyo barrio gozaba de prestigio adquirido por su sagacidad y amables maneras usadas con las gentes de los callejones, convenció a Pardo de la necesidad de presentarse personalmente en los de la calle de Malambo, la más populosa del distrito. Cuando penetraron a uno de ellos, de entre los habitantes salió una vieja negra que al ver a Pardo avanzó hacia él con los brazos abiertos y estrechándolo en ellos limpiándose los labios con la manga de la camisa. Le dio un beso en la boca gritando alborozada: *Mi niño don Manuel, vengan a verlo ¡que Viva!* Espiell, ante el coro de los vecinos que había formado, les dijo: *Aquí tienen, pues, a don Manuel que viene a visitarlos y ofrecerles su protección para cuando lo elijamos presidente.* Aplausos y vivas siguieron a este *speache.* Se alborotó el vecindario y

acompañaron en tropel al candidato hasta la plazuela de San Lázaro. Pardo narró con sonrisa irónica este incidente a su familia y a los que lo esperaban en su casa. ¡Un beso de una negra vieja en la boca! Hasta allí llegaron los extremos del aura popular.[1]

El nombre y el gesto de Manuel Pardo señalan una ruptura dentro de esta clase dirigente. El jefe del Partido Civil y presidente del Perú en 1872, antiguo director de la Compañía de Consignatarios Nacionales, lideraba aquella fracción de la clase dirigente que percibió que su desarrollo como clase estaba ligado al desarrollo material del Perú; y que este, para ser efectivo, no podía seguir dependiendo de un recurso tan aleatorio como era el guano. Puesto que esta clase, hasta 1872, no tenía el control político del Estado era necesario, por lo menos, persuadir a los gobernantes para que detuviesen el despilfarro de los recursos del guano y los invirtiesen en preparar las bases del desarrollo futuro. De acuerdo con la ideología de la época, este desarrollo significaba construcción ferroviaria. Es decir, articular más eficientemente el espacio peruano con el mercado internacional, modernizar la estructura de la comercialización pero sin modificar la estructura de la producción. Este fue el proyecto político y económico que esta clase comenzó a reivindicar desde mediados de la década de 1860, principalmente a través de la *Revista de Lima.* Dadas las grietas del sistema político fue Balta el encargado, a la vez, de frenar por un momento el desarrollo material y político de esta clase y de poner en marcha la implementación ferroviaria del país. Pero los empréstitos adscritos a los ferrocarriles terminaron por conducir al Estado peruano a una de sus mayores catástrofes financieras y por paralizar la administración civilista, restándole en la práctica toda significación a su conquista política de 1872.

La expresión política de esta fracción de la clase dirigente liderada por Pardo fue el civilismo. Dentro de las condiciones históricas del periodo, correspondió al civilismo formular el programa político y económico más avanzado para la modernización del país. En reacción a Dreyfus y a los comerciantes extranjeros, este fue un

---

1. Basadre 1961, vol. IV: 1921.

proyecto de tendencia nacional burguesa. Pero es este hecho, su mera reacción y no su decisión de transformar la estructura productiva, el que señala sus límites. Pardo y sus aliados, en efecto, exigen del Estado la protección de sus intereses, confundidos ahora con los intereses de la nación; pero, al mismo tiempo, invocan el concurso del capital extranjero en las tareas del desarrollo interno. Por otra parte, postulan la construcción de las líneas ferroviarias para articular al país y de esta manera estimular la producción interna, pero para una producción centrada en la explotación de materias primas, es decir, dependiente de las exigencias del mercado externo. La tragedia de este hombre radica en el divorcio absoluto entre la naturaleza de las bases económicas y sociales que sustentaban a su clase y el contenido ideológico de su mensaje. Que fue hasta cierto punto consciente de esta situación, lo prueban las grietas internas de su proyecto. Pero su caso no fue el único.

Juan Copello y Luis Petriconi, dos italianos establecidos en el Perú, publicaron en 1876 en el periódico *El Nacional* varios artículos con el significativo título de "Estudio sobre la independencia económica del Perú (1876)".[2] En plena crisis, ambos hicieron un diagnóstico de dicha independencia, de sus causas y de los posibles medios para superarla. La crisis en el pensamiento de Copello y Petriconi derivaba del desequilibrio entre la producción interna y el volumen del comercio de importación. Se importaba por el valor de 30.000.000 de soles, mientras que se producía solamente por un valor de 15.000.000, el saldo se cubría con la exportación del guano. Al absorber el servicio de la deuda externa los recursos generados por la venta del guano, concluían ellos, se produjo un problema de liquidez que provocó el estallido de la crisis comercial.[3]

El remedio, en el pensamiento de los autores, consistía en fomentar la producción de aquellos artículos fundamentales para el

---

2. Este trabajo ha sido reeditado por Pablo Macera, con un prólogo de Jorge Basadre, en la colección Biblioteca Peruana de Historia Económica, Lima, 1971 y publicado recientemente por el Instituto de Estudios Peruanos y el Banco Central de Reserva (2018) en su serie Historia Económica, vol. 33.

3. Copello y Petriconi 1971: 97.

consumo, a fin de disminuir el monto de las importaciones y equilibrar la balanza comercial. Para esto:

> Es preciso buscar otra combinación que nos haga producir más y consumir menos, o que nos obligue a consumir lo que produzcamos, o producir lo que consumamos sin tener que pagarlo al comercio extranjero. Este precioso equilibrio solo puede conseguirse con la reunión de dos condiciones, trabajo y protección del trabajo; luego debemos proclamar como base de nuestro plan económico, como condición *sine qua non* de la independencia económica del Perú estos dos grandes y fecundos principios: 1. la organización del trabajo por la iniciativa del pueblo, y 2. la protección del trabajo por iniciativa del poder público, o el sistema proteccionista bien entendido y bien organizado. Aun cuando no faltase esa buena e inteligente disposición del pueblo para organizar el trabajo, formar compañías, comprometer capitales, estudiar los proyectos, y todo prepararlo para el buen éxito de las empresas, todo esto no bastaría ni para dar aliento a los que tomasen esa iniciativa industrial, ni para asegurar el bueno y seguro resultado, si no pudiesen contar con la eficaz y favorable cooperación del poder público.[4]

No era esta la primera vez que se reclamaba una política proteccionista en beneficio de la producción interna. Casi inmediatamente después de la independencia, un grupo de artesanos limeños exigió que el Gobierno impidiese el ingreso de aquellas mercancías similares a la producción nacional. Pero tal pedido no tuvo efecto alguno por las presiones contrarias de los comerciantes británicos y porque el Estado peruano convirtió las aduanas en un instrumento de política fiscal y no de aliento a la producción nacional o nativa.

Las ideas de Copello y Petriconi, justas en abstracto y mucho más precisas que las de Pardo, encontraban en la realidad obstáculos que impedían su materialización. No basta reconocer que la "industria no se improvisa sino que nace, crece y se desarrolla poco a poco",[55] como tampoco basta postular que "su más pronto desarrollo

4. Ibíd., p. 36.

5. Ibíd., p. 93.

dependería del concurso y de la decisión de todas las clases del pueblo".[6] Más que un problema de voluntad era un problema de estructura el que se requería resolver para iniciar el fortalecimiento de la economía peruana. Una vez más, resultaba indispensable un sólido mercado interno y un Estado realmente nacional y no sometido a la presión externa. Tales factores, como se ha visto, no existían en el Perú del siglo XIX.

La guerra con Chile corta brutalmente este proceso y destruye el potencial productivo del país. La derrota militar, consecuencia directa de la profunda vulnerabilidad de la economía peruana, generó el colapso material, político y moral de la clase dirigente. Con ella se fueron también sus últimas veleidades nacionalistas. La reconstrucción económica de la posguerra permitirá su resurrección, esta vez como clase burguesa, nutrida y sustentada por su permanente y estrecha subordinación al capitalismo internacional. Esta será cada vez más burguesa a condición de ser cada vez menos nacional.

---

6. Ibíd.

Adenda

I. Las economías de exportación en el contexto de los Andes centrales (Perú, Bolivia y Ecuador)[1]

Una de las consecuencias de la conquista española fue la extraversión de las economías andinas, con la consiguiente constitución de su sector externo como sector dominante. La obvia importancia de este sector explica la atención que atrajo, traducida en la existencia de estudios sobre su funcionamiento y sus límites. Pero esos estudios aún no han prestado suficiente interés a los eslabonamientos internos que generan su funcionamiento, ni mucho menos han comparado los resultados de diversas experiencias nacionales. Como una manera de avanzar en el conocimiento de las economías andinas en el siglo XIX y de comprender las razones de su diferenciación nacional, este apartado presenta, desde una perspectiva comparada, el balance del desempeño de aquellas economías de exportación, así como su impacto sobre el conjunto de la economía.

Como se sabe, durante el periodo colonial las economías de los Andes centrales gravitaron en torno a la extracción y a la exportación

1. Ponencia presentada al VII Congreso de Historia de Colombia, Universidad del Cauca, 19-23 de noviembre de 1990.

de los metales preciosos. Ese gran ciclo minero dio paso a una fase de contracción que, *grosso modo,* cubre la primera mitad del siglo XIX.[2] La reinserción de estas economías al mercado internacional, desde mediados de ese siglo, está asociada al guano, en el caso del Perú; a la plata, en el caso de Bolivia; y al cacao, en el caso del Ecuador.

Hasta 1880, las exportaciones del cacao ecuatoriano no habían excedido los 300.000 quintales de 46 kilogramos, correspondiendo su fase de auge a los años 1884-1917 con un promedio anual de 500.000 quintales, hasta alcanzar un pico de 1.008.767 quintales en 1917, antes de ingresar, inmediatamente después, a un colapso definitivo como consecuencia de la competencia internacional y de la destrucción de los cultivos por la acción de una serie de plagas.[3]

La unidad productiva dominante era la plantación cacaotera, pero el proceso productivo comprendía tanto el sembrío de la planta a cargo de jornaleros directamente controlados por el propietario como, sobre todo, el cultivo por parte de un conjunto de sembradores, quienes transferían la planta madura al término de, aproximadamente, cinco años, recibiendo como pago entre 0,20, y 0,40 sucres por planta. Se estima que hacia 1900, las plantaciones contaban con unos 15.000 trabajadores,[4] mientras que unas treinta familias eran propietarias del 70% de las tierras de los distritos cacaoteros.[5]

El proceso productivo no representaba costos monetarios significativos y fundamentalmente estaba basado en el uso extensivo de la tierra y en la apropiación de la renta generada por los sembradores. Se ha calculado que 1000 plantas de cacao producían 10 quintales, siendo el costo promedio por quintal de 7,29 sucres. Si se considera, por otra parte, que el precio en Guayaquil por cada quintal oscilaba entre 20 y 25 sucres, resulta que la tasa de ganancia era de un 325%, cifra que incluye la renta percibida por el terrateniente.[6]

---

2. Para un análisis de esta etapa crucial, en el caso del Perú, consúltese Gootenberg 1989.
3. Las cifras han sido tomadas de Chiriboga 1986, t. I: 293-315.
4. La estimación ha sido hecha por Guerrero 1980: 36.
5. Chiriboga 1986: 300.
6. Ibíd., p. 311.

La estructura de esta economía de exportación, por consiguiente, es suficientemente clara. Su base eran plantaciones cuyo éxito y fracaso estuvieron estrechamente asociados a las dificultades del mercado internacional, a la oferta disponible de la tierra y a la apropiación de la renta generada por los productores directos. Modernismo y arcaísmo combinados con eficiencia, en suma, constituyeron el mecanismo que generó un producto, cuya exportación representó en su fase de auge cerca de las dos terceras partes del valor total de las exportaciones ecuatorianas.[7]

El valor de retorno generado por el cacao para la economía ecuatoriana debió haber sido considerable, tomando en cuenta la insignificancia del capital extranjero en la producción y comercialización del producto; aunque su distribución fue muy desigual por la alta concentración de la propiedad y de la comercialización. Pero lo que aquí importa enfatizar es la importancia de los enlaces establecidos a lo largo de la circulación interna de la renta cacaotera, dimensión que la literatura teórica e histórica a menudo soslaya. Se trata, en efecto, no solo de la bien conocida fisura regional entre costa y sierra asociada al dinamismo de la economía cacaotera, con su correspondiente correlato político simbolizado por la Revolución liberal de 1895, sino de la diversificación económica representada por la emergencia de un dinámico sector industrial, financiero y mercantil, como resultado del tratamiento, del financiamiento y de la comercialización de la así llamada "pepa de oro". Sectores muy modernos de la economía, cuyo funcionamiento obedeció a claras reglas capitalistas, y que sin embargo estuvieron asentados en no menos claras formas precapitalistas de producción.

Esos enlaces, no obstante, fueron presumiblemente más vastos y complejos, pero su naturaleza se ignora por la inexistencia de estudios precisos sobre este problema. La presencia de empresas económicas requirieron de bienes de capital por rudimentarios que estos fueran, de la misma manera que un dinámico mercado urbano y rural generó una demanda por artículos de consumo los cuales, al ser

7. Las cifras han sido tomadas de Rodríguez 1981: 345.

satisfechos, sin duda articularon otros espacios y sectores económicos. La indagación de las características de estos enlaces adicionales debiera constituir la agenda de las investigaciones futuras.

En el caso del Perú, los años comprendidos entre 1840 y 1879 constituyen el ciclo de su reinserción dentro del mercado internacional, debido a que durante ese periodo el guano de las islas asumió el liderazgo. Fueron cerca de diez millones de toneladas de guano las exportadas, cuya venta generó cerca de 750.000.000 de pesos, o 150.000.000 de libras esterlinas, monto que representaba aproximadamente el 15% del producto nacional. De este total, entre el 65% y el 71% representaron el valor de retorno.[8] Por otra parte, el valor de las exportaciones fue alrededor del 60% del conjunto,[9] mientras que en función de los ingresos fiscales su aporte representó cerca de las dos terceras partes del total.[10]

En contraste con la experiencia ecuatoriana, el peso del capital británico, vía préstamos al Estado, fue significativo en el caso del Perú. Este capital tuvo también una importante participación en la comercialización del fertilizante peruano. Por otra parte, la naturaleza de la explotación guanera, así como la localización de las islas, impidieron el establecimiento de eslabonamientos sectoriales y espaciales significativos. Por ejemplo, en el caso del sector minero, el otro sector importante de la economía peruana de esa época, la formación de capital y su desarrollo prescindieron de los recursos generados por el guano.[11] Por consiguiente, los cambios inducidos en la economía peruana como consecuencia del desarrollo de la explotación guanera deben examinarse vía la redistribución que hizo el Estado de la renta captada; es decir, ese 65% y 71% retenido pese a la significativa presencia del capital europeo en la comercialización del fertilizante.

Los resultados de las investigaciones realizadas hasta ahora[12] señalan que el Estado gastó el 80% de esta renta en transferencias no

---

8. Las estimaciones fueron hechas por Hunt 1985: 277.
9. Hunt 1985: 258.
10. Ibíd., p. 272.
11. Esta es la conclusión del estudio de Manrique 1987.
12. Además del trabajo ya citado de Hunt, véase de Bonilla 1974b.

productivas y el otro 20% en ferrocarriles. Estos últimos beneficiaron, en el largo plazo, a aquellas empresas extranjeras y nacionales cuya producción estuvo volcada al mercado internacional. Pero es el destino de ese 80% utilizado el que requiere mayor atención. De manera indirecta, una mínima parte del capital empleado para reactivar la agricultura de exportación provino del pago recibido por la manumisión de sus esclavos. Pero una parte importante de esa renta incrementó la demanda interna al ser utilizada en el pago de salarios, jornales, comisiones, etc. Por lo mismo, el Estado, al redistribuir de esa manera la renta, creaba las condiciones para expandir y profundizar el mercado interno; pero esa posibilidad fue truncada al desplazarse esa demanda hacia el exterior a través de un sistemático incremento de las importaciones foráneas. Tal desenlace fue el resultado de un tipo de cambio que mantuvo sobrevaluada la moneda, del flujo monetario que elevó los costos domésticos y destruyó la competitividad de las empresas, y de la opción política de la clase dominante orientada a la profundización de sus vinculaciones externas en lugar de destruir la matriz productiva colonial, y por consiguiente expandir el mercado interno.

La experiencia de Bolivia con la plata en el siglo XIX constituye un caso distinto en lo que concierne a los eslabonamientos internos generados por las economías de exportación. Como se sabe, durante el periodo colonial las minas de Potosí fueron el sustento de la economía afroperuana de ese entonces, proceso que se interrumpe bruscamente en el contexto de las guerras por la independencia. La recuperación ocurre lentamente desde mediados del siglo XIX, alcanzando entre 1872 y 1895 un gran crecimiento.[13] Desde la independencia hasta 1872, el promedio anual de producción argentífera, en marcos de plata de 230 gramos, era de 150.000. Este volumen, sin embargo, comenzó a incrementarse anualmente: aumentó a 344.435 entre 1860-1869, a 955.629 entre 1870-1879, y a 1.111.568 entre 1880-1889, alcanzando un tope de 1.655.762 entre 1890-1899.[14] El

13. Los mejores estudios sobre el conjunto de la minería boliviana en el siglo XIX son los de Antonio Mitre 1981 [1978] y 1986.

14. Las cifras han sido tomadas de Klein 1982: 298.

colapso ocurrido inmediatamente después fue el resultado de la caída de los precios de la plata en el mercado internacional, derivado de una sobreoferta desde California y Alemania, proceso que terminó con la sustitución del patrón de respaldo monetario.

Al igual que en los casos de Ecuador y Perú, el éxito y el ocaso de la economía de exportación boliviana están estrechamente vinculados a las vicisitudes del mercado internacional. Pero las consecuencias internas fueron distintas. En efecto, el éxito con la exportación de la plata boliviana dependía directamente de la capacidad que se tuviera en resolver uno de sus estrangulamientos fundamentales: los altos costos de transporte derivados de la dislocación física del territorio. Este fue el papel fundamental del ferrocarril boliviano, el cual llega a conectar, en 1889, estos yacimientos con la costa. Pero el resultado positivo que produce el ferrocarril para los mineros bolivianos fue, a la vez, fuente de profundos desequilibrios; porque, como anota Mitre en su libro *Los patriarcas de la plata*, el ferrocarril no solo transportó plata sino que también introdujo desde los valles de Chile bienes agrícolas, quebrando de esta manera la eficiente articulación descrita por Assadourian,[15] con su *hinterland* rural para el contexto colonial. Proceso al cual debe añadirse una suerte de "desindustrialización" que ocurre por el desmantelamiento de las plantas encargadas del refinamiento, puesto que el abaratamiento de los costos de transporte permitió exportar todo el metal con prescindencia de su ley.

Los efectos de la minería de plata sobre las comunidades campesinas aún constituyen una dimensión ignorada. Las sugerencias propuestas hasta la fecha, en el sentido de una complementariedad entre el ciclo agrario y el ciclo minero,[16] o la expansión demográfica[17] como mecanismo puesto en marcha para resolver el problema de la mano de obra, carecen de evidencias contundentes, mientras que el importante trabajo de Godoy se refiere a la pequeña minería.[18]

15. Assadourian 1979.

16. Platt 1986.

17. Mitre 1981[1978]: 138-155.

18. Godoy 1983.

Estudios futuros acerca del proceso de desintegración de las comunidades campesinas, y sobre los presupuestos domésticos de las familias migrantes, permitirán conocer los efectos que tuvo la minería sobre este sector.

El recuento hasta aquí realizado estuvo orientado al señalamiento de los claros contrastes económicos de las diversas economías de exportación de los Andes sobre su respectivo entorno nacional. Respecto de este andamiaje, un próximo estudio acerca de la distinta articulación de clases permitirá presentar, de manera completa, las razones de la diferenciación nacional que el siglo XIX opera sobre una matriz andina, donde por mucho tiempo predominó más la homogeneidad que la diferenciación.

II. Lecciones del endeudamiento externo en los países de los Andes centrales antes de la Primera Guerra Mundial[19]

La experiencia de los países de los Andes centrales, es decir Ecuador, Perú y Bolivia, con la deuda externa antes de la Primera Guerra Mundial es relativamente marginal en el conjunto de América Latina, razón por la cual las "lecciones" que se puedan obtener no son generalizables en su conjunto. En efecto, en la década de 1870, cuando el flujo de los capitales británicos hacia la región alcanza su mayor intensidad, los países del territorio andino absorbieron solamente un 21% del total colocado en América Latina, e incluso en ese porcentaje fue Perú el que tuvo una mayor participación puesto que ni Bolivia ni Ecuador, por razones que se discutirán más adelante, atrajeron de manera significativa el interés de los inversores extranjeros. Pese a esa relativa marginalidad, la experiencia de aquellos países puede ilustrar, sin embargo, importantes cuestiones relacionadas con el impacto del endeudamiento externo sobre las economías domésticas, así como las soluciones alcanzadas en los esfuerzos por disminuir el peso de estas obligaciones. Por tal motivo, este apartado está

19. Ponencia presentada en el International Colloquium of Foreign Loans, Debt and Economic Development in the 19th Centuries, realizado en la Universidad Estadual de Campinas (UNICAMP), del 17 al 21 de julio de 1989.

orientado a examinar la relación entre la deuda externa y el desempeño de las economías, por una parte; así como a discutir las políticas económicas destinadas a resolver la cuestión de la deuda externa, y las consecuencias derivadas de su implementación, por otra.

Pese a que es bien conocido por los especialistas, no resulta, tal vez, completamente innecesario precisar que, para el conjunto del siglo XIX, la fuente principal de los capitales que migraron hacia América Latina fue Inglaterra, y que esa colocación revistió fundamentalmente la forma de préstamos tanto a los gobiernos centrales como a organismos de poder local dotados de representatividad y solvencia. Tales préstamos se gestaron a través de la venta pública de bonos y títulos, proceso en el cual los ahorristas extranjeros, los enviados por los gobiernos latinoamericanos y los *brokers* encargados de la venta y la cotización de los títulos se convirtieron en los actores principales. Por consiguiente y en claro contraste con la experiencia contemporánea, la banca privada extranjera no tuvo, por lo menos en los países cuya experiencia se discute, el papel relevante de hoy.[20]

La experiencia peruana

La experiencia del Perú con la deuda externa es prácticamente paralela a su emergencia como república independiente. Durante el sistema colonial, en efecto, el Perú había sido un exportador neto de capitales, para convertirse en un receptor neto de los mismos un año después de dejar de ser colonia española.

Nace como república, por consiguiente, virtualmente endeudado y culmina el siglo XIX firmando, en 1890, el llamado Contrato Grace, por el cual la cuantiosa deuda acumulada a lo largo del siglo es extinguida mediante la cesión a los tenedores de bonos de la deuda peruana, convertidos ahora en accionistas de la empresa británica The Peruvian Corporation, de una parte importante del patrimonio peruano. ¿Qué fue lo que permitió esa extraordinaria carrera de

20. Para una discusión de las estrategias cambiantes en la colocación de los capitales extranjeros, véase Stallings 1986.

endeudamiento?, ¿cuál fue el nexo entre endeudamiento y desempeño de la economía?, ¿qué posibilidades concretas tuvo el modelo peruano de solucionar el endeudamiento?, son las tres cuestiones centrales que se discuten a continuación.

Para comenzar, el cuadro siguiente presenta la relación de los préstamos obtenidos por el Perú durante el siglo XIX:

Cuadro 1
Empréstitos peruanos

Año	Valor nominal en libras esterlinas	Tasa de interés (en %)	Precio de emisión
1822	1.200.000	6	82/88
1824	616.000	6	78
1849	3.736.000	3	54/105
1853	2.600.000	4,5	85
1862	5.500.000	4,5	95
1865	10.000.000	5	83,5
1866	5.000.000	7	83,5
1869	291.000	5	71
1870	11.920.000	6	82,5
1872	36.800.000	5	77,5

Fuente: Bonilla 1984: 146-149.

En la relación anterior conviene separar, por razones de análisis, los préstamos iniciales de 1822 y de 1824 respecto de todo el resto. El contrato para el empréstito de 1822 fue suscrito por Thomas Kinder, un comerciante británico. El monto destinado al financiamiento del gasto corriente y los bonos fueron garantizados con "todos los ingresos del Estado", especialmente aquellos provenientes de la acuñación y de las aduanas. Los fondos para la amortización del primer año fueron asegurados, y se fijó un límite en los futuros empréstitos hasta que el primero fuera pagado.[21] El empréstito de 1824

21. Palacios 1983: 13-14.

no contó con el éxito del primero, y si bien sirvió para pagar dos años de intereses sobre el primer empréstito y un año sobre el segundo, el Perú recibió solo un 25% del monto nominal emitido y tuvo que entrar en un cese virtual de pagos ante la imposibilidad de reunir los recursos necesarios dado el estancamiento de su economía.

El Perú, al igual que muchos otros países de América Latina, tuvo que acudir al crédito externo para financiar sus gastos corrientes y de esa manera mantener la precaria independencia ganada. Pero esos primeros intentos se frustraron rápidamente tanto por la insolvencia de los países de la región como por el rechazo de Londres de seguir atendiendo nuevos pedidos de préstamos. Hasta la década de 1840, por consiguiente, las rentas de las aduanas y, sobre todo, el tributo indígena colonial prontamente repuesto serán prácticamente los únicos soportes del gasto público.

A comienzos de la década de 1840, el Perú inicia el restablecimiento del sector externo de su economía a través de la exportación del guano de las islas, producto fundamentalmente utilizado en la mejora de la productividad agrícola en Europa. Hasta fines de la década de 1870, cerca de diez millones de toneladas de guano fueron exportadas, generando su venta una importante renta monetaria controlada directamente por el Estado peruano dada la propiedad que ejercía sobre las islas guaneras. Las implicancias del desarrollo de esta peculiar economía de exportación para el conjunto de la economía peruana han sido, en los últimos años, motivo de un importante debate académico, y no es este el lugar para reproducirlo.[22] Pero en relación con el problema del endeudamiento externo del Perú, importa en cambio señalar que el acceso a la renta guanera generó una bonanza financiera la cual, en adelante, hacía prescindible aportes como los tributos de la población indígena al mismo tiempo que permitía que el Estado peruano tuviera en su poder un recurso importante que no tardó en ofrecer como respaldo de cada uno de los empréstitos obtenidos entre 1849 y 1872.

22. Para un balance de las diferentes perspectivas, véase los capítulos de este libro.

Las consecuencias de esta estrategia fueron importantes para el conjunto de la economía peruana. El Estado, como se acaba de señalar, pudo emprender una vertiginosa política de endeudamiento porque contaba con el guano como respaldo. No obstante, a su vez, las rentas generadas por la venta del fertilizante, que habían pasado a tener un papel fundamental en el financiamiento del gasto público al ser utilizadas en un 50% en el pago directo del servicio de la deuda externa, terminaron generando déficits fiscales cada vez más crecientes los cuales, finalmente, sirvieron para justificar los empréstitos adicionales. Ello con el agravante de que esos empréstitos eran en realidad operaciones de conversión y consolidación de la deuda externa; es decir, préstamos nuevos para refinanciar la deuda existente.

Cuando ya era evidente la significación de la nueva renta guanera en las finanzas del país, se renovaron las presiones internas y externas para que el Perú reanudara el pago de los empréstitos de 1822 y de 1824, además de los intereses devengados durante todos los años de cese de esos pagos. Con tal finalidad, el Gobierno tuvo que emitir en 1849 nuevos bonos por un valor de 3.736.000 libras esterlinas a fin de convertir los existentes en nuevas obligaciones. Esta operación, asociada al éxito de la venta del guano, permitió el restablecimiento y la popularidad de los títulos de la deuda externa del Perú y, por consiguiente, su capacidad de conseguir nuevos préstamos; al extremo que entre 1850 y 1875, el Perú obtuvo el 36,7% de un total de 140.887.000 libras esterlinas a que ascendía el monto global del valor nominal de los empréstitos extranjeros de los gobiernos latinoamericanos durante esos años.[23]

Pero esos créditos sucesivos, en lugar de preparar las bases para el crecimiento de la economía peruana, terminaron paradójicamente por hacerla aún más vulnerable. En efecto, los bonos emitidos entre 1853 y 1865 totalizaron un valor nominal de cerca de 18.000.000 de libras esterlinas, los cuales fueron utilizados fundamentalmente para repagos, y el saldo para financiar el déficit fiscal.[24] Pero la verdadera vorágine comenzó en 1868 cuando José Balta, el presidente

---

23. Marichal 1988: 113.

24. Stallings 1985: 64.

electo, decidió el lanzamiento de bonos de la deuda externa por un total de 49.000.000 de libras esterlinas destinados en su mayor parte a financiar una articulación más eficiente de la economía peruana con el mercado internacional, a través de un ambicioso programa de implementación ferroviaria el cual enlazaría las principales regiones productoras de materias primas con los más importantes puertos de exportación. Pero también, como ocurrió en la década de 1850, para seguir refinanciando préstamos anteriores, de un monto de 36.800.000 libras esterlinas a las que ascendía el préstamo de 1872, nada menos que 21.800.000 estuvieron destinadas a retirar los bonos de los empréstitos de 1865, 1866 y 1870.[25]

La expansión de la deuda externa no solo evaporó las rentas generadas por el guano, sino que, al absorber su pago en la década de 1870, el 42,3% de los ingresos fiscales terminó por colocar las finanzas públicas del país en un grado de dependencia extremo frente a los créditos externos; y esto cuando el clima financiero del periodo no presentaba la euforia de las décadas pasadas. En efecto, en 1878, cuando el presidente José Pardo se ve obligado a lanzar la totalidad del empréstito de ese año, solo 230.000 libras esterlinas en bonos fueron comprados a su precio de lanzamiento, iniciándose un derrumbe irreversible que llevará los precios de esos títulos por debajo de 30 hacia 1876, como un preludio de la segunda, y definitiva, cesación de pagos del Perú durante el siglo XIX.[26] Pero esta vez la crisis peruana estallaba en un contexto internacional caracterizado por una profunda depresión, situación que fijaba límites muy estrictos a toda posibilidad de recuperación.

En el Perú de 1876, todos los elementos estaban reunidos para construir el escenario de una inmensa debacle, final seguramente no previsto cuando las primeras exitosas exportaciones del guano alimentaron la sensación de una bonanza perdurable. Además de la nueva bancarrota financiera del país, en efecto, el nivel anual de venta del guano había caído drásticamente por su creciente impureza y por la competencia de los fertilizantes sintéticos, situación que

25. Véase pp. 119-123 de este libro.

26. Bonilla 1986: 167-184.

motivó a que Auguste Dreyfus, el comerciante y banquero del Perú, renunciara a seguir vendiendo guano y a continuar pagando la deuda externa; todo aquello en circunstancias en que la creciente impopularidad de los títulos extranjeros de la deuda externa, asociada a la desconfianza de los inversores europeos sobre la solvencia de muchos países latinoamericanos, virtualmente cancelaba para el Perú toda posibilidad de salir de esta nueva crisis recurriendo a los métodos tradicionales. En este contexto, la derrota militar de 1879 y la prolongada ocupación del territorio por el ejército chileno no son sino el lógico desenlace de una política caracterizada por el derroche y la imprevisión.[27]

Pero imputar a la deuda externa la responsabilidad de la crisis y de la catástrofe financiera del Perú en 1876 no es completamente correcto. Sin duda, el Gobierno peruano, al igual que muchos *bondholders*, fue víctima de inescrupulosos corredores que encontraron en el negocio de la especulación de estos títulos una fuente segura de beneficios. Pero esto es solo una parte de la historia. La otra tiene que ver con las dificultades inherentes a una economía en la exportación de un recurso tan sui géneris como fue el guano de las islas, con las decisiones de política tomadas en relación con el destino de la renta guanera, y con la ilusión de creer que los ferrocarriles por sí solos eran los portadores del progreso material y moral del país. Los recursos fáciles obtenidos a través de una eficiente estrategia de endeudamiento no hicieron sino agravar una situación cuya dificultad central gravitaba en la ausencia de una política económica alternativa.

La crisis que atraviesa gran parte de la década de 1870, sin embargo, fue, pese a toda su gravedad, fundamentalmente una crisis financiera, y afectó sobre todo al Estado por el lado de sus ingresos. Porque en claro contraste con la bancarrota financiera del Estado, los productos tradicionales de exportación experimentaron un crecimiento muy dinámico. En el caso de la plata, por ejemplo, su producción pasó de 1.395.936 onzas, en 1874, a 1.427.592 onzas, en 1877; mientras que la producción del azúcar se expandió de 4500

---

27. Bonilla 1978a: 92-118.

toneladas, en 1871, a 63.370 toneladas, en 1877, y la del algodón de 876.500 libras, en 1856, a 9.949.200 libras, en 1873.[28] Por consiguiente, todo hace pensar que de no haber estallado la guerra con Chile en 1879, el crecimiento continuado del sector de exportación de la economía peruana hubiera tal vez posibilitado la recuperación de los ingresos fiscales y la disminución del déficit fiscal. Pero esa anomalía de un sistema financiero en pleno caos en el contexto de una expansión creciente del producto, ciertamente pudo darse solo como resultado de la desintegración espacial y económica del país, y en ese preciso sentido constituye una experiencia irrepetible.

Desde la nueva cesación de pagos declarada por el gobierno peruano en 1876 hasta el estallido de la Primera Guerra Mundial, los acontecimientos más importantes en relación con la deuda externa fueron los siguientes: la constitución del Council of Peruvian Bondholders en 1876 como un grupo de presión para proteger los intereses de los bonistas, el estallido de una prolongada guerra entre el Perú y Chile entre 1879 y 1884, la firma del Contrato Grace en octubre de 1889 para extinguir la deuda externa del Perú a cambio de la cesión de una parte importante del patrimonio peruano, y finalmente, la creación de la Peruvian Corporation, a través de la conversión de bonos de deuda externa en acciones, como la empresa que administraría la gestión de los recursos transferidos a los *bondholders* a través del Contrato Grace.

Este es un resumen muy apretado de un proceso mucho más complejo detallado en otro lugar,[29] pero que fundamentalmente presenta el desenlace de la experiencia del Perú con la deuda externa desde su independencia hasta los inicios de la Primera Guerra Mundial. Evaporadas las rentas del guano, destruida parte de su economía y amputado su territorio durante el conflicto con Chile, las renovadas, y esta vez efectivas, presiones de los acreedores externos para encontrar una solución definitiva a la deuda pendiente, solo podían resolverse, dada la precariedad de la economía peruana, mediante la entrega de una porción de sus recursos, de los cuales la cesión de

28. Bonilla 1986: 176.

29. Bonilla 1977: 1-35.

los ferrocarriles a la Peruvian Corporation constituía la concesión más importante. El arreglo de esa deuda externa, por otra parte, era igualmente importante en los esfuerzos de seguir atrayendo capitales extranjeros para financiar el restablecimiento de la economía de exportación; aunque esta vez estos procederían masivamente de los Estados Unidos y, por lo menos hasta la segunda mitad de 1920, ya no más como préstamos, sino en forma de inversiones directas en la extracción de materias primas de alta rentabilidad.

De ese modo, la larga y complicada vinculación de los tenedores de la deuda externa con el Gobierno peruano llegaba a un final satisfactorio. Porque si bien la gestión de esos recursos no estuvo exenta de problemas adicionales, por lo menos el control de los ferrocarriles, los cuales jugaron un papel estratégico en la expansión de la economía de exportación en los tres primeros decenios del siglo XX, fue una importante fuente de renta para los nuevos propietarios. La deuda externa, por otra parte, no reaparece de manera significativa sino en el segundo tramo del gobierno de Leguía, a partir de 1924, para financiar un importante programa de obras públicas y el déficit fiscal. Antes de que ese azaroso nuevo ciclo de endeudamiento se reanude en la década de 1920, con un desenlace en 1930 no demasiado diferente al de 1876, las únicas deudas contraídas por el Perú fueron las suscritas en 1906 con unos banqueros alemanes por 600.000 libras esterlinas, y en 1909 con otros banqueros franceses por 1.200.000 de libras esterlinas.

La experiencia ecuatoriana

Ecuador surge como república independiente en 1830 como consecuencia de la ruptura de la Gran Colombia. Durante el periodo colonial integró el virreinato peruano; su economía estuvo fundamentalmente basada en la producción de textiles en los obrajes ubicados a lo largo del callejón andino de Quito a fin de satisfacer la demanda de los diversos mercados peruanos. Pero este tipo de empresas no pudo resistir la apertura de la economía ecuatoriana al implantarse políticas de libre cambio desde las postrimerías del periodo colonial, generándose, por consiguiente, la quiebra de los obrajes y el desplazamiento de la mano de obra indígena hacia la costa de Guayaquil. De esa manera empezaron a prepararse las bases del espectacular crecimiento de su economía de exportación, sustentado en la producción para la exportación de la pepa del cacao, a fin de satisfacer una demanda internacional nacida de los cambiantes patrones de consumo.

El cacao, por lo mismo, fue para el Ecuador lo que el guano había sido para el Perú, siendo el último tercio del siglo XIX y las dos primeras décadas del siglo XX las etapas de su mayor crecimiento. Aquí también, por consiguiente, se diseña fundamentalmente una economía monoexportadora, dado que las exportaciones cacaoteras llegaron a representar las dos terceras partes del total de las exportaciones ecuatorianas y su dinamismo hizo, como en el Perú, que los indígenas fueran dispensados en 1857 de seguir pagando el tributo.

Pero en contraste con el guano, los eslabonamientos generados por el cacao en el Ecuador fueron mucho más significativos y profundos. Si bien las unidades de producción eran amplias plantaciones de propiedad privada, sujetas a claras relaciones de producción precapitalistas, la circulación de la renta del cacao, sin embargo, indujo la transformación comercial, financiera e incluso industrial de la ciudad de Guayaquil; allí, además, la presencia del capital nacional fue decisiva.[30]

En consecuencia, se logró establecer una economía dinámica con nula presencia del capital extranjero en la estructura productiva. Asimismo, la deuda externa ecuatoriana o, dicho de otro modo, los préstamos extranjeros al Estado ecuatoriano fueron insignificantes, como consecuencia de los reiterados fracasos en las gestiones tendientes para que el gobierno pagara la cuota de la deuda de la Gran Colombia que le correspondía al separarse y convertirse en 1830 en un Estado independiente.

Esta peculiar historia empieza en 1838 cuando Ecuador asume el 21,5%, o 1.424.579 libras esterlinas, de la deuda de la Gran

---

30. Sobre la experiencia ecuatoriana con el cacao, consúltese Chiriboga 1980, Guerrero 1980 y Weinman 1970.

Colombia.[31] Pero hasta 1850 no se había pagado nada. En este año, Ecuador comienza a renegociar su deuda y accede a emitir, en septiembre de 1855, bonos por un valor de 1.824.000 libras esterlinas a fin de redimir el principal de la deuda original, y bonos por un valor de 399.421 libras esterlinas en pago de los intereses devengados. Esos *bonos ecuatorianos de la deuda extranjera consolidada* ganarían un interés anual del 1%, siempre que las rentas de las aduanas de Guayaquil fueran menos de 400.000 pesos por año (80.000 libras esterlinas). En caso contrario, se incrementarían proporcionalmente hasta un máximo de un 6%, mientras que su servicio fue asegurado con un cuarto de las rentas de las aduanas de Guayaquil. Sin embargo, los nuevos bonos no pagaron la totalidad de los intereses devengados. Una parte fue cancelada con la entrega a los *bondholders* de títulos de la deuda peruana, y el saldo debía ser amortizado mediante la entrega a los acreedores de tierras en Esmeraldas y el Oriente para lo cual se hizo una emisión especial.[32] A los tenedores se les dio un plazo de 21 años para que ejercieran su opción por la tierra, y luego de su vencimiento los bonos serían cancelados. Linda Rodríguez señala que el Ecuador realizó pocos pagos entre 1855 y 1891 en función de este acuerdo, cuyo contenido, más bien, fue la fuente de renovados ataques al gobierno y, por lo mismo, de nuevas excusas para no pagar.[33]

Un destino similar tuvieron los nuevos arreglos de 1890 y de 1895, hasta que en marzo de 1896 el gobierno de Eloy Alfaro ordenó la suspensión de todo pago.[34] Pero la necesidad de articular la sierra con la costa a través de una línea ferroviaria que vinculara a Quito con Guayaquil terminó obligando al gobierno liberal de Alfaro a negociar una vez más la deuda externa. El acuerdo de 1897 establecía que los antiguos bonos consolidados, cuyo valor ascendía a 100 libras esterlinas, serían canjeados por bonos de 36 libras esterlinas en la

---

31. Terán 1981: 63-269.
32. Para un tratamiento moderno de las finanzas ecuatorianas en el siglo XIX, véase Rodríguez 1981.
33. Rodríguez 1981: 111-112.
34. Ibíd., pp. 113-114.

nueva emisión del First Mortage Bonds of the Guayaquil and Quito Railway, reduciéndose de esta manera en un 70% el valor de la deuda externa (242.606 libras esterlinas). Para este fin, entre 1899 y mayo de 1906, se emitieron series especiales de los First Mortage Bonds por un valor de 12.282.000 dólares, con un 6% de interés y una tasa de redención del 1% por año. Tales bonos, además, contaron con la garantía del mencionado ferrocarril y del Gobierno ecuatoriano.

El pago de estos nuevos bonos, sin embargo, no siempre fue puntual (fue interrumpido en 1906 y 1907), ello provocó un nuevo acuerdo en 1908 por el cual los *railway bondholders* aceptaron la emisión de nuevos bonos por un valor de 2.309.016 sucres para el pago de los intereses atrasados. Los *bondholders* también renunciaron al pago de los intereses de julio de 1907 a cambio de nuevos certificados. Ambas emisiones fueron garantizadas con el monopolio de la sal. Por otra parte, los tenedores del First Mortage Bonds aceptaron la reducción de los intereses de sus títulos de 6% a 5% y la emisión de Prior Lien Bonds por 2.486.000 dólares, con una tasa del 6% de interés y de 2,5% de redención. Pero este nuevo acuerdo, según el estudio de Linda Rodríguez, tampoco fue cumplido. Hasta el final del periodo liberal, en 1925, se había pagado los intereses de First Mortage Bonds solo durante seis semestres.[35]

Además de la deuda representada por los First Mortage Bonds, la cual constituía el 95% del total, el último préstamo externo obtenido por el Gobierno ecuatoriano antes de la Primera Guerra Mundial fue el contraído con Speyer and Company por 1.500.000 dólares, a fin de comprar armamentos frente a una situación de emergencia con el Perú.[36]

La experiencia boliviana

Bolivia emerge como república independiente en 1825, como resultado de un peculiar nacionalismo cuyo sustento fue la rivalidad

---

35. Ibíd., pp. 164-168.
36. Ibíd., p. 171.

y la sospecha frente a las naciones vecinas, más que de un directo enfrentamiento con la metrópoli española. Después de varias décadas de estancamiento del sector externo de su economía, el regreso de la economía boliviana al mercado internacional empieza a gestarse en la década de 1860, a través de la exportación de guano y de salitre, para alcanzar su mayor esplendor en las tres últimas décadas del siglo XIX, cuando Bolivia se convierte nuevamente en uno de los mayores productores de plata en el mundo.[37] El éxito de Bolivia con la plata fue el resultado de una temprana colocación de capitales chileno-británicos en forma de inversiones directas, así como de una eficiente articulación de estos sectores mineros con el entorno campesino.[38]

La nula relevancia de la economía de exportación boliviana durante la primera mitad del siglo XIX, así como las dificultades diplomáticas entre Bolivia e Inglaterra, que dieron como resultado la inexistencia de relaciones formales durante medio siglo,[39] explican por qué Bolivia, como el Ecuador aunque por razones distintas, no tuvo una significativa deuda externa durante el conjunto del siglo XIX. En efecto, solo en 1872, a través de George E. Church, Bolivia tuvo éxito en colocar un préstamo en Londres por 1.700.000 libras esterlinas, operación que incluso fue cancelada poco después. Por consiguiente, hasta la abolición del tributo indígena en 1885, el gasto público estuvo financiado a través de la extorsión de la población indígena, las rentas de las aduanas y diminutos préstamos levantados en Perú (1865) y en Chile (1868).[40]

El masivo endeudamiento externo de Bolivia, entonces, es un fenómeno que empieza en las primeras décadas del siglo XX. El cuadro 2 presenta los préstamos obtenidos hasta la Primera Guerra Mundial.

---

37. Mitre 1981 [1978].
38. La articulación campesino-minera ha sido examinada por Platt 1986.
39. Los incidentes están relatados en Querejazu 1973.
40. Bonilla 1985.

Cuadro 2
Empréstitos bolivianos

Préstamos	Banqueros	Interés (en %)	Amortización (en %)	Monto emisión (libras esterlinas)	Precio
Prest. Morgan de 1909	J.P.Morgan	6	2	500.000	90
Prest. Francés de 1910	Crédit Mobilier	5	2,10	1.500.000	87
Prest. Suplementario	Crédit Mobilier	5	2,10	160.000	87
Francés de 1913	Crédit Mobilier	5	1	1.000.000	90

Fuente: Shurz 1921: 252.

De los 3.160.000 libras esterlinas a los que ascendía el monto de la deuda externa de Bolivia antes de 1914, el préstamo obtenido a través de la banca norteamericana de J. P. Morgan Co. por 500.000 libras esterlinas fue destinado a procurar la estabilización del cambio boliviano, que había sido perturbado por la crisis financiera de 1907 de los Estados Unidos, y para contribuir al establecimiento del patrón oro de la moneda. El préstamo de 1910, obtenido del Crédit Mobilier Francais por 1.500.000 libras esterlinas, fue para fundar el Banco de la Nación. Mientras que el préstamo de 1913, obtenido con la misma banca francesa por un 1.000.000 de libras esterlinas, fue para construir el ferrocarril Atocha-La Quiaca.[41] Pero estos préstamos, si bien importantes por el contraste con la centuria anterior, fueron en realidad insignificantes cuando se los compara con la emisión por 33.000.000 de dólares, negociado en 1922 con la Stifel-Nicolaus Investment Company de Saint Louis, y la Equitable Trust Co. and Spencer Trask and Co. de Nueva York.[42]

41. Marsh s.f.: 131. La edición inglesa original es de 1928.

42. Fue sobre todo esta operación de 1922 la que sustenta el pionero análisis de Margaret Marsh, y la que también justifica su serena condena.

Conclusiones

Cuando estalla el primer conflicto mundial, proceso del que no fue ajeno la exportación de capitales europeos, los países de la región andina, juntamente con Colombia, eran en América Latina los que contaban con el menor *ratio* de endeudamiento per cápita. Perú había extinguido su deuda, aunque el costo de esa redención era ciertamente alto, Ecuador tenía una deuda aproximada de 2.500.000 libras esterlinas, y Bolivia, finalmente, un poco más de 3.000.000 de libras esterlinas.

La dimensión de estas obligaciones, si bien no son comparables con las de países como Argentina y Brasil, no deja sin embargo de ser significativa dado el tamaño de las economías de los países andinos. En el caso específico del Perú, además, la *extinción* de su deuda externa en 1890 es una metáfora que esconde muy mal el complejo proceso a partir del cual la política de endeudamiento contribuyó a la destrucción del potencial productivo del país, pese a que en el corto plazo, por la dislocación entre el Estado y las economías regionales, ni el peso de la deuda ni el cese de pagos de 1872 impidieron que el sector externo de la economía peruana continuara expandiéndose.

El Ecuador plantea una experiencia en la cual el país escapa a la tentación de financiar su déficit interno mediante los préstamos, motivo fundamental de casi todas estas operaciones, porque muy rápidamente el Estado ecuatoriano se pudo subordinar de manera completa a la banca privada nacional para que esta respaldara sus diferentes políticas, en circunstancias, además, en las que el control por el capital privado nacional sobre el proceso de la producción cacaotera reducía grandemente las posibilidades de chantaje del capital internacional sobre el Estado ecuatoriano.

En Bolivia, en cambio, eran el guano, el salitre y la plata mucho más importantes que un Estado enclavado entre las montañas andinas. Por tal motivo, se establece la paradoja de una brecha entre el temprano interés del capital extranjero por realizar inversiones directas en la explotación de esos recursos, por una parte, y el desdén por los préstamos a un Estado que solo muy formalmente era un Estado nacional, por la otra. Es esta situación la que explica por qué en 1928, mientras la deuda había llegado a 40.000.000 de dólares, el monto de las inversiones directas, en cambio, totalizaba 160.000.000 de dólares, de los cuales 65.000.000 estaban invertidos en el estaño, 55.000.000 en ferrocarriles, y 22.000.000 en diferentes tipos de empresas mineras y en petróleo.[43]

En síntesis, la experiencia andina con el endeudamiento sugiere que el peso de las obligaciones externas del Estado sobre el conjunto de la economía es una función del grado de integración entre estos dos últimos y, también, del grado de control ejercido por este Estado sobre los recursos nacionales. Y en tal sentido, por paradójico que parezca, *ceteris paribus,* la mayor integración que se logra luego de la crisis de 1929 aumentó la vulnerabilidad de esas economías frente al peso de la deuda externa. Aquí el *ceteris paribus* supone, obviamente, que los gobiernos no hacen otra cosa que seguir utilizando el crédito externo en el financiamiento de déficits, o en el financiamiento de los préstamos anteriores.

III. Inclusión en el mercado internacional, los Andes 1880-1930[44]

Las cinco décadas que se analizan en este trabajo corresponden a la consolidación de la inserción de las economías de exportación en el mercado internacional, luego de la debacle de la primera mitad del siglo XIX, y se cierran con el brutal impacto de la crisis económica de 1929. Al igual que en el largo periodo colonial, su articulación con el mercado internacional se hizo a través de la exportación de materias primas, con el claro predominio de uno o dos productos, y el éxito de este desempeño dependió de una demanda externa permanentemente elástica de bienes como el salitre, el caucho, el petróleo, el cacao, el banano, la plata, el estaño y el oro. La naturaleza de estas exportaciones también explica en gran parte su vulnerabilidad: poco valor agregado, términos de intercambio desfavorables, recursos agotables o sustituibles; es decir, un conjunto de características que

43. Las cifras fueron elaboradas por Lawrence Whitehead y están citadas en Arze 1979: 259.

44. Texto inédito.

oportunamente cuestionaron Raúl Prebisch y la CEPAL en su búsqueda de un patrón de crecimiento alternativo para el conjunto de las economías de la región. El brutal impacto de la crisis económica de 1929 mostró que este cuestionamiento no estaba desencaminado.

La "balcanización" del conjunto de América Latina en una veintena de países (uno de los resultados de la ruptura de la dominación política impuesta por la Corona española) produjo, en consecuencia, que gran parte de los investigaciones privilegiara el espacio "nacional", impidiendo con esa parroquialización una visión de conjunto. Uno de los méritos del libro de Víctor Bulmer-Thomas, *The Economic History of Latin American since Independence*, fue proponer las coordenadas que permiten trascender esa dominante perspectiva local. Bulmer-Thomas señala que el factor responsable de unificar estas experiencias y de explicar su desempeño fue el comportamiento de la demanda internacional, sin el cual este crecimiento no hubiera sido posible.[45] Pero, al mismo tiempo, la diversidad "nacional" obedece al modo cómo los agentes respondieron a la incitación de esta demanda, y que se expresa en la "lotería de bienes" ofertados, en procesos distintos de formación del mercado de capitales o de fuerza de trabajo, y en las políticas diseñadas por cada Estado para la utilización de estas rentas.

Fernando Henrique Cardoso y Enzo Faletto, en su libro *Dependencia y desarrollo en América Latina,* el cual explica uno de los paradigmas más importantes del pensamiento social latinoamericano de la década de 1960 del siglo XX: la "teoría de la dependencia", aludieron al carácter de estas economías calificándolas como "enclaves", pues las áreas responsables de la producción de estos *staples*, extremadamente modernas en relación con las otras regiones, estaban verticalmente articuladas con las empresas ubicadas en el centro del sistema mundial, y por consiguiente no guardaban ninguna relación con su entorno; y si la tenían eran muy precarias.[46] Esta caracterización, así como el énfasis en atribuir las dificultades de esta región a su "dependencia" externa, tesis asumida con entusiasmo por sus

45. Bulmer-Thomas 1994.

46. Cardoso y Faletto 1969.

seguidores, fue legítimamente cuestionada por los avances de la investigación social posterior. En su lugar, se reconoce más bien que esas áreas modernas, vinculadas asimétricamente con las economías dominantes, no dejaron de generar significativos enlaces internos, como en su momento lo demostraron Albert Hirschman[47] para la América Latina, o Harold Innis[48] para el Canadá.

En ese contexto, el presente trabajo expone la estructura y la dinámica de los sectores externos de los países de los Andes centrales, privilegiando el componente minero en aquellos casos que sean pertinentes, o del cacao y el banano en el caso específico del Ecuador. Se empieza con el caso del Perú, porque es la experiencia mejor estudiada y porque presenta las coordenadas básicas para contrastarlas con los casos ofrecidos por los otros países.

El escenario peruano

En 1879, el Perú se vio envuelto en un conflicto bélico, la llamada Guerra del Pacífico, que lo enfrentó militarmente a Chile por el control de los recursos del guano y del salitre existentes en la costa sur del Pacífico. En sus inicios, la guerra empezó por una disputa limítrofe entre Chile y Bolivia, pero terminó involucrando al Perú como resultado de una alianza de asistencia recíproca que había suscrito con Chile,[49] y cuyo despliegue involucró igualmente los intereses de Inglaterra, Francia, y de Estados Unidos. Como consecuencia del conflicto, el territorio peruano fue ocupado por el ejército chileno durante casi cuatro años hasta que el Tratado de Ancón puso fin a las hostilidades y a la ocupación. El Perú emergió de dicha contienda con una economía doméstica en ruinas y con una pesada deuda externa frente a Inglaterra de cerca de 37.000.000 de libras esterlinas, la cual fue saldada por el Contrato Grace firmado en octubre de 1889 y por el cual parte del patrimonio del Perú fue cedido a los tenedores de bonos de la deuda externa a cambio de su extinción.

---

47. Hirschman 1958.

48. Innis 1930.

49. Bonilla 1978a: 92-118.

La reconstrucción de la economía de exportación peruana de la posguerra se operó por la masiva inyección de capital extranjero y por un reordenamiento de las bases de la producción, traducido en la concentración y monopolización de la tierra y de yacimientos mineros como el cobre y el petróleo. La expansión del capital extranjero, británico y norteamericano, era una de las dimensiones más visibles de la expansión del capital en su fase imperialista; por consiguiente, su función básica fue incrementar en esta región el nivel de la acumulación del capital para proceder a su realización tanto en Europa como en los Estados Unidos. Este mecanismo colonial de la expansión imperialista dio nacimiento en el área andina a complejas unidades de producción que los sociólogos, a falta de una terminología mejor, han denominado "enclaves", y cuya traducción espacial fue el incremento de la segmentación interior de los países. La inexistencia de un sólido mercado interno, asociada a la producción y exportación de las materias primas para satisfacer la demanda del mercado internacional, terminó por provocar el establecimiento de "bolsones" económicos extremadamente dinámicos, que generaron eslabonamientos domésticos.

Para el caso del Perú, dada la estrechez del mercado interno, el siguiente cuadro muestra la composición de su comercio exterior, aquí se puede percibir este nuevo ordenamiento del espacio económico peruano.

Cuadro 1
Composición en porcentajes del valor de las exportaciones peruanas

Años	Azúcar	Algodón	Lanas	Plata	Cobre	Caucho	Petróleo
1890	28	9	15	33	1	13	- - -
1895	35	7	15	26	1	14	- - -
1900	32	7	7	22	18	13	- - -
1905	32	7	8	6	10	16	- - -
1910	20	14	7	10	18	18	2
1915	26	11	5	5	17	5	10
1920	42	30	2	5	7	1	5
1925	11	32	4	10	8	1	24
1930	11	18	3	4	10	- - -	30

Fuente: Thorp y Bertram 1978: 40.

El cuadro muestra el peso específico de los principales productos que impulsaron el restablecimiento y la dinámica de la economía peruana desde fines de la guerra con Chile hasta el impacto de la crisis mundial de 1929. No obstante, hay que señalar la específica localización de las unidades productivas que generaron estas materias primas: el valle de Chicama en la costa norte para el caso del azúcar, la sierra central para la plata y el cobre, la sierra sur para las lanas, el oriente para el caucho y el extremo de la costa norte para el caso del petróleo. En suma, nos encontramos en presencia de una peculiar organización económica del espacio, caracterizada por la segmentación regional y por la profunda articulación de cada una de estas regiones con el mercado internacional. Características similares presentaron las economías de Bolivia y el Ecuador.

El término "enclave", como se indicó en líneas anteriores, designa la fractura espacial producida por este tipo de funcionamiento de la economía de exportación, y apunta, de manera más precisa, al frágil enlazamiento regional y sectorial asociado a los débiles valores de retorno generados por estas unidades productivas orientadas hacia el mercado externo. Sin embargo, esto no quiere decir, que dentro de cada región hayan dejado de producirse cambios profundos como consecuencia de la operación de un yacimiento minero o de una plantación azucarera. Por el contrario, la rentabilidad de estas unidades dependía del éxito obtenido al subordinar, en su beneficio, al conjunto de las unidades precapitalistas que operaban en el interior del entorno regional. Es decir, las ganancias de las empresas nativas y extranjeras que creaban un enclave capitalista eran una función, al mismo tiempo, de la explotación capitalista de la fuerza de trabajo en cada empresa y de la apropiación de los excedentes generados por los latifundios tradicionales o las pequeñas propiedades campesinas. Como consecuencia, esta articulación tuvo una sustantiva reducción de los costos de producción, por el bajo valor de la fuerza de trabajo, lo que permitió una sobreganancia en la venta de las materias primas colocadas en el mercado internacional puesto que sus precios finales de venta fueron fijados en función de las condiciones técnicas de producción más óptimas.

Ahora bien, también hay que señalar que los requerimientos productivos de cada enclave obligaron a que las unidades productivas tradicionales elevaran sustantivamente el nivel de su producción. Muchas veces, la sustitución de cultivos de alimentos para el mercado local por cultivos más rentables para la exportación obligó a que haciendas, hasta entonces fundamentalmente autosuficientes, empezaran a producir para el mercado, a fin de satisfacer la demanda interna. Dada la debilidad tecnológica de dichas unidades y su escasa capitalización, este incremento de la producción se obtuvo recurriendo a típicos mecanismos precapitalistas; es decir, mediante la agregación de unidades adicionales de tierra y fuerza de trabajo. En el contexto andino, este mecanismo se tradujo en una masiva expansión de los latifundios sobre las tierras de los campesinos y en la captura de mano de obra indígena dentro de sus fronteras, puesto que desde el célebre decreto de Bolívar no existía ninguna defensa jurídica contra este asalto. La respuesta campesina fue fácil de prever: en los Andes, las dos primeras décadas del siglo XX se convirtieron en el escenario de masivos levantamientos campesinos en protesta por este despojo; mientras que las primeras capas obreras, cuyo nacimiento fue la contrapartida de la operación de los primeros enclaves capitalistas, iniciaban su organización y movilización estimuladas por el ascenso de los precios y el deterioro de sus condiciones de vida. Este fue el nuevo escenario para el replanteamiento de la cuestión indígena, la cuestión regional y el problema nacional. Examinemos brevemente los términos del debate.

El reacondicionamiento espacial provocado por el funcionamiento de esta economía de exportación también estuvo acompañado por cambios significativos en la estructura política de la región. En el caso del Perú, entre 1895 y 1930, la clase dominante que mantuvo el control político del Estado no estuvo integrada por los rústicos caudillos militares de las décadas anteriores, sino que tradujo una exitosa articulación de los intereses de los terratenientes y la burguesía exportadora, en el frente interno, con los intereses del capital imperialista, en el frente externo. Dicha alianza permitió una notable estabilidad política durante todo este periodo. Estabilidad que no excluye la existencia de continuos reacomodos internos derivados de la necesidad de alcanzar una mejor integración con el capital y el mercado internacionales, a través del desplazamiento de los sectores más renuentes a este tipo de vinculación. Son síntomas de este curioso "modernismo" las reformas intentadas en el brevísimo interludio populista de Billinghurst (1912-1914) y aquellas implementadas en la primera etapa del célebre Oncenio de Leguía; es decir, los años entre 1919 y 1922 en el interior de su prolongado gobierno que duró hasta 1930.

La dominación política establecida por la burguesía de este periodo revistió una forma oligárquica; es decir, supuso la concentración del poder político en manos de un grupo de familias aristocráticas, al mismo tiempo que recortaba el espacio político de las clases populares. Pero la presencia del campesinado andino y de los obreros, a través de sus intensas movilizaciones en el escenario político, obligó a la clase dominante a discutir la condición indígena y a sugerir alternativas para su solución; a la vez, los ideólogos más lúcidos de la oligarquía integraban la discusión de este tipo de problemas dentro de una reflexión más vasta sobre el Perú como problema y como posibilidad.

¡Queremos Patria! Es la frase patética de Víctor Andrés Belaunde que mejor traduce el desasosiego y la esperanza de este fino aristócrata. Belaunde, al igual que otros connotados integrantes de la generación del 90, como Manuel Vicente Villarán, Francisco García Calderón y José de la Riva-Agüero, se encargaron de fundar las premisas ideológicas que legitimaron la dominación oligárquica y encararon el problema del indio prescribiendo medidas educativas, extensión del catolicismo, legislación tutelar y proscripción del uso del alcohol y de la coca. Durante la primera etapa del gobierno de Leguía y con la influencia del pensamiento de hombres como José Antonio Encinas, Germán Leguía y Félix Cossío se crearon, incluso, organismos como la sección de Asuntos Indígenas, el Comité Pro-Derechos Indígenas Tawantinsuyo, y el Patronato de la Raza Indígena con el propósito de "proteger" a la población indígena y "denunciar" su expoliación. En la práctica, sin embargo, si bien estas instituciones sirvieron para acentuar la toma de conciencia de la existencia de un problema, sus medidas carecieron de eficacia práctica.

La mediana y pequeña burguesía fueron igualmente golpeadas como consecuencia de los cambios introducidos por el nuevo funcionamiento de la economía y sensibilizada por la intensa movilización indígena y popular urbana. En el caso de la costa norte, el reactivamiento de la agricultura de exportación fue logrado mediante la subsunción de docenas de haciendas dentro de tres grandes complejos agroindustriales, arrinconando a sus antiguos propietarios y a los comerciantes locales en posiciones subalternas. Estos hechos y la creciente penetración del capital imperialista en otros sectores crearon las condiciones para la emergencia de un movimiento que, desde sus inicios, reivindicó los intereses lesionados por el capital extranjero y rechazó los efectos nocivos de la expansión imperialista. Tal fue el contenido del mensaje aprista y del célebre libro *El antimperialismo y el Apra* escrito por el jefe y fundador del partido: Víctor Raúl Haya de la Torre. En el programa del aprismo, los problemas del indígena y de la tierra estaban asociados y eran parte de las transformaciones que el Estado antiimperialista, como expresión de la alianza entre clase media, obreros y campesinos, debía emprender. Pero sus tesis nunca se implementaron porque el Apra no tuvo la ocasión de llegar al poder, y cuando cogobernó años más tarde con las fuerzas políticas más conservadoras no fue sino para silenciar sus tesis primigenias.

La pequeña burguesía, sobre todo de provincias del interior como el Cusco, testigo directo de la movilización campesina en contra del despojo de sus tierras y de la explotación impuesta sobre ella por los gamonales regionales, tradujo su sensibilidad frente a este problema mediante el respaldo y la prédica de un mensaje indigenista. Este "indigenismo" inspiró la eclosión, en el campo de la literatura y de las artes en el Perú de la década de 1920, de una serie de obras que plasmaron en la plástica el sufrimiento y la esperanza de los indios, forjando así uno de los pilares de la cultura peruana contemporánea. Pero su mensaje también traducía, de manera abigarrada, una política de tipo paternalista, cuya exigencia más extrema era propiciar el retorno a la felicidad perdida del pasado.

Es en este contexto que adquieren particular relevancia la reflexión y los escritos de José Carlos Mariátegui, entre 1927 y 1930. La obra de Mariátegui, particularmente sus *7 ensayos de interpretación de la realidad peruana*, constituye el primer análisis marxista aplicado a nuestro entorno, donde la problemática indígena, al igual que en el pensamiento de González Prada, está asociada al problema de la tierra, pero cuya solución, y en esto se separan, depende de la transformación global de la sociedad peruana. Dada la debilidad del proletariado peruano en ese momento, Mariátegui pensaba que el cambio sería el resultado de la acción de una alianza entre los diferentes sectores populares; sin embargo, la dirección le correspondía a los obreros. A diferencia de Haya, y por las características coloniales de la sociedad peruana, Mariátegui no tenía mucha ilusión sobre la potencialidad revolucionaria de la clase media y no pensaba que el capital extranjero tenía lados buenos y lados malos. Su muerte prematura y la inmediata subordinación completa del Partido Comunista Peruano a los dictados de la III Internacional congelaron el desarrollo del marxismo en el Perú; ello determinó que la educación y la movilización del creciente proletariado peruano fueran en adelante conducidas por el Apra o abandonadas a la demagogia populista de dictadores y oligarcas.

La crisis de 1929 en toda América Latina generó trastornos económicos y políticos. En el caso del Perú deshizo en pedazos la "Patria Nueva" que Leguía soñaba construir. Pero el ascenso, y la combatividad de los sectores populares alimentada por la misma crisis, solo pudo ser contenido y derrotado mediante una feroz represión. Tal fue la misión fundamental del golpe y del breve gobierno de Sánchez Cerro. Durante su gobierno, el de Benavides y el de Prado, es decir entre 1931 y 1945, la fracción más tradicional de la burguesía logró imponer una política que acentuó la dependencia internacional de la economía peruana, cancelando los tímidos esfuerzos destinados a renovar la estructura económica y política. Con todo, no pudo evitar que en algunas regiones, como en el sur, un grupo de industriales modestos pugnara por una política de aliento a la industrialización y de protección del mercado interno por parte del Estado. Fue esta burguesía provincial la que apeló a los símbolos y a las imágenes del indigenismo para intentar soldar una alianza con las clases populares con el manto del regionalismo. Pero en el ámbito de la política oficial, estos fueron años de una cruda regresión a la prédica hispanista más añeja. Al lado de un Manuel Vicente Villarán que propugnaba todavía la superación del indio mediante la educación, el filósofo Alejandro O. Deustua[50] comentaba sobre el problema indígena en los siguientes términos:

> [...] El Perú debe su desgracia a esa raza indígena que ha llegado, en su disolución psíquica, a obtener la rigidez biológica de los seres que han cerrado definitivamente su ciclo de evolución y que no han podido trasmitir al mestizaje las virtudes propias de razas en el periodo de su progreso. Es doloroso reconocer este hecho, pero es necesario reconocerlo para plantear el problema de la educación indígena dentro de los términos que la experiencia ofrece. Está bien que se utilice las habilidades mecánicas del indio; mucho mejor que se ampare y defienda contra sus explotadores de todas especies y que se introduzca en sus costumbres los hábitos de higiene que carece. Pero no debe irse más allá, sacrificando recursos que serán estériles en esa obra superior y que serían más provechosos en la satisfacción urgente de otras necesidades sociales. El indio no es y no puede ser sino una máquina.[51]

La crisis de 1929 obligó a muchos gobiernos de América Latina a adoptar una política económica destinada a atenuar sus efectos, particularmente aquellos relacionados al comportamiento de la balanza comercial de sus economías. Comenzó así la etapa de la industrialización sustitutiva de importaciones, cuyas consecuencias fueron el fortalecimiento industrial de algunos países, así como el ensanchamiento del mercado interno. Sin embargo, en el caso del Perú el panorama fue distinto. Por una parte, el rol abrumador asignado al sector público durante el Oncenio de Leguía generó una reacción opuesta, convirtiendo a los gobiernos posteriores, con la notable excepción de Bustamante (1945-1948), en firmes adeptos de una política económica extremadamente liberal. Y, por otra parte, el control absoluto ejercido por el capital extranjero sobre el sector minero, desde comienzos del siglo XX, hizo que las empresas extranjeras fuesen las más afectadas por los efectos de la crisis, por lo que la

50. Deustua 1937.

51. Ibíd., p. 234.

burguesía nativa pudo continuar sin mucha reticencia su respaldo al patrón de crecimiento basado en las ventajas comparativas del país. Esto explica también por qué la recuperación de la economía de exportación peruana fue sorprendentemente rápida en comparación con la de los otros países latinoamericanos.

El caso ecuatoriano

Al igual que los otros países andinos, el Ecuador tiene tres regiones geográficas: i) la costa, cuyo escenario central es la región de Guayas y su capital es Guayaquil; ii) la sierra, extensa región del callejón andino de Quito; y iii) la región amazónica. Las dos primeras regiones —la costa y la sierra— constituyen el escenario fundamental de la cuestión agraria en el Ecuador, ya que la región amazónica fue tardíamente incorporada a la economía ecuatoriana gracias a la extracción y explotación primero del caucho y luego del petróleo.

Durante el extenso periodo prehispánico, el Imperio de Tahuantinsuyu no logró controlar todo el Ecuador; alcanzó solo hasta la región de Loja. Ello hizo que los grupos étnicos que vivían en la época prehispánica tuviesen diferencias muy importantes con relación a los grupos étnicos de la región central y la región meridional. Como es sabido, en el Tahuantinsuyu la economía era fundamentalmente agrícola; pero no existe evidencia alguna de que este Imperio —que tenía aproximadamente entre 7.000.000 y 10.000.000 de personas– conociera instituciones centrales como la moneda y el mercado, sino las formas más simples de intercambio como el trueque.

No obstante, pese a la carencia de estas tres instituciones, pudieron desarrollar una economía autosuficiente. Esto fue posible porque los Andes, al igual que el Tíbet, son territorios verticales. En el caso de los Andes centrales, a diferencia de Colombia, la altitud para cultivar va desde el nivel del mar hasta los 4000 metros, de modo tal que en este enorme rango es posible encontrar ecosistemas y pisos térmicos muy diferentes, que a su vez permiten, en el marco de un ciclo agrícola, producir bienes distintos. La estrategia andina consistió efectivamente en desplazar colonos —dicho en términos ciertamente anacrónicos— de una región a otra para que con su trabajo, y sin perder la filiación étnica a los grupos a los cuales pertenecían, pudieran procurarse en estos otros lugares los recursos de que carecían en sus pueblos de origen. Todo ello en un marco de reciprocidad, por lo que los enlaces podían ser muy diferentes en términos de distancia dependiendo del volumen demográfico de cada grupo étnico.

La diferencia con los grupos étnicos que habitaban en lo que es ahora el Ecuador contemporáneo es que esa verticalidad no operó. El profesor Frank Salomón[52] constató, primero, la existencia de mercaderes, que no eran tan poderosos como los *pochteca* en el caso de los aztecas, pero que representaban un contraste muy claro con la ausencia de este tipo de actores económicos en los Andes. Pero no solamente mercaderes, sino también mercados y algunos artefactos que no operaban exactamente como moneda sino como "cuasi-moneda".

La conquista abre tres largos siglos de un sistema colonial que es muy distinto a los sistemas coloniales de Nueva Granada y Nueva Castilla. De las dos regiones señaladas, la Cuenca del Guayas prácticamente no tuvo ninguna significación económica; de tal manera que a lo largo de los tres siglos coloniales, el espacio económico importante fue efectivamente el extenso callejón andino que va desde Pasto hasta las fronteras con el Perú. Allí estuvieron ubicadas dos instituciones económicas importantes: por un lado, las grandes haciendas con trabajo servil y, por el otro, los obrajes; es decir, aquellos talleres dedicados a la producción masiva de telas y cuyo destino era en parte el lejano mercado de Potosí.

El obraje pudo mantenerse en tanto contó con barreras naturales de protección. Así, las telas ingresadas a los puertos en el contexto de la apertura comercial desde fines del siglo XVIII debían pagar fletes antes de llegar a los principales mercados; en consecuencia, sus precios finales operaron a favor de la producción local. Sin embargo, en la medida en que la apertura del libre comercio se hizo cada vez más intensa, hacia 1840 estos centros de producción textil desaparecieron y en la sierra quiteña quedaron solamente las grandes haciendas. Esta

---

52. Salomon 1986.

destrucción de los obrajes fue en parte similar a la destrucción de los centros de producción textil de los santanderes, porque los precios de las telas importadas costaban cinco veces menos que las telas producidas domésticamente de modo tal que la resistencia y la competencia en ese contexto no era posible. Como consecuencia de la destrucción de estos obrajes, la mano de obra se desplazó hacia la costa y esto fue la base para un proceso de cambio muy lento y muy errático —al comienzo—, que en las dos últimas décadas del siglo XIX y la primera del siglo XX, empero, se constituye en un sector económico muy pujante: el de la producción y la exportación del cacao.

Al igual que muchas otras mercancías que América Latina exportaba desde la segunda mitad del siglo XIX, la demanda internacional por este tipo de productos —debido al incremento de la capacidad adquisitiva y bienestar de la población europea— se hizo cada vez mayor. Esto permitió que el café, que en un principio era un producto de élite, fuera consumido también por las clases medias e incluso por las clases populares. Permitió, además, que la carne y los cueros pudieran ser igualmente desplazados del consumo de los esclavos de Brasil hacia Europa y también como consecuencia de estos cambios importantes en el gusto y en la estructura del consumo, se encuentran los helados y los chocolates cuyo insumo fundamental es el cacao. Es en esta transformación donde se ubica un elemento determinante para esta expansión.

Según las cifras de la cuenca de Guayaquil, en 1880 se exportaban aproximadamente 300.000 quintales de 46 kilogramos; pero unos cinco años más tarde, entre 1885 y 1917, esos 300.000 quintales se convirtieron en medio millón de toneladas anuales y, finalmente, en el momento cumbre de la exportación, en 1920, la cuenca de Guayaquil exportaba un promedio de un 1.100.000 quintales de cacao de 46 kilogramos.[53]

En 1920 —al igual que muchas otras experiencias en América Latina—, este ciclo se cerró abruptamente, sobre todo como consecuencia de las plagas y epidemias que literalmente diezmaron la producción

---

53. Chiriboga 1988.

cacaotera. Esto provocó la crisis, e incluso suicidios, de muchos propietarios cacaoteros quienes no residían ni en Guayaquil ni en Quito, sino que vivían cómodamente en algunas grandes ciudades europeas como París, y cuyo costo de vida era financiado por esta expansión.

Existen dos cuestiones significativas en el caso de la experiencia ecuatoriana con el cacao. Al inicio, antes de 1880, el cacao era una planta silvestre, crecía naturalmente y de hecho fue en esta forma como el producto, incluso en la época colonial, se destinaba al mercado de Centroamérica. Pero en la medida en que su demanda crecía, la planta dejó de ser silvestre para ser incorporada dentro de las grandes plantaciones cacaoteras de Guayaquil, de modo tal que un proceso de cercamiento de tierras, de privatización y mejoras técnicas en el cultivo fueron añadiéndose a esta experiencia.

Entre la siembra y la cosecha del cacao transcurrían aproximadamente un promedio de ocho años; por ello, quienes lo cultivaban no eran necesariamente los grandes propietarios ni tampoco obreros especializados. Su cultivo estaba a cargo de los *montuvios*. Los *montuvios* arrendaban parcelas de tierra en estas nuevas plantaciones constituidas, por la cual pagaban renta en trabajo; es decir, ellos eran efectivamente los encargados de la siembra y sobre todo del cuidado de la planta durante ocho largos años. Un dato curioso es que el cacao al crecer produce sombras, lo que constituye una ventaja para poder combinarlo con otro tipo de producto que esté destinado al consumo familiar; ello hacía posible la subsistencia de los cultivadores.

Pero al igual que en el caso del café en Colombia, la circulación de la renta cacaotera produjo encadenamientos muy importantes. De hecho, terminó convirtiendo a Guayaquil en una de las ciudades más importantes del Ecuador del siglo XIX e inicios del siglo XX. Para que el cacao fuera exportado a los mercados europeos tenía que ser tratado y pasar por un proceso de limpieza y selección del fruto; además, fue necesario instalar todo un dispositivo industrial dedicado a la producción de cajas para el embalaje. Puede constatarse así la existencia de este gigante con pies de barro,[54] porque las relaciones de

---

54. Guerrero 1980.

Cuadro 2

GASTOS DE PRODUCCIÓN, UTILIDADES, RENTAS Y GANANCIAS DE LOS PLANTADORES CACAOTEROS

Precio $\overline{x}$ de cacao en Guayaquil (1 qq.) Año	Sucres	Cacao exportado (qq.)	Valor del cacao exportado (S/.)	Costos monetarios de producción (S/.)	Utilidad neta de cacaoteros	% de utilidad	Dividendos bancarios (en %)	Renta neta aprobada	Ganancia neta apropiada	% de Ganancia
1895	16,30	350.176	5.672.851	2.556.285	3.116.556	55	12	680.742	2.535.814	42
1896	15,90	388.622	6.179.090	2.836.941	3.342.149	54	12	741.490	2.600.658	42
1897	21,20	343.068	7.273.041	2.504.396	4.768.645	65	12	872.764	3.895.880	53
1899	23,70	554.006	13.129.942	4.044.244	8.903.692	73	12	1.466.383	7.437.308	61
1900	24,80	411.349	10.201.455	3.002.848	7.198.607	70	12	1.224.174	5.974.432	58
1901	20,80	513.117	10.672.833	3.745.754	6.927.079	65	12	1.280.740	5.646.339	53
1902	20,50	536.213	10.992.366	3.914.354	7.078.012	64	13	1.429.007	5.649.004	51
1903	20,70	499.213	10.333.709	3.644.255	6.689.454	65	14	1.446.719	5.242.735	51
1904	21,60	613.392	13.249.267	4.477.762	8.771.505	66	15	1.987.390	6.784.115	51
1905	22,60	472.313	10.672.013	3.447.885	7.224.128	67	16	1.600.801	5.623.326	52
1906	23,40	496.049	11.607.546	3.621.158	7.986.388	69	15	1.857.207	6.129.181	53
1907	33,80	429.187	14.506.848	3.133.065	11.373.783	78	16	2.176.027	9.197.756	63
1908	22,90	692.089	15.848.838	5.052.249	10.796.589	68	15	2.377.325	8.419.264	53
1909	18,70	686.282	12.833.473	5.009.858	7.823.615	61	15	1.796.686	6.026.929	47
1910	18,80	789.243	14.837.768	5.761.473	9.076.295	61	14	2.077.287	6.999.008	47
1911	18,20	843.542	15.352.464	6.157.856	9.194.608	60	14	2.149.345	7.045.263	46
1912	19,00	830.971	15.788.449	6.066.088	9.722.361	61	14	2.052.498	7.669.863	48
1913	20,40	910.200	18.568.080	6.644.460	11.923.620	64	13	2.228.169	9.695.451	52
1914	18,00	1.026.305	18.473.490	7.492.026	10.981.404	59	12	2.216.819	8.764.646	47
1915	25,50	804.753	20.521.201	5.874.697	14.646.504	71	12	2.462.544	12.183.960	59
1916	24,74	927.533	22.947.166	6.770.990	16.176.176	70	12	2.753.660	13.422.517	58
1917	18,10	982.465	17.782.616	7.171.994	10.610.622	59	12	2.133.914	8.476.709	47
1918	17,30	835.122	14.447.610	6.096.390	8.351.220	58	13	1.878.189	6.473.030	45
1919	35,47	971.435	34.456.799	7.091.475	27.365.324	79	15	5.168.520	22.196.804	64
1920	30,64	1.016.955	31.159.501	7.423.771	23.735.730	76	14	4.362.330	19.373.400	62
1921	12,60	931.713	11.739.583	6.801.505	4.938.078	42	16	1.878.333	3.059.745	26
1922	16,30	961.932	15.679.491	7.022.103	8.657.388	55	14	21.953.129	6.462.259	41

Fuente: Informe del ministro de Hacienda 1905, Boletín de la Cámara de Comercio, 1907-1922, V. E. Estrada, 1975. Los precios promedios entre 1914 y 1922 están deflactados al tipo de cambio vigente anteriormente.

producción eran totalmente arcaicas en la base; no obstante, sostuvo un sistema que tuvo la capacidad de enlazar y desarrollar industrias, el crecimiento de las ciudades y de una red de intermediación financiera —la banca— cuyos activos fueron necesarios tanto para el financiamiento de la producción como, sobre todo, para la comercialización. El valor de retorno fue muy alto porque el capital productivo fue enteramente nacional.

Tales cambios no se limitaron a la economía sino que también se tradujeron en la política. En 1895 estalló en Guayaquil, la revolución liberal encabezada por Eloy Alfaro. Ocurrió en Guayaquil lo que años más tarde sucedió en Panamá: frente al encierro tradicional de los grandes terratenientes del callejón andino de Quito, Guayaquil era un puerto, una ciudad abierta al mundo; por consiguiente, sus gentes y sus empresarios tenían una visión económica y políticamente opuesta a la visión tradicional de los primeros. De hecho, la historia política del Ecuador del siglo XX muestra que son guayaquileños o serranos quienes, en función de la alternancia de sus bases económicas y políticas, acceden al control político del país.

El cuadro 2, tomado del libro *Los oligarcas del cacao*,[55] muestra el comportamiento de la producción cacaotera, así como las rentas y ganancias que generó para los propietarios.

Bolivia y la minería andina

Ya como república independiente desde 1825 y tras superar las décadas iniciales de estancamiento económico, a fines del siglo XIX Bolivia repunta en sus exportaciones nuevamente con la minería de plata.[56]

El conocimiento de la organización y funcionamiento de la minería andina ha atraído desde hace mucho tiempo el interés y la curiosidad de un grupo de investigadores, no solo porque se trataba y se trata del sector más dinámico de la economía regional, sino también

---

55. Chiriboga 1988: 167.

56. Por el caso boliviano véase, adenda II, pp. 294-296.

Cuadro 3
EXPORTACIONES BOLIVIANAS DE ESTAÑO, 1822-1935

Años	Peso bruto (toneladas)	Peso estaño fino (toneladas)	Percentaje en relación con la producción mundial
1822-1849		3460	0,7
1850-1860		3010	1,5
1861-1870		3860	1,5
1871-1880		6300	1,6
1881-1884		2593	0,9
1885		420	0,7
1886		570	0,9
1887		1360	2,1
1888		1600	2,5
1889		1520	2,3
1890		1920	2,9
1891		2150	3,1
1892		2900	4,0
1893		3380	4,3
1894		3800	4,3
1895		4230	4,5
1896		3990	4,8
1897		4910	6,2
1898		4720	6,0
1899		5290	7,0
1900	16.230	9739	11,2
1901	21.910	13.146	14,5
1902	17.610	10.566	12,4
1903	20.930	12.558	13,6
1904	21.550	12.930	13,8
1905	27.690	16.614	17,3
1906	29.370	17.622	17,9
1907	27.680	16.608	16,7
1908	29.940	17.964	16,7
1909	35.570	21.342	18,9
1910	38.550	23.130	20,7
1911	37.070	22.242	19,8
1912	38.610	23.166	19,5
1913	44.590	26.754	20,6
1914	37.260	22.356	18,8
1915	36.490	21.894	17,9
1916	35.540	21.324	17,5
1917	46.430	27.858	23,1
1918	48.800	29.280	24,9
1919	48.500	29.100	23,8
1920	47.050	28.230	25,9
1921	31.810	19.086	26,0
1922	43.480	32.088	24,3
1923	50.430	30.258	26,0
1924	53.440	32.064	23,4
1925	54.330	32.598	23,4
1926	53.640	32.184	22,0
1927	66.620	36.382	23,4
1928	76.470	42.074	24,2
1929	85.180	47.191	24,5
1930	69.030	38.723	22,0
1931	55.714	31.637	22,2
1932	38.796	20.919	22,4
1933	25.641	14.957	18,4
1934	41.019	23.201	18,4
1935	49.531	25.403	19,7

Fuente: Mitre 1993: 289-290.

por el papel que cumplió en la mutación profunda de la economía atlántica en el siglo XVI. Pese a todos estos esfuerzos, lo conocido es aún muy imperfecto en términos cronológicos y temáticos. Por razones obvias, la producción de los metales preciosos durante el periodo colonial, sobre todo con relación al impacto que su flujo tuvo sobre la economía europea en el siglo XVI, resulta el aspecto más analizado. Mucho menos, en cambio, las modificaciones inducidas por la producción minera dentro del propio espacio colonial. Del mismo modo, la minería andina del siglo XX, específicamente en sus aspectos sociales y políticos, ha sido objeto de creciente atención durante los últimos años. En este contexto es todavía sorprendente el enorme vacío que existe en el conocimiento de la minería boliviana y peruana del siglo XIX. Aunque es cierto que sus volúmenes de producción no son en nada comparables con los del siglo XVI o los del presente siglo, resulta errado sostener que la actividad minera carecía de toda relevancia en el siglo XIX. Después de todo, el relativo equilibrio de la balanza comercial de ambos países dependió de la exportación masiva del circulante monetario y del mineral de plata.

La debilidad de nuestro conocimiento sobre el sector minero en el siglo XIX es incluso más lamentable porque impide una percepción adecuada de la dinámica y papel de este sector en el crecimiento del conjunto de la economía de estos países, así como también de las condiciones del tránsito de la minería colonial a la minería contemporánea. Es este considerable vacío que empieza a ser parcialmente cubierto con el libro que Antonio Mitre[57] dedicara a la plata boliviana en el siglo XIX.

El autor se propone "mostrar la génesis, evolución y crisis de la oligarquía minera de la plata en el siglo XIX, explicando las bases económicas de su poder"; pero su valor no consiste únicamente en analizar las condiciones materiales de la reproducción y de la crisis de la oligarquía minera boliviana, sino que también constituye una excelente demostración del mecanismo por el cual el sector minero es desgajado de su entorno regional para ser colocado, en una situación

57. Mitre 1981.

de subordinación, en un espacio sometido a la determinación del capital internacional y amputado de su capacidad de inducir cambios sustantivos dentro de las diferentes regiones del espacio boliviano.

Ha sido Carlos Sempat Assadourian[58] quien ha reiterado en los últimos años acerca de la capacidad que tuvo la minería colonial andina de constituir un circuito prácticamente autosuficiente y de fundar su operación en la captación de sus diferentes insumos dentro del propio espacio americano. El aporte de Antonio Mitre consiste, precisamente, en mostrar cómo se erosiona este mecanismo para dar paso, finalmente, a una profunda articulación entre yacimiento minero/puerto de exportación; es decir a una situación en la que no solo las oscilaciones de la producción minera dependen de las fluctuaciones de la demanda internacional, sino que su propio funcionamiento está supeditado al suministro de capitales, tecnología y bienes de consumo desde el exterior.

El juego de la "lotería de bienes", para utilizar la expresión de Bulmer-Thomas, se inclinó otra vez a favor del sector exportador de Bolivia, cuando irrumpió casi inmediatamente, el estaño. Desde 1892, en efecto, la Compañía Minera de Oruro preparó la instalación de tres máquinas para la concentración y aprovechamiento del estaño proveniente de los relaves. Las exportaciones bolivianas, cuyo promedio anual era de 4572 toneladas durante el periodo 1895-1899, pasaron en los tres quinquenios siguientes a 23.089 toneladas sucesivamente. En menos de quince años se había quintuplicado su producción,[59] llegando a ser, después de Malasia, el segundo productor mundial de dicho metal. La razón de este fantástico crecimiento fue otra vez la demanda internacional, consecuencia del dinamismo industrial expresado en la expansión de la industria de alimentos y de automóviles, apoyada, como señala Mitre, por una eficiente red ferroviaria instalada en tiempos de la plata. Pero, en contraste con aquella, la expansión del estaño generó cambios significativos en la estructura de la propiedad con la aparición de *holdings*, la desnacionalización sucesiva del control de los recursos, la expansión de un

58. Assadourian 1979.

59. Mitre 1993: 31.

poderoso movimiento obrero anclado en las minas de Pulacayo, y el surgimiento, en polos opuestos del espectro político, de Simón Patiño y de Guillermo Lora.

Colombia y la trayectoria de los metales preciosos

Uno de los fundamentos de la economía colonial de la Nueva Granada fue la extracción de metales preciosos, particularmente de los minerales auríferos, lo cual, junto con la utilización de la mano de obra esclava, hicieron que la experiencia de la Colombia colonial fuera completamente distinta a los otros espacios controlados por la Corona española. Pero, además, se trata de una experiencia completamente marginal, pues no fue en nada comparable con el volumen y el valor de la producción de plata de Nueva Castilla y de Nueva España, como tampoco de la producción aurífera del Brasil colonial.

La producción del oro, medida en términos del *quinto*, más allá de las conocidas dificultades que genera la utilización de este indicador, fue de 500.000 pesos entre 1715 y 1719. A mediados de ese siglo aumentó a un promedio de 650.000 pesos por año, para cerrar el siglo con un promedio anual de 2.000.000 de pesos.[60] Este incremento muestra, a la vez, el desplazamiento de los espacios mineros del Chocó y de Popayán, los cuales produjeron hasta mediados del siglo el 76% del total de oro, por el de Antioquia, que pasó de producir un 12% a un 30% entre los inicios y el fin de la centuria.

El libro de la profesora Botero nos brinda la posibilidad de seguir la trayectoria del oro en la región de Antioquia, pese a las enormes dificultades que representa el registro de su producción. Poco se sabe, por ejemplo, acerca del impacto de las guerras de independencia en la minería aurífera o de su situación durante gran parte de la primera mitad del siglo XIX. Al parecer, la ley del 12 de mayo de 1846, la cual autorizó la libre exportación del oro, anulando las restricciones coloniales, fue una de las razones que permitió su reactivación en la segunda mitad de ese siglo. El estudio del comportamiento de

60. McFarlane 1993: 81-82.

la producción aurífera se basa, por una parte, en las estimaciones publicadas en el *Parliamentary Papers* de Londres, y por la otra, en las consideraciones de Adolf Soetbeer sobre la producción del oro en Colombia y su peso en la producción mundial. Entre 1852 y 1881, el valor promedio por quinquenio fue de 496.000 libras esterlinas, lo que representa un 4% de la producción mundial, muy lejos de Estados Unidos, Australia y Rusia, cuya producción mundial por país fue un tercio del total. También sus evaluaciones se apoyan en las conocidas cifras ofrecidas por V. A Restrepo sobre las exportaciones de barras de oro, las cuales muestran que de un valor exportado de 1.500.000 de pesos anuales entre 1858-1859, el valor de las mismas, con altibajos, casi se duplicó entre 1869 y 1890, con una tasa de 2,34% de crecimiento anual para esas exportaciones.[61] Dada la crucial importancia del oro en la economía regional de Antioquia, sería necesario continuar los esfuerzos para reconstruir con mayor precisión las coyunturas de producción y exportación del oro, tarea seguramente titánica dada la precariedad de las fuentes.

Pero la segunda mitad del siglo XIX no solo se tradujo en la expansión de la producción del oro, sino también en la emergencia de sociedades mineras como El Zancudo, El Guadual o Purina, quienes compartieron sus actividades con los *mazamorreros* tradicionales; en el surgimiento de la minería de veta al lado de la de los aluviones; y en la presencia cada vez más significativa de empresas extranjeras en la explotación tales como la Frontino & Bolivia Gold Mining Company y la Compañía Minera Francesa de Segovia. Estos cambios fortalecieron la importancia de los distritos del departamento del norte antioqueño, cuyo espacio concentraba más del 50% de las minas de veta y el 72,59% de las minas de aluvión.[62] Gracias a las investigaciones de la profesora Botero conocemos igualmente los cambios tecnológicos introducidos en la producción del oro, su proceso de comercialización, la emergencia de la banca privada (7 bancos y 3 casas bancarias en la capital del Estado, y bancos regionales en Rionegro y Sopetran) en respuesta al dinamismo económico de la región

61. Botero 2007: 203-204.

62. Ibíd., pp. 106-107.

y a la utilización de sus billetes en la compra del oro, como también las rutas seguidas por el oro hasta su destino final en las bóvedas del Banco de Inglaterra.

Los hallazgos y las contribuciones que ofrece el libro de la profesora Botero requieren investigaciones complementarias a fin de contribuir al conocimiento de aquellas situaciones que son igualmente significativas en todo examen de la historia de los metales preciosos. Se necesita, por ejemplo, análisis puntuales sobre los costos de producción; tal vez no tanto de los *mazamorreros* por la precariedad de su condición, sino de aquellas empresas dedicadas al trabajo del oro en las vetas. Se nos informa que el precio del oro, como en toda economía precio-aceptante, fue establecido por el Banco de Inglaterra a razón de 3 libras 17 chelines y 9 peniques por onza estándar de 22 quilates de ley.[63] ¿Cuánto costó producir esta barra y cuáles fueron los componentes de su costo? Ciertamente, no solo se trata de estimar los beneficios de los mineros, sino conocer, a través de su reconstrucción, los múltiples encadenamientos que produjo la minería del oro dentro y fuera de la región de Antioquia. Sabemos, igualmente, que a mediados de la década de 1870, la minería empleaba un promedio de 15.000 trabajadores, de los cuales un 20% era estable y el resto temporal, ganando los primeros un jornal de 1 peso diario.[64] En caso de que ese jornal fuera efectivamente un jornal monetario, dada las características de la zona, debió establecerse un mercado de consumo relativamente importante, cuya demanda debió estimular el crecimiento agrario y ganadero del entorno. Y, además, ¿cómo se satisfizo la demanda por los "bienes de capital" que utilizaron las empresas?

Un problema no menos importante es el papel del oro en la expansión del mercado monetario. En Antioquia, a diferencia de los Andes coloniales cuya producción de plata, según las investigaciones pioneras de Carlos Sempat Assadourian, estimuló la expansión de una importante economía monetaria por la circulación de la plata como mercancía, el mineral extraído fue destinado al mercado

63. Ibíd., p. 129.

64. Ibíd., pp. 74-75.

Cuadro 4
Colombia: productos de exportación (distribución porcentual)

Periodo	Café	Banano	Petróleo	Metales preciosos	Cuero	Otros
1874-1879	7	---	---	28	4	61
1905-1909	39	4	---	21	8	28
1910-1914	46	9	---	19	9	17
1915-1919	54	6	---	16	12	12
1920-1924	74	6	---	12	4	4
1925-1929	69	6	17	5	3	---
1930-1934	59	6	19	13	2	1
1935-1939	54	5	20	17	2	2
1940-1944	64	1	16	13	1	5
1945-1949	73	2	15	5	1	4
1950-1954	79	2	14	2	---	3
1955-1959	78	4	14	1	---	3

Fuente: McGrevey 1971: 207.

internacional, sin que, incluso, su conversión en moneda circulara en los mercados internos, puesto que también se exportaba o era de nuevo refundida en barras. El establecimiento de una Casa de Moneda en 1862 en Medellín, hasta su clausura en 1889, permitió la introducción de 4.031.990 gramos de oro por un valor de 2.360.973 pesos, y 103.132.363 gramos de plata por valor de 5.074.381 pesos.[65] Importa saber no solo la procedencia de esos volúmenes entregados, sino también cuánto de esa moneda fue retenida en el espacio antioqueño y cuánto fue exportada, juntamente con las barras, o en lingotes. Las quejas de las autoridades financieras respecto de la escasez de la moneda no dejan al parecer ninguna duda sobre su destino y su poca relevancia en el dinamismo mercantil. En cambio, se puede señalar el rol del papel moneda, cuyas emisiones estuvieron a cargo de los bancos privados. En la década de 1880, bancos y casas

65. Ibíd., p. 156.

bancarias pusieron en circulación 2.781.929 pesos en billetes,[66] los cuales no tenían un curso forzoso sino que eran una promesa de pago a la vista y al portador. En el caso de que efectivamente circularan, en el corto tiempo que lo hicieron porque el gobierno de Rafael Núñez prohibió la continuación de su emisión, sería indispensable analizar su impacto en el desempeño de la economía regional.

Hasta fines del siglo XIX, el oro siguió siendo el principal producto de las exportaciones colombianas y el motor efectivo del extraordinario dinamismo de la economía regional de Antioquia, pero al despuntar el nuevo siglo será sustituido por el café (véase cuadro 4); sin embargo, el análisis de su trayectoria escapa a los objetivos de este trabajo.

Venezuela y su apertura al mundo: café y petróleo

Las experiencias de Venezuela y Chile en el medio siglo transcurrido entre 1880 y 1930 no hacen parte propiamente de los Andes centrales, o al menos no totalmente. Como se sabe, Venezuela inicia su carrera como nación independiente luego de la disolución de la Gran Colombia en 1830, cuando las tensiones internas entre Caracas, Bogotá y Quito enterraron, esta vez desde el norte, el sueño bolivariano de una articulación parcial, por mínima que fuera, a fin de contrarrestar la fragmentación del continente luego de la independencia de España. Fue el anticipo de lo que ocurriría seis años más tarde con la Confederación Perú-Boliviana con la égida de Andrés de Santa Cruz.

El inicio de Venezuela como país independiente coincide con el de su endeudamiento externo, una situación absolutamente inédita en la región; porque durante el conjunto del periodo colonial Hispanoamérica fue sobre todo una exportadora neta de capitales hacia Europa y el resto del mundo para invertir esa situación después de la independencia, con los correlatos bien conocidos de endeudamiento, cesación de pagos, crisis y bancarrota. Hasta 1830, en efecto, la Gran Colombia había acumulado, como consecuencia de sus

66. Ibíd., p. 164.

apremios en el financiamiento de la independencia y de un creciente gasto público, una deuda de 6.625.948,84 libras esterlinas. Al desmembrarse la Gran Colombia en 1830, esa deuda fue asumida por las tres repúblicas. Pero eso no fue todo.

En el periodo colonial, el principal producto de exportación había sido el cacao, cuyos productores, con el amparo de la Corona, tuvieron un acceso privilegiado a los mercados de España y de México. Pero las guerras de independencia alteraron de manera dramática esta situación; ya que fue sobre todo en Venezuela donde estos conflictos destruyeron casi por completo los activos que sostenían su economía. De modo que a partir de 1830, el soporte de su economía externa cambia de manera radical al depender, primero, del café y, más tarde, del petróleo. Pero no se trató solamente del reemplazo del cacao por el café, sino que este cambio trajo aparejados otras consecuencias no menos dramáticas. En primer lugar, como señala John V. Lombardi,[67] con el café Venezuela ingresó de lleno, al igual que los otros países latinoamericanos, al mercado internacional. Esta nueva situación implicó enfrentar también problemas inéditos tales como su vulnerabilidad ante las violentas fluctuaciones de los precios del grano en el mercado internacional; así como su subordinación a estos mercados y al mercado de capitales. No es que en el periodo colonial sus productores no estuvieran también expuestos a estos problemas, pero la contundencia de los mismos era ahora mucho más dramática. Con el cacao, los precios estaban relativamente protegidos por acuerdos entre la Corona y los productores, mientras que la Iglesia se encargaba de otorgar los créditos con un interés promedio anual del 6%. En cambio, con el café, producto cuya maduración era menor que la del cacao, los créditos eran otorgados por casas mercantiles europeas, con tasas de interés mayores (el doble) y con plazos de amortización mucho más breves. La situación era potencialmente óptima en coyunturas favorables, sobre todo para productores ávidos de créditos fáciles y de mercados elásticos; pero en periodos de depresión de los precios las altas tasas de interés, la reducción de las

67. Lombardi 1982.

ventas, y la obligación de pagar las obligaciones contraídas llevó a la liquidación de estas empresas.

De este modo, la breve coyuntura de precios favorables, hasta mediados de la década de 1930, explica el éxito económico y político de José Antonio Páez, uno de sus caudillos emblemáticos, en su primer gobierno entre 1830 y 1834; sin embargo, luego de la crisis que se inicia a fines de esa década y se prolonga hasta los años cuarenta, esta prosperidad dio paso a una inestabilidad expresada en los enfrentamientos regionales, cuya mayor expresión fueron las Guerras Federales entre 1858 y 1863. Esta inestabilidad política duró, por lo menos, hasta el ascenso del general Antonio Guzmán Blanco, quien gobernó Venezuela entre 1870 y 1888. No obstante, estos cambios desfavorables no impidieron que el café fuera el producto dominante de la economía venezolana. Hacia 1886, la población venezolana era de 2.198.320 habitantes, de los cuales 70.000 se encontraba en Caracas, 36.000 en Valencia y 32.000 en Maracaibo.[68]

Esta economía fundamentalmente agraria, sustentada por el café, permitió que la política de libre cambio se mantuviera hasta 1908; pero siempre expuesta a los vaivenes de los cambios en los precios: el precio del kilo de café disminuyó de 1,65 bolívares en 1889 a 0,86 en 1908.[69] Fue esta apuesta por el café lo que hizo que las rentas de las aduanas se convirtieran en la principal fuente de los ingresos públicos.

Los inicios del nuevo siglo XX implicaron una brutal transformación de esta economía, dependiente hasta entonces, como se ha mencionado, del café y de la agricultura, hasta su sustitución por el petróleo, con la conducción de Juan Vicente Gómez (1908-1935). Entre 1926 y 1930, sus exportaciones representaban el 72% del total, alcanzando el 90% en 1940.[70]

La actividad petrolera empezó en 1878 con la Compañía Minera Petróleo del Táchira en el distrito Rubio con quince barriles diarios refinados hacia fines del siglo, llegando a sesenta barriles en 1912.

---

68. Morón 1994: 242.

69. Ibíd., p. 242.

70. Rosebarry 1983: 120.

Esta compañía venezolana fracasó, no obstante sus concesiones eran muy generosas por parte del gobierno: un bolívar por hectárea, regalía de dos bolívares por tonelada métrica de producción bruta y 50% de derechos de importación de productos refinados.[71] Pero la producción se volvió más formal y sostenida cuando la Caribbean Petroleum Corporation (Shell) descubrió petróleo en Mene Grande, en el flanco oriental del lago Maracaibo en 1914, asimismo, la Standard Oil lo encontró en 1992 en La Rosa, Zulia, el tercer yacimiento más importante del mundo.

Como señala Rosebarry, la primera etapa de la experiencia petrolera, que se extiende hasta 1945, fue un periodo de simple crecimiento, con un modelo típico de "enclave", con reducidos beneficios para el Estado, impuestos bajos y concesiones generosas a agentes nacionales que luego los trasladaban a las compañías extranjeras. Pese a eso, no obstante, el impacto sobre el conjunto de la economía venezolana fue brutal, con el desarrollo de industrias y servicios complementarios, provocando además que las casas comerciales perdieran sus funciones de intermediarios financieros. A pesar de la depresión, los depósitos bancarios aumentaron de 17.000.000 a 127.000.000 de bolívares entre 1918 y 1936, y pese a los bajos impuestos, los ingresos fiscales pasaron de 81.560.000 bolívares en 1920 a 210.258.000 en 1930, y a 713.704.000 en 1945.[72]

Chile y la construcción de su economía externa

La experiencia de Chile en las décadas estudiadas aquí (1880-1930) muestra claramente las turbulencias asociadas a una economía que hizo del sector externo su sector líder. Durante el periodo colonial, la Capitanía de Chile había sido estrechamente dependiente del espacio peruano, al cual proveía con granos del valle central como consecuencia de los desastres que asolaron la agricultura de la costa peruana. Se trataba, además, de un espacio pequeño y bastante bien

71. Morón 1994: 245.

72. Rosebarry 1983: 120.

integrado, con un grado de estabilidad política muy diferente a los otros países de la región, en gran parte derivado del régimen político impuesto por la Constitución de Diego Portales. Su clase propietaria, dividida en los Partidos Liberal (los "pipiolos") y Conservador (los "pelucones") pudo, no obstante, resolver sus diferencias, pues estaba protegida de las amenazas de los sectores populares, ya sea por su distancia geográfica o porque, como los "inquilinos", estuvo inmersa en el marco de relaciones de dependencia personal dentro de las grandes haciendas.

Esta situación se alteró bruscamente con la Guerra del Pacífico, el conflicto que opuso militarmente a Chile ante el Perú y Bolivia, en respuesta a la imposición de un impuesto retrospectivo a las exportaciones de salitre desde el Atacama boliviano para las empresas chilenas. El desenlace fue la pérdida de Atacama y de Tarapacá, un espacio de cerca de 180.000 kilometros cuadrados, que agrandó el espacio chileno con un tercio adicional. Estos nuevos territorios encerraban recursos mineros importantes como el guano, la plata, el cobre y el salitre, los cuales se convirtieron sucesivamente en la base de su economía de exportación, con yacimientos emblemáticos como El Teniente y Chuquicamata.

Hasta el inicio del conflicto, el guano había sido, sobre todo para el Perú, su principal recurso de exportación, como consecuencia de la necesidad de la agricultura europea, particularmente la inglesa, de elevar la productividad de su suelo ante las exigencias de una industrialización en pleno despliegue. Sin embargo, debido a una política errática por parte del Estado peruano, el guano enfrentó cada vez más la competencia de los fertilizantes sintéticos, obligando al presidente Manuel Pardo (1872-1876) a buscar alternativas para hacer frente a las dificultades del fisco. Lo encontró en el salitre; por ello, fue indispensable expropiar a sus propietarios las "oficinas" salitreras, de propiedad privada, mediante la compra a través de "vales" pagaderos en dos años. Esta fue la esencia de las leyes de 1873 y, sobre todo, de la ley de expropiación de 1875.

Este fue el inicio de un cambio dramático en la economía chilena, que cerró la crisis iniciada en 1874 y que alcanzó su mayor pico cuatro años después. Las rentas fiscales procedentes de la exportación del yodo y del salitre, que representaban el 5,2% de los ingresos en 1880, ascendieron al 33,7% en 1885, para llegar al 52% en 1890; posteriormente hasta 1920, mantuvieron un promedio del 42%.[73] En términos físicos, la producción y las exportaciones crecieron de 451 a más de 1.000.000 de toneladas métricas entre 1886 y 1890, respectivamente.[74]

Pero el impacto del salitre no se limitó solamente al fortalecimiento del sector externo y a las finanzas, sino que afectó al conjunto de la economía chilena. En efecto, la emergencia de una pujante economía en el "norte grande" implicó, al igual que en Venezuela con el petróleo, la consolidación del capitalismo; cuyos efectos de arrastre tuvieron un radio más amplio que el desplegado por la cuenca de Maracaibo. La movilización de los trabajadores desde el sur (la población se duplicó entre 1885 y 1907) creó un mercado laboral, cuya demanda por bienes de consumo articuló la producción de los mismos para satisfacer la demanda. De este modo se produjo una articulación simbiótica y contradictoria con el resto del país, que propició una importante investigación por O'Brien,[75] con los correlatos técnicos y financieros asociados con la extracción, el tratamiento y la exportación del "caliche", transporte, redes de comunicación e intermediación financiera.

Pero el reverso de esta próspera situación no fue menos impresionante. En efecto, como toda economía dependiente de la exportación de una materia prima, estuvo expuesta a las cambiantes oscilaciones del mercado, que en sus fases depresivas obligó a restringir la producción a través de "combinaciones", las cuales al no ser completamente efectivas, propiciaron el despido de los trabajadores y el incremento del desempleo. Asimismo, el financiamiento de la guerra a través de una emisión inorgánica aumentó el nivel de los precios de consumo, inflación que fue el detonante de la aparición en Chile de lo que Loveman apropiadamente llama la "cuestión social". Pero eso no fue todo. Al final, la inclusión del salitre en la economía chilena resultó

73. Ramírez 1972: 14.

74. Loveman 1988: 179.

75. O'Brien 1982.

en una victoria pírrica, un caso de desarrollo frustrado como lo califica Aníbal Pinto[76] porque terminó alineándola con el destino y las peripecias de las demás economías latinoamericanas.

En efecto, al término del conflicto de 1879 los antiguos propietarios del salitre solo tenían en su poder "vales", cuyo precio se devaluaba permanentemente, representando una pérdida entre un 80% y un 90% de su valor nominal. Esto constituyó un estímulo para el desarrollo de una fiebre especulativa, en la que participaron agentes ingleses a través de la compra de títulos depreciados que aseguraban la propiedad del salitre. La carrera del más célebre de ellos, John Thomas North, "el rey del nitrato", ha sido ejemplarmente analizada por Harold Blakemore.[77] Fue North, paradójicamente con el apoyo de la banca y del capital nacional, quien pudo financiar la compra de estos recursos y colocarlos bajo el total dominio del capital británico. La oposición infructuosa a este proceso desplegada por el presidente José Manuel Balmaceda (1886-1891) terminó trágicamente con su muerte al final de su mandato, signo premonitorio de nuevos tiempos con idénticos desenlaces.

Pero Chile no fue solo salitre. La Primera Guerra Mundial y la emergencia de una nueva etapa en la industrialización de las economías centrales implicó varios cambios en la economía mapuche: el desplazamiento de Inglaterra por Estados Unidos como el principal mercado para sus productos y como fuente para los capitales que requería, y el desplazamiento del salitre por el cobre como rubro principal de sus exportaciones; así se consolidó el control casi absoluto del capital extranjero, esta vez norteamericano, sobre su economía. Según Loveman,[78] el capital norteamericano controlaba el 87% del valor total de la producción, la cual pasó de 31.400.000 a 132.800.000 de pesos durante la guerra. Con la volatilidad de siempre, cuyo desenlace más extremo se dio en el marco de la gran crisis de 1929, se produjo la caída de las exportaciones del petróleo y del

76. Pinto Santa Cruz 1959.

77. Blakemore 1974.

78. Loveman 1988: 213.

salitre de más de 200.000.000 de pesos a 18.100.000 en 1932 y con el despido de miles de trabajadores.[79]

Consideraciones finales

La experiencia de esta media docena de países, de sur a norte; es decir, Venezuela, Colombia, Ecuador, Perú, Bolivia y Chile en la media centuria que va desde 1880 hasta 1930 con un sector anclado en la extracción o en la producción de bienes como el cacao, el café, el petróleo, el banano, el cobre, la plata, o el salitre, fue la consolidación de su añeja tradición de basar su prosperidad en la explotación de una renta natural como fundamento de su prosperidad. Además, constituyó un ejemplo pertinente de la "lotería de bienes" (referida por Víctor Bulmer-Thomas (1994). Los resultados, por lo menos en el corto plazo, fueron espectaculares en términos de aumento de sus divisas, del dinamismo de sus economía externas, y de la opulencia de sus finanzas, como también en su capacidad de arrastrar tras de sí el dinamismo de las economías tradicionales de cada país. La debilidad radicó en que esta bonanza dependió de un factor que escapaba completamente al control de sus gobiernos, o de las clases propietarias vinculadas a dicho crecimiento; ello en la medida en que se subordinó por completo a la demanda internacional por este tipo de bienes, la cual por definición es completamente volátil. La crítica a este modelo inspiró lo mejor del pensamiento económico de la región: Raúl Prebisch y de la Comisión Económica para la América Latina (CEPAL) radicada en Santiago de Chile.

El desenlace hubiera sido distinto si los diferentes gobiernos hubieran podido elaborar políticas conducentes al establecimiento de mecanismos que pudieran transmitir con eficacia estos retornos al conjunto del país, o de haber elaborado paralelamente políticas que atenuaran las consecuencias negativas de esa demanda cambiante, a través de la diversificación productiva y de aliento a la expansión de los mercados internos. No se hizo, y la hecatombe fue el estallido

79. Ibíd., p. 224.

de la crisis de 1929 que pulverizó lo avanzado hasta entonces. No se entendió así y más bien la alternativa de una política basada en la industrialización por sustitución de importaciones agravó la fragilidad interna. De las cenizas de esa política emergió como panacea la política en curso de un nuevo liberalismo; es decir, la reiteración de los fracasos anteriores en el marco de un nuevo contexto. Lecciones no aprendidas colocan las experiencias de esta región frente a nuevas incertidumbres, más allá de los espejismos de crecimientos espectaculares de sus sectores externos que son así en la medida de las exigencias por este tipo de bienes de las nuevas potencias internacionales. El desenlace final sigue siendo una interrogante, pero las experiencias acumuladas permiten sugerir con solvencia lo que será su resultado.

Bibliografía

I. FUENTES MANUSCRITAS

A. Archivos Nacionales de Francia-París

1. Serie 28 AQ Fondo Dreyfus.
2. Serie F 12, Expedientes 4835, 6336, 6337, 6776.

B. Ministerio de Asuntos Extranjeros-París

1. Pérou. Correspondance politique, vols. 1-38 (1820-1880).
2. Arequipa-Arica. Correspondance commerciale, vols. 1-3, (1844-1871).
3. Callao. Correspondance commerciale, vols. 1-3, (1854-1878).
4. Lima. Correspondance commerciale, vols. 1-18, (1821-1882).

C. Public Record Office-Londres

1. Foreign Office, serie 61: Correspondance between British Diplomatic and Consular Officers in Peru and the foreign Office, vols. 125-331, (1850-1880).
   - Cartas del Marqués de Salisbury a Mr. Saint John. Lima, 1879.
   - Cartas de Spencer St. John al Marqués of Salisbury. Lima, 1879.
   - Cartas de Spencer St. John al Count Granville. Lima, 1881.
   - Suplemento del Registro Oficial n.° 13. Cerro de Paseo, 1884.
   - Report of proceeding of Lieutenant Carey Brenton Whilst attached to the Headquarters Staff of the Peruvian Army, engaged in the defense of Lima against chileans, 1881.
   - Cartas de Jim Yutings, P.A Ponky, F. Gil Sang y L. Quen Tong a Spencer St. John. Lima, 1881.

- Carta de la colonia asiática al Excmo. Enviado Extraordinario y Ministro Plenipotenciario de su Majestad Británica. Pisco, 1881.
- Carta del Gr. E. Steel a Alfred St. John. Cerro de Pasco, 1884.
- Cartas del Cheng Isao Ju a William Barrington, Encargado de Negocios de su Majestad Británica. Lima, 1884.
- Cartas del M.E. Graham al Count Granville. Lima, 1822.
- Cartas del Alfred St. John al Count Granville. Lima, 1883-1884.
- Cartas del British Vice Consul a William Barrington. Lambayeque, 1884.

2. Customs and Excise, sección 4, vols. 4-94 y sección 8, vols. 2-118, (1820-1890).

D. Société Générale-París

1. Proces verbaux du Conseil d'Administration de la Société Générale (1870-1894).

E. National Archives. Washington

Microfilm Publications, t. 393.

- Cartas de Spencer St. John a Patricio Lynch. Lima, 1880.
- Cartas de S.C. Montjoy a William Hunter, Second Assistant of State Secretary. Lambayeque, 1880-1881.
- Cartas de Adolfo Salmón a Santiago Montjoy. Malabrigo, 1880.
- Cartas de Patricio Lynch a Adolfo Salmón. San Pedro, 1880.

F. *Archivo del Fuero Agrario.* **Lima**

Hacienda Cayaltí, vols. 20-24.

- Cartas de Antero a Ramón Aspíllaga 1880-1881.

II. FUENTES IMPRESAS

A. Documentos bancarios

1. *Annual Report of the Council of the Corporation of Foreign Bondholders.* Londres, 1873-1880, 7 vols.
2. *Reports of the Committee of Anglo-Peruvian Bond-holders.* Londres, 1854-1855 (informes 1 y 2).
3. *Report from the Select Committee on Loans to Foreign State.* Londres, 1875.
4. *Rapport du Conseil d'Administration de la Société Générale.* París, 1870-1893, 24 vols.
5. *The Stock Exchange Year Book.* Londres, 1873-1891, 19 vols.

- *Report of the Peruvian Bondholders' Committee*. Londres, 1883, 1884 (sus apéndices).

B. Documentos del Gobierno de los Estados Unidos

1. *Historical Statistics of the United States 1789- 1945. A Supplement to the Statistical Abstract of the United States*. Washington, 1949.

C. Documentos del Gobierno francés

1. *Annuaire statistique de la France 1954*. París, 1955.
2. *Tableauz généraux du commerce de la France avec ses colonies et les puissances étrangères*. París, Direction Générale des Douanes, 1820-1890, 18 vols.

D. Documentos del Gobierno de Gran Bretaña

1. *British Parliamentary Papers*. Londres, 1837-38, 1840, 1842, 1847, 1854-55,1856, 1861,1866, 1871, 1876, 1881, 1886, 1890-91, 1899.
2. *Mémoire pour la Peruvian Corporation Lt., Arbitrage Franco-Chilean, présenté sur l'ordre de Son Gouvernement par le Ministre de S.M. Britannique*. Lausanne, 1895, 2 vols.

E. Documentos del Gobierno peruano

1. *Anales de la dictadura*. Colección de documentos oficiales de la jefatura suprema del coronel D. Mariano I. Prado. Lima, 1866.
2. *Anales de la Hacienda Pública del Perú. Leyes, Decretos, Reglamentos y Resoluciones; Aranceles, Presupuestos, Asientos y Contratos que constituyen la Legislación y la Historia Fiscal de la República*. Lima, 1902-1920, 19 vols.
3. *Estadísticas Generales de Aduanas*. Lima, 1897-1899.
4. *Informe que la Comisión de Delegados Fiscales eleva al Congreso de 1872*. Lima, 1872, 4 vols.
5. *Los consignatarios del guano según el dictamen del Sr. Dr. Manuel Ureta, Fiscal de la Excma. Corte Suprema en la ruidosa cuestión de los reembolsos anticipados, 1865*. Documentos oficiales para la historia financiera del Perú recogidos y publicados por el Dr. Manuel Ruzo. París, 1870.
6. *Memoria de los Presidentes del Perú*. P. Ugarteche y E. San Cristóbal (eds.). Lima, 1943-1945, 2 vols.
7. *Tratados del Perú*. Lima, s/f. Aranda (comp.).

F. Documentos del Gobierno boliviano

1. *Bosquejo estadístico de Bolivia*. La Paz, 1975 [1848]. José María Dalence, Junta de Estadística.

G. Periódicos

1. *Le Temps.* París, 1861-1870.
2. *The Economist.* Londres, 1870-1880.
3. *The South American Journal.* Londres, 1870-1880.
4. *Special Supplement to the South Pacific Times Peru Loan of* 1872. Lima, 1873.
5. *The Times.* Londres, 1870-1880.
6. *El Nacional.* Chiclayo, 1880.

H. Canciones

1. *Los chinos de Cerro Azul,* canción popular chilena, letra de Jorge Inostroza.

I. Memorias, descripciones, testimonios

Anónimo
1870 *Datos e informes sobre las causas que han producido el alza de los precios de artículos de primera necesidad que se consumen en la Capital.* Lima.

Albertini, Luis
1878 *Le Pérou en 1878, notice historique et statistique.* París.

Barroilhet, C.
1857 *Opúsculo sobre el guano.* París.

1859 *Ojeada sobre la crisis política y financiera del Perú.* París.

1860 *Examen critico de un opúsculo sobre el guano.* París.

Bartleit, Edwin
1845 *Guano, its Origin, Properties and Uses.* 2.ª ed. Nueva York.

Bouillet, Ph.
1879 *Les emprunts du Pérou et le Syndicat Dreyfus, Premsel et la Société Générale.* París.

Carrey, Emile
1875 *Le Perou. Tableau discriptif, historique et analytique des êtres et des eh oses de ce pays.* París.

Clarke, William
1877 *Peru and its Creditors.* Londres.

Cisneros, Luis B.
1866 *Ensayos sobre varias cuestiones económicas del Perú.* Le Havre.

1936 *Obras Completas*, 2 vols. Lima.

CURTIS, William E.
1888 *The Capitals of Spanish America*. Nueva York.

ECHENIQUE, José R.
1952 *Memoria para la Historia del Perú (1808-1878)*. Prólogo de Jorge Basadre y notas de Félix Denegri Luna, 2 vols. Lima. Huascarán.

ENGLISH, Henry
1825 *A General Guide to the Companies formed for working foreign mines*. Londres.

FENN, Charles
1857 *Compendium of the English and Foreign Funds*. Londres.

GIBBS, John
1922 *The History of Anthony and Dorotea Gibbs*. Londres.

GRANDIDIER, E.
1861 *Voyage dans l'Amérique du Sud. Pérou et Bolivie*. París.

HUMBOLDT, Alexander von
1845 *Voyage aux regions Equinoxiales du nouveau Continent*. Volumen IX. París.

HUMPHREYS, R. A.
1940 *British Cansular Report on the Trade and Politics of Latin America*. Londres.

LISSON, Carlos
1865 *La República en el Perú*. Lima.

LÓPEZ, Jacinto
1947 *Manuel Pardo*. Lima.

MACCULLOCK, John B.
1840-1843 *Dictionary of Commerce and Commercial Navigation*, 2 vols. Londres.

MARTINET, J. B. H.
1875-1876 *Revista de Agricultura*. Lima.

1878 *L'Agriculture au Pérou*. París.

Mesones, Luis
1859 *El Ministerio de Hacienda del Perú en sus relaciones con los administradores del guano*. Besancon.

Moreno, Federico
1900 *Las irrigaciones de la costa*. Lima.

Mulhall, M.C.
1878 *The English in South America*.Buenos Aires.

Pardo, Manuel
1947a "Estudios sobre la provincia de Jauja". En Jacinto López (ed.). *Manuel Pardo*, pp. 232-264. Lima.

1947b "Medidas económicas del Congreso de 1860. Ley General sobre Ferrocarriles". En Jacinto López (ed.). *Manuel Pardo*, pp. 297-311. Lima.

1947c "Inmigración vascongada". En Jacinto López (ed.). *Manuel Pardo*, pp. 287-296. Lima.

Pardo y Barreda, José
1979 *Historia del tratado secreto de alianza defensiva entre Perú y Bolivia*. Lima: Editorial Milla Batres.

Plane, Auguste
1903 *A travers l'Amérique Equatoriale. Le Pérou*. París.

Rodríguez, José M.
1895 *Estudios económicos y financieros y ojeada sobre la Hacienda Pública del Perú, y la necesidad de su reforma*. Lima.

Rodríguez Casado, Vicente y Guillermo Lohmann Villena (cds.)
1947 *Memoria del Gobierno del Virrey Pezuela, 1816-1821*. Sevilla.

Rodríguez Casado, Vicente y José Antonio Calderón (eds.)
1944 *Memoria de Gobierno de José Fernando Abascal y Souza*, 2 vols. Sevilla.

Russo, Daniel
1870 *Los consignatarios del guano y muy especialmente los titulados nacionales según su propia confesión en los contratos de préstamos y prorrogas*. Lima.

1855 *Second report of the committee of Anglo-Peruvian bondholders*. Londres.

UNANUE, Hipólito

1794 *Guía política, eclesiástica y militar del Perú para el año*. Lima.

1914 *Obras científicas y literarias*, 2 vols. Barcelona.

WEBSTER, C. K.

1944 *Gran Bretaña y la Independencia de América Latina*. Documentos escogidos de los Archivos del Foreign Office. Volumen II. Buenos Aires.

WYLLIE, R. C.

1840 *A letter to G.R. Robinson Esq. Chairman of tire Committee of Spanish American Bondholders on tire present state and prospects of tire Spanish American Loans*. Londres.

III. TRABAJOS CONTEMPORÁNEOS CITADOS

ALEGRÍA, Ciro

2007 *El mundo es ancho y ajeno*. Lima. Planeta.

AMAYO, Enrique

1988 *La política británica en la Guerra del Pacifico*. Lima: Editorial Horizonte.

ARANDA (comp.)

s.f. *Tratados del Perú*. Lima.

ARZE CUADROS, Eduardo

1979 *La economía de Bolivia.Ordenamiento territorial y dominación externa 1492-1979*. La Paz: Editorial Los Amigos del Libro.

ASSADOURIAN, Carlos Sempat

1979 "La producción de la mercancía dinero en la formación del mercado interno colonial. El caso del espacio peruano, siglo XVI". En Enrique Florescano (ed.). *Ensayos sobre el desarrollo económico de México y América Latina (1500-1975)*, pp. 223-292. Ciudad de México: Fondo de Cultura Económica.

BASADRE, Jorge

1961-1964 *Historia de la República del Perú*. 5.ª ed., 10 vols. Lima: Editorial Peruamérica.

BIANCO, Lucien

1967 *Los orígenes de la revolución china: 1915-1949*. Caracas: Editorial Tiempo Nuevo.

Blakemore Harold
1974 *British Nitrates and Chilean Politics 1886-1896: Balmaceda & North*. Londres: The Athlone Press of the University of London.

Blanlot Holley, A.
1910 *Historia de la paz entre Chile y el Perú*, 1879-1882. 2.ª ed. Santiago.

Bonilla, Heraclio
1970 "Aspects de l'histoire économique et sociale du Pérou au XIX siècle". Tesis de doctorado, 2 vols. París.

1994[1974] *Guano y burguesía en el Perú*. 3.ª ed. Quito: FLACSO Sede Ecuador.

1972 "La coyuntura del comercio internacional del Perú en el siglo XIX". *Desarrollo Económico*, 12 (46): 305-331. Buenos Aires.

1973 "El impacto de los ferrocarriles: algunas proposiciones". *Historia y Cultura*, n.° 6, pp. 93-120. Lima.

1974a *Gran Bretaña y el Perú. Los mecanismos de un control económico*. Lima: Instituto de Estudios Peruanos.

1974b *Guano y Burguesía en el Perú*. Lima: Instituto de Estudios Peruanos.

1975 *Informes de los Cónsules Británicos*, 5 vols. Lima: Instituto de Estudios Peruanos.

1977 *Gran Bretaña y el Perú. Los Mecanismos de un control económico*. Lima: Instituto de Estudios Peruanos.

1978a "The war of the Pacific and the national and colonial problem in Peru". *Past and Present*, n.° 81. Oxford.

1978b "La dimensión internacional de la Guerra del Pacífico". En Jorge Basadre, et. ál. *Reflexiones en torno a la guerra del Pacífico*. Lima: Centro de Investigación y Capacitación.

1979 "La dimensión internacional de la Guerra del Pacífico". En *Reflexiones en torno a la Guerra de 1979*. Lima: Centro de Investigación y Capacitación.

1980 *Un siglo a la deriva*. Lima: Instituto de Estudios Peruanos.

1981 "Estado y clases populares en el Perú de 1921". En *La Independencia en el Perú*. 2.ª ed. Lima: Instituto de Estudios Peruanos.

1984 *Guano y Burguesía en el Perú*. 2.ª ed. Lima: Instituto de Estudios Peruanos.

1985 "Perú and Bolivia from independence to the war of the Pacific". En Leslie Bethell (ed.). *The Cambridge History of Latin America*. Cambridge: Cambridge University Press.

1986 *Las crisis económicas en la historia del Perú*. Lima: Centro Latinoamericano de Historia Económica y Social y Fundación Friedrich Ebert.

1994[1974] *Guano y burguesía en el Perú*. 3.ª ed. Quito: FLACSO Sede Ecuador.

BONILLA, Heraclio y Karen SPALDING
1971 "La Independencia en el Perú: las palabras y los hechos". En *La Independencia en el Perú*, pp. 15-64. Lima: Instituto de Estudios Peruanos.

BOTERO, María Mercedes
2007 *La ruta del oro. Una economía exportadora: Antioquia, 1850-1890*. Medellín: Editorial Universitaria Eafit.

BOUVIER, Jean
1961 *Le Crédit Lyonnais*, 2 vols. París.

BRASS, Tom
1990 "The Latin American Enganche System: Sorne Revisionist Remterpretation Revisited". *Slavery and Abolition*, 2 (1): 74-103.

BULMER-THOMAS, Victor
1994 *The Economic History of Latin America since Independence*. Cambridge: Cambridge University Press.

BULNES, Gonzalo
1911-1919 *Guerra del Pacífico*, 3 vols. Santiago.

BURGA, Manuel
1976 *De la encomienda a la hacienda capitalista*. Lima: Instituto de Estudios Peruanos.

BURR, Roben
1965 *By Rcason or Force, Chile and the Balancing of Power in South America. 1830-1905*. Los Ángeles.

CÁCERES, Andrés A.
1973[1924] *La guerra del 79: sus campañas (Memorias)*. Lima. (Originalmente publicado en Berlín).

Caivano, Tormás
1904[1882] *Historia de la Guerra de América entre Chile, Perú y Bolivia*, 2 vols. Iquique. (Originalmente publicado en Turín).

1978[1904] *Historia de la Guerra de América entre Chile, Perú y Bolivia*, 3 vols. Lima: Publicaciones del Museo Naval.

Camprubí, Carlos
1957 *Historia de los Bancos del Perú*. Lima.

Cardoso, Fernando H. y Enzo Faletto
1969 *Dependencia y desarrollo en América Latina*. Ciudad de México: Siglo XX.

Centro de Investigación y Capacitación
1979 *Reflexiones en torno a la guerra de 1879*. Lima: Centro de Investigación y Capacitación.

Chiriboga, Manuel
1980 *Jornaleros y Gran Propietarios en 125 años de exportación cacaotera 1790-1925*. Quito: CIESE.

1986 "Auge Cacaotero y Economía Regional: La Costa Ecuatoriana a Inicios del siglo XX". En Jean Paul Deler e Yves Saint-Geours (eds.). *Estados y Naciones en los Andes*. Lima: Instituto de Estudios Peruanos-Instituto Francés de Estudios Andinos.

1988 "Ganancias y acumulación de la plantación cacaotera". En *El problema agrario en el Ecuador*, pp. 157-186. Quito: Ildis.

Civati Bernasconi, Edmundo
1946 *Guerra del Pacífico*. Buenos Aires.

Clavero, José
1896 *El tesoro del Perú*. Lima.

Contreras, Carlos
1988 *Mineros y campesinos en los Andes. Mercado laboral y economía campesina en la sierra central, siglo XIX*. Lima: Instituto de Estudios Peruanos.

Copello, Juan y Luis Petriconi
1971 *Estudio sobre la independencia económica del Perú* (1876). Biblioteca Peruana de Historia Económica. Lima. [Reeditado por el Banco Central de Reserva del Perú y por el Instituto de Estudios Peruanos en 2018 con el prólogo de Jorge Basadre. Edición a cargo de Giovanni Bonfiglio. Disponible en: <repositorio.iep.org.pe/handle/IEP/1151>.]

Cuche, Denys
1975 *Poder Blanco y Resistencia Negra*. Lima.

Dammert B., José
1983 *Cajamarca durante la Guerra del Pacífico*. Cajamarca: Publicaciones del Obispado de Cajamarca.

Dancuart, Emilio (ed.)
s. f. *Anales de la Hacienda pública del Perú*. Varios tomos. Lima.

Dávalos y Lisson, Pedro
1926 *La Primera Centuria*, 4 vols. Lima.

Deere, Carmen Diana
1992 *Familia y relaciones de clase. El campesinado y los terratenientes en la sierra norte del Perú 1900-1980*. Lima: Instituto de Estudios Peruanos.

Dennis, William J.
1967[1931] *Tacna and Arica, An Account of the Chile-Perú Boundary Dispute and ol the Arbitrations by the United States*, Archon Books. New Haven.

Derpich Vilma E.
1976 "Introducción al estudio del trabajador 'Coolie' Chino en el Perú del siglo XIX". Tesis. Lima: Universidad Nacional Mayor de San Marcos.

Deustua, Alejandro
1937 *La cultura nacional*. Lima.

Deustua, José
1986 *La minería peruana y la iniciación de la República*. Lima: Instituto de Estudios Peruanos.

Emerson, Rupert
1962 *From Empire to Nation*. Boston: Beacon Press.

Favre, Henri
1975 "Remarques sur la lutte des classes au Pérou pendant la guerre du Pacifique". En *Littérature et société au Pérou du XIX siécle á nous jours*. Grenoble.

Fifer, J. Valerie
1972 *Bolivia: Land, Location and Politics since* 1825. Cambridge University Press.

Fogel, Robert W.
1964 *Railroads and American economic growth*. Baltimore.

GALLAGHER, John y Ronald ROBINSON

1953 "The imperialism of free trade". *Economic Historv Review*, 2nd. scr., 6, pp. 1-15. Londres.

GARLAND, Alejandro

1895 *La Industria Azucarera en el Perú (1550-1895)*. Lima: Imprenta del Estado.

GERSCHENKRON, Alexandcr

1965 *Economic Backwardness in Historical Perspective*. Nueva York: Praeger.

GLAVE, Luis M. y María I. REMY

1983 *Estructura agraria y vida rural en una región andina: Ollantaytambo entre los siglos XVI y XIX*. Cusco: Bartolomé de las Casas.

GODOY, Ricardo

1983 "From Indian to miner and back again: small scale mining in the Jukumani Ayllu, Northern Potosí, Bolivia". Tesis de doctorado. Columbia University.

GOOTENBERG, Paul

1982 "The social origins of protectionism and free trade in nineteenth-century Lima", *Journal of Latin American Studies*, 14 (2): 329-358.

1989 *Between Silver and Guano. Commercial Policy and the State in Postindependence Peru*. Princeton: Princeton University Press.

GRAHAM, Richard

1980 "Robinson y Gallagher en Latinoamérica: el significado del imperialismo informal". En William Roger Louis (ed.). *El imperialismo: (la controversia Robinson-Gallagher)*. Ciudad de México: Editorial Nueva Imagen.

GREENHILL, Robert G. y Rory M. MILLER

1973 "The Peruvian Government and the Nitratc Trade, 1873-1879". *Journal of Latin American Studies*, 5 (1): 107-131.

GUERRERO, Andrés

1980 *Los oligarcas del cacao*. Quito: El Conejo.

HARDIMAN, David

1981 *Peasant Nationalists of Gujarat, Kheda Dütrict, 1917-1934*. Nueva Delhi.

Haya de la Torre, Víctor Raúl

1984 *El antimperialismo y el Apra*. Lima: siglo XXI.

Hirschman, Albert O

1958 *The Strategy of Economic Development*. New Haven: Yale University Press.

Hunt, Shane

1973 *Growth and guano in nineteenth century Peru*. Discussion Paper n.° 34. Princeton, New Jersey: Woodrow Wilson School.

1984 "Guano y crecimiento en el Perú del siglo XIX". *HISLA*, vol. 4. Lima.

1985 "Growth and guano in nineteenth-century Perú". En Roberto Cortés Conde y Shane Hunt (eds.). *Latin American Economies. Growth and the Export Sector 1880-1930*. Nueva York: Holmes Meier.

Innis, Harold A

1930 *The Fur Trade in Canada: An Introduction to Canadian Economic History*. New Haven: Yale University Press.

Inostrosa, Jorge

2002 *Adiós al séptimo de la línea*. Chile: Zig-Zag.

Jacobsen, Nils

1982 "Landtenure and society in the Peruvian altiplano: Azangaro province, 1770-1920". Tesis de doctorado. University of California-Berkeley.

Jenks, Leland H.

1963 *The migration of British capital to 1875*. 2.ª ed. Londres.

Johnson, Chalmers

1962 *Peasant nationalism and communist power*. Stanford: Stanford University Press.

Joslin, David

1963 *A century of banking in Latin America*. Londres

Kiernan, V. G.

1955 "Foreign Interest in the War of the Pacific". *Hispanic American Historical Review*, 35.

Klein, Herbert

1982 *Bolivia: the evolution of a multi-ethnic society*. Nueva York: Oxford University Press.

Landes, David
1956 "Vieille Banque el Banque Nouvelle; La révolution Financière au XIX siècle". *Revue d' Histoire Moderne*, vol. 3, pp. 204-222.

1969 *Bankers and Pashas. International Finance and Economic Imperialism in Egypt*. 2.ª ed. Nueva York

Lenin, Vladimir Ilich
1917 *El imperialismo, fase superior del capitalismo*. Santiago de Chile: Ed. Nueva América.

Levin, Jonathan M.
1960 *The Export Economies. Their Pattern of Development in Historical Perspective*. Cambridge, Massachusetts: Cambridge University Press.

Lombardi, John V.
1982 *Venezuela. The Search for Order, The Dream of Progress*. Nueva York: Oxford University Press.

López Albújar, Enrique
1975[1920] "El hombre de la bandera". En *Cuentos Andinos*. 9.ª ed., pp. 57-68. Lima.

Loveman, Brian
1988 *The Legacy of Hispanic Capitalism*. 2.ª ed. Nueva York: Oxford University Press.

Maiguashca, Juan
1967 "A Reinterpretation of the guano age 1840-1880". Tesis de doctorado. Oxford.

Mallon, Florence
1983 *The defense of community in Peru's central highlands: peasant struggle and capitalist transition, 1860-1940*. Princeton: Princeton University Press.

2003-2004 *Campesinado y nación. La construcción de México y Perú poscoloniales*. Ciudad de México: El Colegio de San Luis/CIESAS.

Mandel, Ernest
1968 "L'accurnulation primitive ct l'industrialisation du Tiers Monde". *Partant du Capital*, pp. 143-160. París.

Manrique, Nelson
1978 *El desarrollo del mercado interior en la sierra central (1830-1879)*. Lima: Universidad Nacional del Altiplano.

1981[1978] *Campesinado y nación: las guerrillas indígenas en la guerra con Chile.* Lima: Centro de Investigación y Capacitación.

1987 *Mercado interno y región. La sierra central, 1820-1930.* Lima: Desco.

Marichal, Carlos

1988 "La crisis de 1873 y la deuda externa latinoamericana: una reevaluación crítica". *Revista de Historia Económica*, año 6, n.° 1.

Markham, Sir Clements R.

1882 *The War between Peru and Chile*, 1879-1882. Londres.

Mariátegui, José Carlos

1974 *7 ensayos de interpretación de la realidad peruana.* Lima: Empresa Editora Amauta.

Marsh, Margaret A.

s. f. *Nuestros banqueros de Bolivia.* Madrid: M. Aguilar editor.

Martínez-Alier, Juan

1991 "La interpretación ecologista de la historia socio-económica: algunos ejemplos andinos". En Henrique Urbano (comp.). *Modernidad en los Andes*, pp. 255-268. Cusco: Centro Bartolomé de las Casas.

Mathew, William M.

1964 "Anglo Peruvian Commercial and Financial Relations 1820-1865, with Special Reference to Anthony Gibbs and Sons and the Guano Trade". Tesis de doctorado. Londres.

1968 "The Imperialism of Free Trade: Perú, 1820-1870". *The Economic History Review*, 2e. ser., vol. 21 (3): 562-579. Londres.

1970a "Peru and the British Guano Market 1840-1870". *Economic History Review*, 2nd. ser., vol. 23, pp. 112-128. Londres.

1970b "The First Anglo-Peruvian Debt and its Settlement 1822-1849". *Journal of Latin American Studies*, pp. 81-87. Londres.

1972 "Foreign Contractors and the Peruvian Government at the Outset of the Guano Trade". *The Hispanic American Historical Review*, 52 (4): 598-620. Durham.

1977a "Anthony Gibbs & Sons, the Guano Trade and the Peruvian Government, 1842-1861". En Desmond C. M. Platt (ed.). *Business Imperialism, 1840-1930*, pp. 337-370. Oxford: Oxford University Press.

1977b "A primitive export sector: guano production in mid-nineteenth century Peru". *Journal of Latin American Studies,* 9 (1): 35-57.

2009 *La firma inglesa Gibbs y el monopolio del guano en el Perú.* Lima: Banco Central de Reserva del Perú, Instituto de Estudios Peruanos.

McFarlane, Anthony
1993 *Colombia before Independence. Economy, Society and Politics under Bourbon Rule.* Cambridge: Cambridge University Press.

McGrevey, William Paul
1971 *An Economic History of Colombia, 1845-1930.* Cambridge: Cambridge University Press.

McQueen, Charles
1926 *Peruvian Public Finance.* Washington.

Méndez, Cecilia
1987 "La otra historia del guano: Perú 1840-1879". *Revista Andina,* año 5, n.° 1, pp. 7-46.

Miller, Rory y W. S. Bell
1986 *Region and class in modern Peruvian history.* Liverpool: Institute of Latin American Studies.

Mitchell, Brian R. y Phyllis Deane
1962 *Abstract of British Historical Statistics.* Cambridge.

Mitre, Antonio
1981[1978] *Los patriarcas de la plata. Estructura socio-económica de la minería boliviana en el siglo XIX.* Lima: Instituto de Estudios Peruanos.

1986 *El monedero de los Andes, región económica y moneda boliviana en el siglo XIX.* La Paz: Hisbol.

1993 *Bajo un cielo de estaño.* La Paz: Ildis.

Monteón, Michael
1982 *Chile in the nitrate era.* Madison: The University of Wisconsin Press.

Morón, Guillermo
1994 *Historia Contemporánea de Venezuela.* Ciudad de México: Fondo de Cultura Económica.

O'Brien, Thomas
1982 *The nitrate industry and Chile's crucial transition: 1870-1891*. Nueva York: University Press.

Palacios, Carlos
1983 *La Deuda Anglo-Peruana 1832-1890*. Lima. Librería Studium.

Parodi Revoredo, Dante
2001 *La laguna de los villanos. Bolivia, Arequipa y Lizardo Montero en la Guerra del Pacífico (1881-1883)*. Lima: Pontificia Universidad Católica del Perú/Instituto Francés de Estudios Andinos.

Pasara, Luis
1970 "El rol del derecho en la época del guano. Formas jurídicas de la dominación". *Derecho*, n.° 28, pp. 11-32. Lima.

Paz Soldán, Mariano Felipe
1924 [1884] *Narración histórica de la guerra de Chile contra el Perú y Bolivia*. Buenos Aires.

Pennekoek, Anton
1978[1912] "Lucha de clases y nación". En Eduard Bernstein et ál. *La Segunda Internacional y el problema nacional y colonial*. Ciudad de México: Siglo XXI: Cuadernos de Pasado y Presente 74, 2da. parte.

Phillips Jr., Richard
1973 "Bolivia in the war of the Pacific, 1879-1884". Tesis de doctorado. Virginia: The University of Virginia.

Pinillos, Jorge
1947 *Nicolás de Piérola*. Lima.

Pinto Santa Cruz, Aníbal
1959 *Chile: un caso de desarrollo frustrado*. Santiago: Editorial Universitaria.

Pinto Vallejos, Julio, Verónica Valdivia y Pablo Artaza
2003 "Patria y clase en los albores de la identidad pampina (1860-1890). En *Anuario Colombiano de Historia Social y de la Cultura*, n.° 32. Bogotá.

Platt, Desmond C. M.
1967 *Finance, Trade and Politics. British Foreign Policy 1815-1914*. Londres.

1968 "The Imperialism of Free Trade: Some Reservations". *Economic History Review*, 2nd. serv., vol. 21, pp. 296-306. Londres.

1973 "Further Objections to an Imperialism of Free Trade 1830-1860". *Economic History Review*, 2nd. ser., vol. 26, pp. 77-91. Londres.

Platt, Tristán
1986 *Estado Tributario y Librecambio en Potosí*. La Paz: Hisbol.

Querejazu Calvo, Roberto
1973 *Bolivia y los ingleses (1825-1948)*. La Paz: Los Amigos del libro.

1978 "El tratado de Alianza Defensiva Perú-Boliviano de 1873 y la Misión de Serapio Reyes Ortiz de 1879". *Historia y Cultura*, n.° 3. La Paz.

1979 *Guano, salitre, sangre. Historia de la Guerra del Pacífico*. La Paz: Los Amigos del Libro.

Quiroz, Alfonso
1980 "La consolidación de la deuda interna peruana, 1850-1858. Los efectos sociales de una medida financiera estatal". Tesis de bachiller, Pontificia Universidad Católica del Perú.

Ramírez Necochea, Hernán
1972 *Balmaceda y la contrarrevolución de 1891*. 3.ª ed. Santiago: Editorial Universitaria.

Robinson, Ronald
1972 "Non European Foundations of European Irnperialism: Sketch for a Theory of Collaboration". En Roger Owen y Bob Sutcliffe (eds.). *Studies on the Theory of Imperialism*, pp. 116-142. Londres.

Rodríguez, Linda Alexander
1981 "Ecuador's National Development: Government Finances and the Search for Public Policy". Tesis de doctorado. Los Ángeles: University of California.

Rosebarry, William
1983 *Coffe and Capitalism in the Venezuelan Andes*. Austin: The University of Texas Press

Sahlins, Marshall
1968 *Tribesmen*. Englewood Cliffs, N. J.: Prendice Hall.

Salomon, Frank
1986 *Native Lords of Quito in the Age of Incas. The Political Economy of North Andean Chiefdoms*. Cambridge: Cambridge University Press

SATER, William F.
1973 *The Heroic Image in Chile: Arturo Pratt, Secular Saint.* Berkeley.

SHURZ, William L.
1921 *Bolivia a Commercial and Industrial Handbook.* Washington: Department of Commerce.

SOCIETE GENERALE (ed.)
1964 *Societé Générale, Centenaire, 1864-1964.* París.

STALLINGS, Barbara
1985 "Incumplimientos de pagos vs. refinanciación: crisis de la deuda externa peruana, 1826-1985". *Hisla, Revista de Historia Económica de América Latina*, n.° 6.

1986 *Banker to the Third World: U.S. Portfolio Investment in Latin America, 1900-1985.* Berkeley; University of California Press.

STEIN, Barbara y Stanley STEIN
1977 "D .C. M. Platt. The Anatomy of 'Autonomy'". *Latin American Research Review*, 15 (1): 131-146.

STEVE J. Stern (ed.)
1987 *Resistance, rebellion and consciousness in the Andean peasant world, 18th to XXth centuries.* Madison: The University of Wisconsin Press.

STEWART, Watt
1946 *Henry Meiggs, Yankee Pizarro.* Durham.

1951 *Chinese Bondage in Peru. A History of the Chinese Coolie m Peru*, 1849-1874. Durham.

STONE, Irving
1968 "British Long Tcrm Investment in Latin Arnerica 1865-1913". *Business History Review*, 42 (3): 311-339. Nueva York.

TANTALEÁN, Javier
1983 *Política económica-financiera y la formación del Estado: Siglo XIX.* Lima: Centro de Estudios para el Desarrollo y la Participación.

TERÁN, Emilio Maria
1981 "Antecedentes: la deuda de Colombia". En Banco Central del Ecuador (ed.). *La deuda Externa del Ecuador*. Quito: Banco Central del Ecuador.

THORP, Rosemary y Geoffrey BERTRAM
1978 *Peru 1870-1977. Growth and Policy in an Open Economy*. Nueva York: The Columbia University Press

UGARTE, Carlos
1926 *Bosquejo de la historia económica del Perú*. Lima.

ULLOA, Alberto
1949 *Don Nicolás de Piérola una época de la Historia del Perú*. Lima.

VILLALOBOS, Sergio
2002 *Chile y Perú. La historia que nos une y nos separa, 1535-1883*. Santiago: Editorial Universitaria S. A.

WEBER, Eugen
1976 *Peasants into Frenchmen, The Modernization of Rural France, 1870-1914*. Stanford: Stanford University Press.

WEINMAN, Lois
1970 "Ecuador and cacao: domestic responses to the boom-collapse monoexport cycle". Tesis de doctorado. Los Ángeles: University of California.

WOLF, Eric y Edward HASEN
1967 "Caudillo Politics: Structural Analysis". *Comparative Studies in Society and History*, vol. 9, n.° 2. Oxford.

WYNNE, William
1951 *State Insolvency and Foreign Bondholde. Selected Case Histories of Governmental Foreign Bond Defaults and Debt Readjustments.* Volumen 2. New Haven.

YAMASAKI, Harushige
1982 "Integración del campesinado: el caso del Japón". En Celma Aguero, Susana Devalle y Mechiko Tanaka (eds.). *Campesinado e integración nacional.* Ciudad de México: El Colegio de México.

Made in the USA
Monee, IL
11 November 2026

68341107R10192